DIE ELEMENTE

DER

ANALYTISCHEN GEOMETRIE DES RAUMES

ZUM GEBRAUCHE

AN

HÖHEREN LEHRANSTALTEN, TECHNISCHEN HOCHSCHULEN,

SOWIE ZUM SELBSTSTUDIUM

DARGESTELLT

UND MIT ZAHLREICHEN ÜBUNGSBEISPIELEN VERSEHEN

VON

DR. F. RUDIO,

PROFESSOR AM POLYTECHNIKUM IN ZÜRICH.

MIT 12 IN DEN TEXT GEDRUCKTEN FIGUREN.

LEIPZIG,

DRUCK UND VERLAG VON B. G. TEUBNER.

1891.

DIE ELEMENTE

DER

ANALYTISCHEN GEOMETRIE DES RAUMES.

ZUM GEBRAUCHE

AN

HÖHEREN LEHRANSTALTEN, TECHNISCHEN HOCHSCHULEN,

SOWIE ZUM SELBSTSTUDIUM

DARGESTELLT

UND MIT ZAHLREICHEN ÜBUNGSBEISPIELEN VERSEHEN

VON

DR. F. RUDIO,

PROFESSOR AM POLYTECHNIKUM IN ZÜRICH.

MIT 12 IN DEN TEXT GEDRUCKTEN FIGUREN.

LEIPZIG,

DRUCK UND VERLAG VON B. G. TEUBNER.

1891.

Vorrede.

Das Buch, welches ich hiermit dem mathematischen Publikum übergebe, schliefst sich aufs engste den „Elementen der analytischen Geometrie der Ebene“ an, welche ich in Gemeinschaft mit meinem Freunde, Herrn Prof. Dr. Ganter, vor zwei Jahren in dem gleichen Verlage veröffentlicht habe. Wie jenes, stellt es sich die Aufgabe, bei verhältnismäfsig enger Umgrenzung des Stoffes eine gewisse Vollständigkeit mit möglichster Gründlichkeit und streng wissenschaftlicher, Darstellung zu verbinden. Wie weit es mir gelungen ist, in der vorliegenden Arbeit mich dem angegebenen Ziele zu nähern überlasse ich der einsichtsvollen Beurteilung des kundigen Lesers; jedenfalls aber dürfte diesem bei der Lektüre namentlich der ersten Kapitel des Buches die Überzeugung erwachsen, dafs eine Neubearbeitung gerade der Elemente der analytischen Raumgeometrie keineswegs ein überflüssiges Unternehmen war. Es sei zur Begründung dieser Behauptung gestattet, auf diejenigen Punkte aufmerksam zu machen, in welchen sich das vorliegende Buch von anderen Darstellungen unterscheiden will.

Dafs zu den fundamentalsten Begriffen der analytischen Geometrie, und nicht zum wenigsten der Raumgeometrie, der Begriff des Richtungsunterschiedes gehört, ist eine so selbstverständliche Bemerkung, dafs dieselbe nicht wohl auf Widerspruch stofsen dürfte. Und doch erfährt dieser wichtige und äufserst fruchtbare Begriff in den Lehrbüchern nicht diejenige Berücksichtigung, die im Interesse der Klarheit und Unzweideutigkeit der geometrischen Untersuchungen zu fordern ist. Wohl wird in einzelnen Darstellungen bei Gelegenheit der Definition des Winkels zweier Geraden der beiden einander entgegengesetzten Richtungen derselben gedacht, aber weiter wird (selbst in den gröfseren Werken*)) nicht auf diesen Gegenstand eingetreten und der Leser ist bei bestimmten Aufgaben später nicht imstande, die beiden Richtungen einer Geraden von einander zu unterscheiden und geometrisch zu deuten, was in ihm auf Schritt und Tritt das bemühende Gefühl der Unsicherheit erzeugt.

Mit der Unterscheidung der beiden Richtungen einer Geraden hängt aufs engste die Unterscheidung der beiden Seiten einer Ebene zusammen, die fast durchweg unterlassen oder doch nur ganz kurz abgethan wird. Und doch meine ich, es trage gewiss wesentlich zum Verständnis der Gleichung $Ax + By + Cz + D = 0$ einer Ebene bei, wenn man auch erfährt, was denn eigentlich vermöge dieser Gleichung verschwinden soll, wenn man also in den Stand gesetzt wird, in jedem Falle den Ausdruck $Ax + By + Cz + D$ für sich geometrisch zu deuten und seine Abhängigkeit von der Lage des Punktes (x, y, z) zu erkennen, die sich namentlich in dem Umstande ausspricht, dafs der betreffende Ausdruck für alle Punkte auf der einen Seite der Ebene positiv, für alle Punkte auf der andern negativ und allemal aber auch nur dann gleich Null wird, wenn der Punkt (x, y, z) durch die Ebene hindurchgeht.

Dem entsprechend habe ich die Gleichung der Ebene in die Raumgeometrie in derselben Weise eingeführt, wie in der bereits erwähnten analytischen Planimetrie die Gleichung der Geraden eingeführt worden ist. Allerdings ist eine derartige Behandlung der analytischen Geometrie nur möglich bei konsequenter Befolgung des Grundsatzes: Eine Korrespondenz zwischen geometrischen Gebilden einerseits und analytischen Ausdrücken andrerseits ist erst dann als vollständig zu betrachten, wenn man auch die Vorzeichen, mit denen diese Ausdrücke behaftet sind, geometrisch zu interpretiren versteht,

*) Das sehr reichhaltige, aber für den ersten Unterricht vielleicht nicht ganz geeignete Werk von Baltzer macht hierin, wenigstens teilweise, eine Ausnahme.

derart, dafs man aus der Beschaffenheit des Gebildes auf das Vorzeichen des Ausdrucks und umgekehrt zu schliefsen vermag.

Um die nötigen Grundlagen hierfür zu gewinnen, habe ich in dem ersten Kapitel einige Fundamentalsätze der Projektionslehre zusammengestellt, von denen ich namentlich die in den Paragraphen 4 und 6 enthaltenen, speziell in der dort gegebenen Fassung, für unentbehrlich halte. Für dieses, wie namentlich auch für das zweite Kapitel, sind die beiden (in dem gleichen Jahre 1827 erschienenen) klassischen Arbeiten: der baryzentrische Kalkül von Möbius und die Disquisitiones generales von Gauss mafsgebend gewesen. Insbesondere ist von der so überaus anschaulichen Abbildung der Richtungen im Raume durch Punkte der Einheitskugel ausgiebiger Gebrauch gemacht worden, wodurch dann ganz von selbst auch die Hauptsätze der sphärischen Trigonometrie sich erledigen liefsen. Es gereicht mir zur Freude, gerade an dieser Stelle der Mitarbeiterschaft von Herrn Prof. Ganter gedenken zu dürfen und ihm für das thätige Interesse, welches er dem Buche gewidmet hat, meinen herzlichen Dank auszusprechen. Auch Herrn Dr. Disteli fühle ich mich zu Danke verpflichtet für die Unterstützung, die er mir bei der Korrektur hat zu Teil werden lassen.

Was zu den Elementen der analytischen Raumgeometrie zu rechnen ist und was nicht, darüber werden sich keine allgemeinen Regeln aufstellen lassen. Ich habe aber mit Rücksicht auf die grofse Bedeutung, die dem Ellipsoide in Physik und Mechanik zukommt, geglaubt, auf diese Fläche nicht verzichten zu sollen, um so mehr, als aus dem zu seiner Definition benutzten geometrischen Übertragungsprinzipe seine Eigenschaften fast spielend sich entwickeln lassen. Das sechste Kapitel soll übrigens nach keiner Seite hin erschöpfen, sondern nur zur Übersicht über einige besonders wichtige Flächen und Kurven dienen und womöglich zu eigner Thätigkeit anregen.

Ein besonderes Gewicht dagegen lege ich auf die zahlreichen und sorgfältig ausgewählten Übungsbeispiele, die den einzelnen Paragraphen hinzugefügt sind und deren das Buch über 450 enthält. Dieselben sollen nicht nur zur Einübung und Befestigung des Gegebenen dienen, sondern auch zugleich

Erweiterungen des Textes und mannigfache Anregungen bieten. Für ein erfolgreiches Studium sind derartige Übungen (namentlich Zahlenbeispiele) unumgänglich notwendig. Ich habe oft genug die Erfahrung gemacht, dafs Schüler die Bedeutung der Gleichung einer Ebene oder einer Geraden ganz gut verstanden zu haben glaubten und doch in Verlegenheit geriethen, wenn sie entscheiden sollten, ob etwa die Ebene $5x - y + 2z = 8$ durch den Punkt $(-2, 7, 3)$ hindurchgehe oder nicht.

Die Hülfsmittel, deren sich das Buch bedient, sind die denkbar einfachsten. Determinanten beispielsweise habe ich durchaus entbehren können und ich glaube nicht, dafs man sie irgendwo vermissen wird. So darf ich wohl die Hoffnung aussprechen, dafs das vorliegende Werkchen, welches, der Natur des behandelten Gegenstandes nach, sich seine Leser zwar vorzugsweise an Hochschulen wird zu suchen haben, doch auch an solchen Mittelschulen, deren Unterrichtsplan analytische Raumgeometrie umfafst, mit Vorteil wird zu Grunde gelegt werden können. Möge ihm dieselbe günstige Aufnahme zu Teil werden, deren sich die „Elemente der analytischen Geometrie der Ebene“ zu erfreuen hatten.

Zürich, Oktober 1890.

F. Rudio.

Inhaltsverzeichnis.

Erstes Kapitel.

Vorbereitungen. Fundamentalsätze der Projektionslehre.

(17 Aufgaben.)

Seite

§ 1. Zusammenstellung einiger aus der Stereometrie bekannter Definitionen. Projektionen auf eine Ebene 1
§ 2. Fortsetzung. Projektionen auf eine Gerade 2
§ 3. Richtungen von Geraden. Winkel zweier Richtungen . . . 2
§ 4. Fundamentalsatz über die Bestimmung von Gröſse und Richtung der Projektion einer Strecke auf eine Gerade . . . 4
§ 5. Projektion eines räumlichen Polygons auf eine Gerade . . . 6
§ 6. Fundamentalsatz über die Bestimmung der Projektion eines Dreiecks auf eine Ebene 8

Zweites Kapitel.

Die Raumelemente bezogen auf ein Koordinatensystem.

(115 Aufgaben.)

§ 7. Bestimmung der Lage eines Punktes durch Koordinaten . . 13
§ 8. Koordinatentransformation durch Verlegung des Anfangspunktes (Parallelverschiebung). 17
§ 9. Bestimmung eines Punktes durch seinen Radius Vektor und die zugehörigen Achsenwinkel. Richtungskosinus . . . 17
§ 10. Aus den Koordinaten zweier Punkte P' und P'' ihre Entfernung und die Winkel zu bestimmen, welche die Verbindungslinie mit den Achsen bildet. Richtungskosinus. Abbildung auf die Einheitskugel 20
§ 11. Aus den gegebenen Koordinaten x', y', z' und x'', y'', z'' zweier Punkte P' und P'' die Koordinaten x, y, z desjenigen Punktes P der Verbindungslinie zu finden, der mit der Strecke $P'P''$ ein gegebenes Teilverhältnis λ bildet . . 23
§ 12. Bestimmung der Projektion des zu einem Punkte (x, y, z) gehörigen Radius Vektor auf eine durch ihre Richtung ge-

Seite

gegebene Gerade. Bestimmung des Winkels zweier Richtungen 25
§ 13. Die Richtung einer Geraden zu bestimmen, welche zu zwei gegebenen Richtungen normal ist 27
§ 14. Die Bedingung zu finden, unter welcher drei durch ihre Richtungen gegebene Geraden einer und derselben Ebene parallel sind 29
§ 15. Bestimmung des Abstandes eines Punktes von einer Ebene . 33
§ 16. Den Inhalt eines Dreiecks aus den Koordinaten der Ecken zu berechnen 35
§ 17. Das Volumen eines Tetraeders aus den Koordinaten seiner Ecken zu berechnen 37
§ 18. Weitere Formeln für das Volumen des Tetraeders. Der Sinussatz der dreiseitigen körperlichen Ecke und des sphärischen Dreiecks. Das Polardreieck 42
§ 19. Fortsetzung. Der Kosinussatz der sphärischen Trigonometrie 47
§ 20. Fortsetzung. Das rechtwinklige sphärische Dreieck 48
§ 21. Polarkoordinaten 49
§ 22. Übergang von einem Koordinatensystem zu einem andern mit demselben Anfangspunkte 51

Drittes Kapitel.

Die Ebene und ihre Gleichung. (91 Aufgaben.)

§ 23. Definition der Gleichung einer Ebene. Die Ebene sei bestimmt durch drei Punkte 53
§ 24. Fortsetzung. Die Ebene sei bestimmt durch ihren Abstand vom Anfangspunkte und die Achsenwinkel desselben . . 54
§ 25. Fortsetzung. Die Ebene sei gegeben durch ihre Achsenabschnitte 56
§ 26. Jede Ebene besitzt eine Gleichung von der Form:

$$Ax + By + Cz + D = 0$$

und umgekehrt jede Gleichung dieser Form stellt eine Ebene dar 57
§ 27. Bedingung, unter welcher zwei lineare Gleichungen dieselbe Ebene darstellen. Parallelismus zweier Ebenen 61
§ 28. Den Winkel zweier Ebenen $A_1x + B_1y + C_1z + D_1 = 0$ und $A_2x + B_2y + C_2z + D_2 = 0$ zu bestimmen 63
§ 29. Bestimmung einer Ebene durch Bedingungen zwischen den Gleichungskoeffizienten 64
§ 30. Aus den Gleichungen dreier Ebenen die Koordinaten ihres Schnittpunktes zu bestimmen 68
§ 31. Die Bedingung zu finden, unter welcher drei Ebenen sich in einer und derselben Geraden schneiden. Die Gleichung des Ebenenbüschels 69

Seite

§ 32. Die Bedingung zu finden, unter welcher vier Ebenen sich in demselben Punkte schneiden. Die Gleichung des Ebenenbündels . . . 71
§ 33. Die Gleichungen der Winkelhalbierenden zweier Ebenen zu finden . . . 73
§ 34. Anwendungen auf die dreiseitige körperliche Ecke, auf das sphärische Dreieck und auf das Tetraeder . . . 75

Viertes Kapitel.

Die gerade Linie und ihre Gleichungen. (83 Aufgaben.)

§ 35. Jede Gerade besitzt zwei gleichzeitig bestehende Gleichungen von der Form $Ax + By + Cz + D = 0$ und umgekehrt je zwei simultane Gleichungen dieser Form stellen eine Gerade dar . . . 79
§ 36. Bestimmung einer Geraden aus ihren Projektionen auf die Koordinatenebenen . . . 81
§ 37. Aus den Gleichungen einer Geraden ihre Richtungskosinus zu bestimmen . . . 83
§ 38. Die Bedingung anzugeben, unter welcher zwei Geraden im Raume sich schneiden . . . 85
§ 39. Die Bedingung anzugeben, unter welcher eine gegebene Gerade vollständig in einer gegebenen Ebene liegt . . . 88
§ 40. Die Gleichungen einer Geraden zu bestimmen, welche durch zwei gegebene Punkte geht, oder welche durch einen Punkt geht und eine vorgeschriebene Richtung besitzt . . . 88
§ 41. Der kürzeste Abstand zweier windschiefer Geraden . . . 96

Fünftes Kapitel.

Die Kugel. (78 Aufgaben.)

§ 42. Die Gleichung der Kugel . . . 99
§ 43. Die Kugel und die Ebene. Die Gleichungen des Kreises im Raume . . . 102
§ 44. Die Kugel und die Gerade. Tangenten und Tangentenkegel . . . 106
§ 45. Die Tangentialebene in einem Punkte der Kugel . . . 110
§ 46. Pol und Polarebene. Reziproke Polaren . . . 113
§ 47. Die Potenz eines Punktes in Bezug auf eine Kugel . . . 119

Sechstes Kapitel.

Allgemeine Bemerkungen über die analytische Darstellung der Raumgebilde. Kurze Übersicht über einige weitere besonders wichtige Flächen und Kurven. (74 Aufgaben.)

§ 48. Jede Fläche wird durch eine Gleichung zwischen drei Variabeln x, y, z dargestellt und umgekehrt läſst sich jede

Seite

Gleichung zwischen drei Variabeln x, y, z als die Gleichung einer bestimmten Fläche deuten 124

§ 49. Jede Kurve im Raume wird analytisch durch zwei simultane Gleichungen zwischen drei Variabeln x, y, z dargestellt und umgekehrt stellen je zwei Gleichungen dieser Art eine Kurve im Raume dar 126

§ 50. Darstellung einer Kurve im Raume mittelst eines variablen Parameters 127

§ 51. Fortsetzung. Die Schraubenlinie und die Schraubenfläche 130

§ 52. Darstellung einer Fläche mittelst zweier variabler Parameter. Anwendung auf die Kugel 133

§ 53. Fortsetzung. Ableitung des dreiachsigen Ellipsoides aus der Kugel mittelst eines einfachen geometrischen Übertragungsprinzipes 135

§ 54. Weitere Eigenschaften des Ellipsoides. Pol und Polarebene. Konjugierte Durchmesser 140

§ 55. Die Gleichung des Ellipsoides bezogen auf drei konjugierte Durchmesser als schiefwinklige Koordinatenachsen . . . 145

§ 56. Das Volumen des Ellipsoides 147

§ 57. Rotationsflächen, speziell solche zweiten Grades 148

§ 58. Kubatur des Rotationsparaboloides. Allgemeine Formel für die Kubatur von Rotationskörpern 152

Erstes Kapitel.

Vorbereitungen. Fundamentalsätze der Projektionslehre.

§ 1. Zusammenstellung einiger aus der Stereometrie bekannter Definitionen. Projektionen auf eine Ebene.

Unter der Projektion eines Punktes im Raume auf eine beliebig gegebene Ebene, die Projektionsebene, versteht man den Fufspunkt des Lotes, welchen man von dem Punkte auf die Ebene fällen kann. Liegt der Punkt zufällig in der Ebene, so ist er mit seiner Projektion identisch.

Die Projektion einer Geraden auf eine Ebene ist der Ort der Projektionen der sämtlichen Punkte der gegebenen Geraden auf die Ebene. In der Stereometrie wird gezeigt, dafs dieser Ort wiederum eine Gerade ist, nämlich der Schnitt der Ebene mit ihrer durch die gegebene Gerade gehenden Normalebene, der sogenannten projizierenden Ebene. Liegt die Gerade in der Ebene, so fällt sie mit ihrer Projektion zusammen; steht sie senkrecht auf der Ebene, so reduziert sich ihre Projektion auf einen Punkt, den Schnittpunkt der Geraden mit der Ebene.

Wählt man in einer auf eine Ebene zu projizierenden Geraden zwei Punkte A und B, so bestimmen die Projektionen A' und B' derselben auf der Projektion der Geraden eine Strecke $A'B'$, welche die Projektion der Strecke AB heifst.

Endlich versteht man unter der Projektion irgend eines aus geraden oder krummen Linien zusammengesetzten Linienzuges auf eine Ebene den Ort der Projektionen sämtlicher Punkte dieses Linienzuges. Die einzelnen Teile des gegebenen Linienzuges können sich in einer und derselben Ebene befinden oder es kann der Linienzug ein sogenannter räumlicher sein; er kann ferner als ein geschlossener oder als ein nicht geschlossener vorausgesetzt werden. So ist beispielsweise die Projektion eines ebenen Polygons von n Seiten auf eine Ebene wiederum ein Polygon von n Seiten, wenn nicht die Ebene des gegebenen Polygons zufällig senkrecht auf der Projektionsebene steht.

§ 2. Fortsetzung. Projektionen auf eine Gerade.

Unter der Projektion eines Punktes auf eine Gerade versteht man den Schnittpunkt der Geraden mit der auf ihr senkrecht stehenden, durch den Punkt gehenden Ebene. Diese Ebene heifst die projizierende Ebene des gegebenen Punktes. Projiziert man die Endpunkte einer Strecke AB auf eine Gerade, so wird die durch die Projektionen A' und B' bestimmte Strecke die Projektion der Strecke AB genannt.

In gleicher Weise kann man von der Projektion eines aus beliebig vielen Strecken P_1P_2, P_2P_3, ... $P_{n-1}P_n$ zusammengesetzten ebenen oder räumlichen Linienzuges auf eine Gerade sprechen und versteht darunter die Aufeinanderfolge der Projektionen $P_1'P_2'$, $P_2'P_3'$, ... $P_{n-1}'P_n'$.

Ist der Linienzug $P_1P_2 \ldots P_n$ ein geschlossener, d. h. fällt P_n mit P_1 zusammen, so gilt das Gleiche von P_n' und P_1' und die Aufeinanderfolge $P_1'P_2' \ldots P_n'$ führt zu dem Ausgangspunkte P_1' zurück.

§ 3. Richtungen von Geraden. Winkel zweier Richtungen.

Die Bestimmung des Winkels zweier sich nicht schneidender Geraden wird in der Stereometrie dadurch ausgeführt, dafs man durch einen beliebig gewählten Punkt des Raumes zu den beiden Geraden die Parallelen zieht und den Winkel dieser Parallelen als den Winkel der beiden windschiefen Geraden definiert. Dabei hat man aber, um Zweideutigkeiten zu vermeiden, in jedem Falle anzugeben, ob der spitze oder der stumpfe Winkel jener beiden Parallelen gemeint ist. In der analytischen Geometrie ist es nun unbedingt notwendig, derartige Zweideutigkeiten von vorn herein auszuschliefsen und zwar gelingt dies durch Einführung des Begriffes des Richtungsunterschiedes, der schon in der analytischen Geometrie der Ebene eine so hervorragende Rolle spielt. Wie dort, denken wir uns auch hier auf jeder Geraden eine positive und eine negative Richtung fixiert, sodafs z. B. jede auf einer Geraden befindliche Strecke AB aufser ihrer absoluten Länge auch ein ganz bestimmtes Vorzeichen besitzt, durch welches sie sich von der Strecke BA unterscheidet. Es ist dann immer $AB + BA = 0$. Unter dem Winkel zweier sich schneidender oder sich nicht schneidender Geraden soll nun in der Folge stets der konkave Winkel verstanden werden, welchen ihre positiven Richtungen miteinander einschliefsen und welchen man erhält, wenn man zu diesen positiven Richtungen von einem beliebigen Punkte des Raumes aus zwei parallele und gleichgerichtete Halbstrahlen zieht. Nach dieser Festsetzung ist der Winkel zweier Geraden allemal aber auch nur dann unzweideutig bestimmt, sobald man auf jeder der beiden Geraden eine positive Richtung festgesetzt hat. Der Winkel zweier Geraden liegt stets zwischen 0^0 und 180^0.

Unter dem Winkel, welchen eine Gerade mit einer Ebene bildet, versteht man den Winkel der Geraden mit ihrer Projektion auf die Ebene. Dieser Winkel ist aber ebenfalls erst dann unzweideutig bestimmt, wenn man sowohl auf der Geraden als auch auf ihrer Projektion eine positive Richtung festgesetzt hat.

Um endlich den Winkel zweier Ebenen zu definieren, denken wir uns auf jeder der beiden Ebenen eine Normale errichtet und auf jeder der beiden Normalen eine positive Richtung bestimmt. Unter dem Winkel der beiden Ebenen wollen wir dann den Winkel der positiven Richtungen dieser Normalen verstehen. Wir werden dadurch genötigt, bei jeder Ebene uns über ihre positive Normalenrichtung zu entscheiden. Durch diese Festsetzung wird man dann aber auch zugleich in den Stand gesetzt, die beiden Seiten der Ebene von einander zu unterscheiden. Wir werden vielfach die der positiven Richtung der Normalen zugewandte Seite einer Ebene kurz ihre positive Seite, die andere ihre negative nennen.

Aufg. Auf wie viele Arten kann man den Winkel zweier Geraden, oder den Winkel einer Geraden mit einer Ebene, oder den Winkel zweier Ebenen definieren und in welcher Beziehung stehen diese verschiedenen Möglichkeiten zu einander?

§ 4. Fundamentalsatz über die Bestimmung von Gröfse und Richtung der Projektion einer Strecke auf eine Gerade.

Eine auf einer Geraden g befindliche Strecke AB werde auf eine beliebige andere Strecke g' projiziert (§ 2). Die Projektion heifse $A'B'$. Auf jeder der beiden Geraden g und g' denken wir uns eine positive Richtung fixiert, sodafs jeder der beiden Strecken AB auf g und $A'B'$ auf g' nicht nur (nach Wahl einer Längeneinheit) eine bestimmte Länge, sondern auch ein ganz bestimmtes Vorzeichen zukommt. Der Winkel der beiden positiven Richtungen von g und g' heifse γ. Wir können denselben etwa dadurch bestimmen, dafs wir durch den Anfangspunkt A der Strecke AB eine Parallele g'' zu g' ziehen und die positive Richtung von g'' nach derselben Seite hin sich erstrecken lassen wie bei g'. Der Winkel γ ist dann zugleich der Winkel der positiven Richtungen von g und g''. Trifft nun g'' die projizierende Ebene von B in B'', so hat die Strecke AB'' auf g'' nicht nur dieselbe Länge, sondern auch dasselbe Vorzeichen, wie die Strecke $A'B'$ auf g'. Haben jetzt AB und $A'B'$ und folglich auch AB und AB'' gleiche Vorzeichen (Fig. 1), so ist der Winkel γ der Geraden g und g'

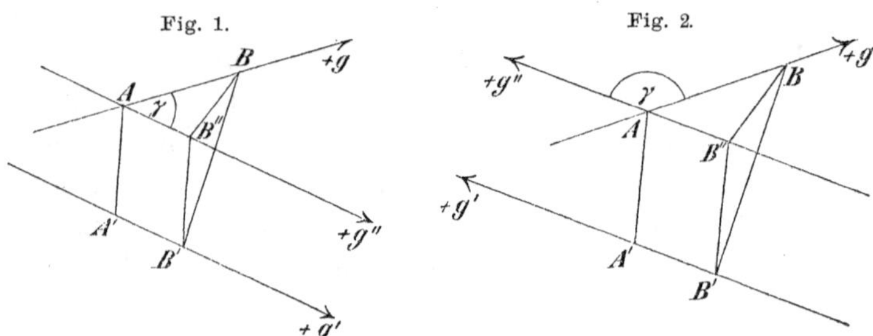

ein spitzer, haben dagegen AB und $A'B'$ und folglich auch AB und AB'' entgegengesetzte Vorzeichen (Fig. 2), so ist γ ein stumpfer Winkel; in beiden Fällen folgt dann aber aus dem rechtwinkligen Dreieck ABB'', dafs in Bezug auf Gröfse und Vorzeichen AB'' und folglich auch $A'B'$ durch $AB \cos \gamma$ dargestellt wird, d. h.:

Bedeutet γ den Winkel zweier beliebiger Geraden g und g', ist ferner AB eine beliebige Strecke der Geraden g, so wird die Projektion $A'B'$ der Strecke AB auf die Gerade g' allemal nach Gröfse und Vorzeichen durch $A'B' = AB \cos \gamma$ dargestellt, ganz gleichgültig, wie man auch die positiven Richtungen von g und g' fixiert haben möge.

Dieser Satz ist einer der wichtigsten Sätze der analytischen Geometrie des Raumes. Seine Bedeutung und seine grofse Verwendbarkeit ist aber wesentlich dadurch bedingt, dafs man nicht nur auf die absolute Länge, sondern, wie dies geschehen ist, auch auf das Vorzeichen der in Betracht kommenden Strecken Rücksicht nimmt, und gründet sich dann namentlich auf den Umstand, dafs die Gültigkeit der Gleichung $A'B' = AB \cos \gamma$ unabhängig von der Wahl der positiven Richtungen der beiden Geraden g und g' ist.

Zugleich geht aus unserem Satze hervor, dafs auch die Projektion $A'B'$ der einer Geraden g angehörenden Strecke AB auf eine beliebige Ebene nach Gröfse und Vorzeichen durch $A'B' = AB \cos \gamma$ dargestellt wird, wenn γ den Winkel bedeutet, welchen die positive Richtung von g mit der positiven Richtung ihrer Projektion einschliefst.

Aufg. 1. Wenn zwei Geraden g und g' gegeben sind, so hat man für die Wahl der positiven Richtungen derselben vier Möglichkeiten. Suche für jede derselben durch eine Zeichnung den Fundamentalsatz zu verifizieren.

Aufg. 2. Auf einer Geraden g befinde sich die Fundamentalstrecke P_1P_2. Jeder beliebige dritte Punkt P von g liefert dann das Teilverhältnis $\lambda = \frac{P_1P}{PP_2}$. Projiziere P_1, P_2, P auf eine beliebige zweite Grade g'. Verfolge die Bewegung der Projektion P' von P, wenn P die Gerade g durchläuft und beweise mit Hülfe unseres Fundamentalsatzes, dafs das Teilverhältnis, welches P' mit der Projektion $P_1'P_2'$ von P_1P_2 bildet, stets gleich dem Teilverhältnis ist, welches P mit P_1P_2

bestimmt, gleichgültig, wie die positiven Richtungen von g und g' gewählt worden seien.

Aufg. 3. Zeige, daſs der Schnitt eines geraden Kreiscylinders stets eine Ellipse ist mit den Halbachsen a und b, wenn b der Radius des Grundkreises ist und der Neigungswinkel des letzteren gegen die Schnittebene durch $\cos\gamma = \frac{b}{a}$ bestimmt wird.

Aufg. 4. Beachte, daſs die Gleichung $A'B' = AB\cos\gamma$ von der Wahl der positiven Richtungen von g und g' unabhängig, daſs aber jede der beiden Seiten der Gleichung von dieser Wahl abhängig ist.

§ 5. Projektion eines räumlichen Polygons auf eine Gerade.

Es seien beliebige $n + 1$ Punkte $P_1, P_2, \ldots P_n, P_{n+1}$ des Raumes durch die Strecken $P_1P_2, P_2P_3, \ldots P_nP_{n+1}$ zu einem Linienzuge vereinigt. Wir denken uns auf jeder der durch die aufeinander folgenden Seiten $P_1P_2, P_2P_3, \ldots P_nP_{n+1}$ des Linienzuges bestimmten Geraden $g_1, g_2, \ldots g_n$ in beliebiger Weise eine positive Richtung festgesetzt und projizieren die Strecken $P_1P_2, P_2P_3, \ldots P_nP_{n+1}$ auf eine Gerade g', deren positive Richtung mit den positiven Richtungen von $g_1, g_2, \ldots g_n$ resp. die Winkel $\gamma_1, \gamma_2, \ldots \gamma_n$ einschlieſsen möge. Bezeichnet man die Projektionen der Punkte $P_1, P_2, \ldots P_{n+1}$ auf g' resp. mit $P_1', P_2', \ldots P_{n+1}'$, so gelten nach Gröſse und Vorzeichen die Gleichungen:

$$P_1'P_2' = P_1P_2 \cos\gamma_1,$$
$$P_2'P_3' = P_2P_3 \cos\gamma_2,$$
$$\vdots$$
$$P_n'P_{n+1}' = P_nP_{n+1} \cos\gamma_n.$$

Schlieſst man jetzt den Linienzug durch Verbindung von P_1 mit P_{n+1} und fixiert auf dieser Verbindungslinie g_{n+1} eine positive Richtung, welche mit der positiven Richtung von g' den Winkel γ_{n+1} einschlieſsen möge, so gilt auch für die Projektion $P_1'P_{n+1}'$ der Schluſslinie P_1P_{n+1} nach Gröſse und Vorzeichen die Gleichung:

$$P_1'P_{n+1}' = P_1P_{n+1} \cos\gamma_{n+1}.$$

Nun ist aber (I, § 2)*):

$$P_1'P_2' + P_2'P_3' + \cdots + P_n'P_{n+1}' = P_1'P_{n+1}',$$

d. h.:

$$P_1P_2 \cos\gamma_1 + P_2P_3 \cos\gamma_2 + \cdots + P_nP_{n+1} \cos\gamma_n = P_1P_{n+1} \cos\gamma_{n+1}$$

oder in Worten:

Die Projektion eines beliebigen Linienzuges $P_1P_2 \ldots P_{n+1}$ auf eine Gerade ist gleich der Projektion der Schlufslinie P_1P_{n+1} auf die Gerade, und umgekehrt kann die Projektion einer beliebig im Raume gegebenen Strecke auf eine Gerade stets ersetzt werden durch die Projektion eines beliebigen Linienzuges, der den Anfangspunkt der Strecke mit ihrem Endpunkte verbindet.

Die Anwendung dieses Satzes ist aber natürlich in der analytischen Geometrie nur dann gestattet, wenn man die bei der Einführung eines solchen Linienzuges auftretenden Strecken, Richtungen und Winkel in der angegebenen Weise sorgfältig und unzweideutig definiert.

Fällt P_{n+1} mit P_1 zusammen, ist also der Linienzug ein geschlossener, ein räumliches Polygon, so folgt aus $P_1P_{n+1} = 0$:

$$P_1P_2 \cos\gamma_1 + P_2P_3 \cos\gamma_2 + \cdots + P_nP_1 \cos\gamma_n = 0, \quad \text{d. h.:}$$

Die durch die rechte Seite dieser Gleichung definierte Projektion eines räumlichen Polygones auf eine beliebige Gerade ist gleich Null.

Aufg. In einem ebenen Koordinatensysteme sei eine beliebige Gerade gegeben, deren positiv zu nehmender Abstand $OR = \delta$ vom Anfangspunkte mit den positiven Halbachsen die Winkel α und β einschliefse. Zeige als unmittelbare Folge unseres Satzes, dafs für jeden Punkt P der Geraden, dessen Koordinaten $OM = x$, $MP = y$ sind, die Gleichung:

$$x \cos\alpha + y \cos\beta = \delta \text{ (die Normalgleichung)}$$

besteht. Projiziere den Linienzug OMP auf OR (I. § 14 und 17).

---

*) Citate dieser Form beziehen sich auf: „Die Elemente der analytischen Geometrie der Ebene, von H. Ganter und F. Rudio (Teubner 1888)“.

§ 6. Fundamentalsatz über die Bestimmung der Projektion eines Dreiecks auf eine Ebene.

Ein in einer Ebene E befindliches Dreieck $P_1 P_2 P_3$ werde auf eine zweite Ebene E' projiziert. Die Projektion sei das Dreieck $P_1' P_2' P_3'$. Um zunächst den absolut genommenen Flächeninhalt J' dieses Dreiecks aus dem ebenfalls absolut genommenen Flächeninhalte J des gegebenen Dreiecks zu berechnen, ziehen wir durch einen der Eckpunkte dieses Dreiecks $P_1 P_2 P_3$ und in der Ebene desselben eine Parallele zur Ebene E' und zerlegen dadurch das gegebene Dreieck in zwei Dreiecke mit gemeinschaftlicher, zu E' paralleler Basis. Bezeichnet man diese etwa mit d und die zugehörigen Höhen der beiden Dreiecke mit h_1 und h_2, so ist $J = \frac{1}{2} d (h_1 + h_2)$. Durch die Projektion d' von d wird aber auch $P_1' P_2' P_3'$ in zwei Dreiecke zerlegt, deren Höhen h_1' und h_2' resp. die Projektionen von h_1 und h_2 sind. Man hat daher $J' = \frac{1}{2} d' (h_1' + h_2')$. Da aber $d' = d$, $h_1' = h_1 \cos \alpha$, $h_2' = h_2 \cos \alpha$ ist, insofern man unter α den spitzen Winkel versteht, welchen jede der Höhen h_1 und h_2 mit ihrer Projektion einschliefst und welcher zugleich der spitze Winkel der beiden Normalen von E und E' ist, so folgt:

$$(1) \qquad J' = J \cos \alpha.$$

Aber schon in der analytischen Geometrie der Ebene wurde in der Regel der Flächeninhalt eines Dreiecks nicht durch absolut genommene Strecken, sondern, unter Zugrundelegung eines in der Ebene des Dreiecks gedachten Koordinatensystems, durch die Koordinaten der Eckpunkte ausgedrückt. Der Umstand nun, dass ein solcher Koordinatenausdruck sowohl das positive als das negative Zeichen annehmen kann, hatte dazu geführt, jedem Dreiecke auch ein bestimmtes Vorzeichen zuzuweisen und diese Festsetzung hatte sich nicht nur als aufserordentlich zweckmäfsig, sondern auch für das tiefere Verständnifs als geradezu unentbehrlich erwiesen. Wir werden daher jetzt nachträglich der Gleichung $J' = J \cos \alpha$ diejenige Allgemeingültigkeit zu verschaffen suchen, die auch bei der Projektion von Strecken und Polygonen auf eine Gerade (§ 4 und 5) erreicht worden war.

Zu diesem Zwecke denken wir uns auf jeder der beiden Ebenen E und E' durch willkürliche Festsetzung einer positiven Normalenrichtung eine positive und eine negative Seite unterschieden (§ 3). Wir wollen dann, entsprechend den in der analytischen Geometrie der Ebene getroffenen Festsetzungen, ein für allemal das in der Ebene E befindliche Dreieck $P_1 P_2 P_3$ (man achte auf die Reihenfolge der Buchstaben) ein positives nennen, wenn für einen Beobachter, der der positiven Seite von E zugewandt ist, die Punkte P_1, P_2, P_3 im positiven Drehungssinne, den wir als der Bewegung des Uhrzeigers entgegengesetzt voraussetzen, aufeinander folgen (I, § 7 und 10). Denkt sich nämlich ein solcher Beobachter ein rechtwinkliges Koordinatensystem auf der positiven Seite von E derart gewählt, daſs die positive Halbachse der x sich um 90^0 im positiven Sinne um den Anfangspunkt drehen muſs, um mit der positiven Halbachse der y zusammenzufallen, so würde für dieses Koordinatensystem der bekannte Ausdruck für den Inhalt des Dreiecks $P_1 P_2 P_3$ positiv ausfallen.

Genau dieselben Festsetzungen mögen für die Ebene E' getroffen werden.

Ist jetzt der Winkel γ der positiven Normalenrichtungen, d. h. der Neigungswinkel der beiden Ebenen E und E', ein spitzer (die beiden Figuren repräsentieren jede einen Normalschnitt der beiden Ebenen, welche durch die von einem beliebigen Punkte aus auf E und E' gefällten Normalen bestimmt ist), so sind die beiden positiven Seiten von E und E' einander abgewandt. Für einen Beobachter, der sich sowohl auf der positiven Seite von E als auch auf der von E' befindet, folgen dann die Punkte P_1, P_2, P_3 in demselben Sinne aufeinander, wie ihre Projektionen P_1', P_2', P_3', d. h. das Dreieck $P_1 P_2 P_3$ hat dasselbe Vorzeichen wie seine Projektion $P_1' P_2' P_3'$.

Fig. 3.

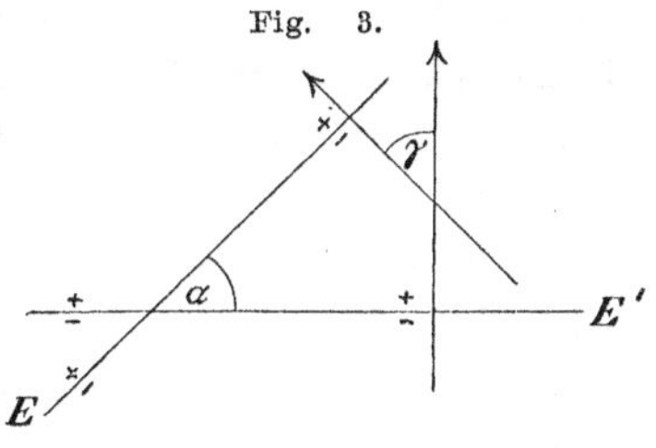

Ist dagegen der Winkel γ der beiden Ebenen ein stumpfer, so folgen für einen Beobachter, der sich sowohl auf der positiven Seite von E als auch auf der von E' befindet, die Punkte P_1, P_2, P_3 in dem entgegengesetzten Sinne aufeinander wie ihre Projektionen P_1', P_2', P_3', d. h. die beiden Dreiecke haben entgegengesetztes Vorzeichen.

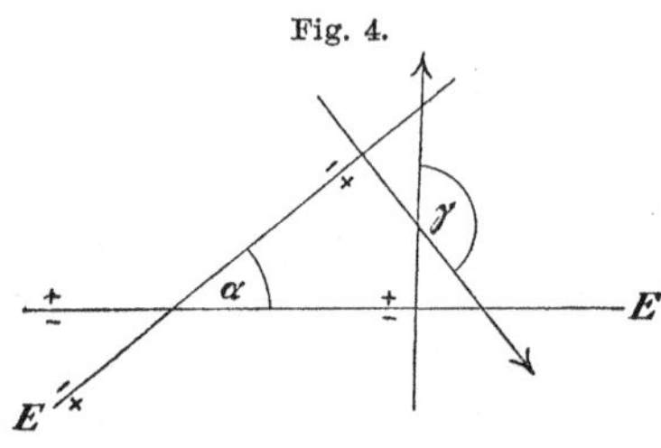

Fig. 4.

Nun ist aber in dem ersten Falle $\alpha = \gamma$, $\cos\alpha = \cos\gamma$, in dem zweiten Falle dagegen $\alpha = 180^0 - \gamma$, $\cos\alpha = -\cos\gamma$, in beiden Fällen stellt daher mit Rücksicht auf Gleichung (1) der Ausdruck $J\cos\gamma$ nach Gröfse und Vorzeichen den Flächeninhalt J' der Projektion dar, d. h. es gilt der Satz:

Projiziert man ein in einer Ebene E befindliches Dreieck $P_1P_2P_3$, dessen Inhalt J nach den oben getroffenen Festsetzungen nicht nur eine bestimmte Gröfse, sondern auch ein bestimmtes Vorzeichen besitzt, auf eine Ebene E', welche mit E den Winkel γ bildet, so wird der Inhalt J' der Projektion $P_1'P_2'P_3'$ allemal nach Gröfse und Vorzeichen durch die Gleichung:

$$J' = J\cos\gamma \tag{2}$$

dargestellt.

Man erkennt leicht, dafs Gleichung (2) auch bestehen bleibt, wenn man unter J den Inhalt eines in E befindlichen Polygones $P_1P_2\ldots P_n$ und unter J' den Inhalt seiner in E' befindlichen Projektion $P_1'P_2'\ldots P_n'$ versteht und wenn man überdies das Vorzeichen eines Polygones, wie bei dem Dreiecke, durch den Sinn bestimmt, in welchem seine Ecken aufeinander folgen. Denn wählt man in E einen beliebigen Punkt O und bezeichnet seine in E' befindliche Projektion mit O', so hat man (I, § 13):

$$J = OP_1P_2 + OP_2P_3 + \ldots + OP_nP_1, \tag{3}$$

$$J' = O'P_1'P_2' + O'P_2'P_3' + \cdots + O'P_n'P_1'. \tag{4}$$

Da aber:

$$O'P_1'P_2' = OP_1P_2 \cos\gamma, \ldots O'P_n'P_1' = OP_nP_1 \cos\gamma$$

ist, so folgt, dafs auch J' nach Gröfse und Vorzeichen durch $J \cos\gamma$ dargestellt wird, wenn man nur beachtet, dafs die Gleichungen (3) und (4) nicht nur den absoluten Wert, sondern auch das durch die Aufeinanderfolge der Polygonecken bestimmte Vorzeichen von J resp. J' richtig angeben.

Aufg. 1. Man veranschauliche sich den in Gleichung (2) enthaltenen Satz durch ein Modell, indem man die positiven und negativen Seiten von E und E' durch verschiedene Farben unterscheide, etwa die beiden positiven durch schwarz, die beiden negativen durch weifs. Man bringe die beiden Ebenen E und E' zu einander in die verschiedenen gegenseitigen Lagen, bestimme (aus den durch die Farben definierten positiven Seiten der Ebenen) jedesmal den Winkel γ der positiven Normalenrichtungen und gebe das Vorzeichen eines in E willkürlich gezeichneten Dreiecks $P_1P_2P_3$, sowie das Vorzeichen seiner Projektion an. Man konstatiere auf diese Weise jedesmal die Übereinstimmung der Vorzeichen von J' und $J \cos\gamma$. Man beachte insbesondere die durch $\gamma = 0^0$, $\gamma = 90^0$, $\gamma = 180^0$ charakterisierte Lage der Ebenen zu einander.

Aufg. 2. Man überzeuge sich an Hand eines solchen Modells, dafs die Gleichung $J' = J \cos\gamma$ durchaus unabhängig ist von der Wahl der positiven Normalenrichtungen von E und E', während natürlich die beiden Seiten der Gleichung einzeln von dieser Wahl abhängig sind.

Aufg. 3. Man beachte, dafs durch die Aufeinanderfolge der Punkte in E die Aufeinanderfolge der Projektionen in E' mit bestimmt ist. In Gleichung (2) bezieht sich also J' auf das Dreieck $P_1'P_2'P_3'$, wenn unter J der Inhalt von $P_1P_2P_3$ verstanden ist. Welches ist demnach in Bezug auf Gröfse und Vorzeichen der Inhalt des Dreiecks $P_1'P_3'P_2'$?

Aufg. 4. Der Inhalt von $P_1P_2P_3$ sei gleich J. Welches ist der Inhalt der Projektionen von $P_2P_3P_1$, $P_3P_1P_2$, $P_3P_2P_1$, $P_2P_1P_3$, $P_1P_3P_2$ in Bezug auf Gröfse und Vorzeichen?

Aufg. 5. Man überzeuge sich, dafs der in der Gleichung (2) enthaltene Fundamentalsatz auch noch bestehen bleibt, wenn man in E und E' den entgegengesetzten Drehungssinn (der mit der Drehung des Uhrzeigers übereinstimmt) als den positiven festsetzt.

Aufg. 6. Man zeige, dafs der in Aufgabe 6 des § 13 der analytischen Geometrie der Ebene ausgesprochene Satz übereinstimmt mit dem augenblicklich vorliegenden Satze, wenn man annimmt, es sei $\cos\gamma = \frac{b}{a}$.

Aufg. 7. Man projiziere ein in der Ebene E befindliches reguläres Dreieck, Viereck, Fünfeck, Sechseck, Achteck, Zehneck auf eine Ebene E', welche mit der Ebene E einen Winkel von 30^0, oder 45^0, oder 60^0 einschliefsen möge. Man bestimme jedesmal J' aus dem Radius des zu dem Originale gehörigen umschriebenen Kreises.

Aufg. 8. Man konstruiere die zu den verschiedenen Fällen der vorhergehenden Aufgabe gehörigen Modelle unter der Voraussetzung, dafs die Ebenen E und E' sich in einer Seite oder in einem Durchmesser des gegebenen regulären Polygons schneiden.

Aufg. 9. Man projiziere eine geschlossene ebene Kurve (z. B. eine Ellipse) auf eine Ebene E' und überzeuge sich von der Richtigkeit der Gleichung $J' = J\cos\gamma$, indem man die Originalkurve (mit dem Flächeninhalt J) als ein Polygon von unendlich vielen Seiten betrachtet.

Aufg. 10. Zeige auf diese Weise, dafs die Ellipse den Flächeninhalt πab besitzt (§ 4. Aufg. 3).

Aufg. 11. Suche die Theorie der konjugierten Durchmesser einer Ellipse (I, § 43) aus dem Satze abzuleiten, dafs der Schnitt eines geraden Kreiscylinders eine Ellipse ist (§ 4. Aufg. 3). Gehe von der Definition aus, dafs zwei konjugierte Ellipsendurchmesser solche sind, deren Projektionen aufeinander senkrecht stehende Kreisdurchmesser sind. Zeige insbesondere mit Hülfe unseres Projektionssatzes, dafs das aus konjugierten Ellipsenhalbmessern gebildete Dreieck konstanten Inhalt hat, nämlich den Inhalt $\frac{1}{2}b^2 : \frac{b}{a} = \frac{1}{2}ab$.

Zweites Kapitel.

Die Raumelemente bezogen auf ein Koordinatensystem.

§ 7. Bestimmung der Lage eines Punktes durch Koordinaten.

In der analytischen Geometrie der Ebene wurde die Lage eines Punktes dadurch bestimmt, dafs man denselben auf zwei in der Ebene gewählte Koordinatenachsen bezog. Um die analoge Aufgabe für den Raum zu lösen, ziehen wir durch einen beliebigen Punkt O des Raumes drei paarweise auf einander senkrecht stehende Geraden, die wir die x-Achse, die y-Achse und die z-Achse nennen wollen. Diese drei Geraden bestimmen dann zugleich drei paarweise auf einander senkrecht stehende Ebenen, die man resp. als die yz-Ebene, die zx-Ebene und die xy-Ebene bezeichnen kann. Da die x-Achse, die y-Achse und die z-Achse resp. die Normalen der yz-Ebene, der zx-Ebene und der xy-Ebene sind, so wird durch Festsetzung einer positiven Richtung auf jeder der drei Achsen zugleich eine Entscheidung über die positive Seite einer jeden der drei Ebenen getroffen (§ 3). Wir wählen nun die positive Richtung der x-Achse und der y-Achse willkürlich, die positive Richtung der z-Achse oder, was dasselbe bedeutet, die positive Seite der xy-Ebene dagegen so, dafs für einen dieser positiven Seite zugewandten Beobachter die positive x-Achse in der xy-Ebene sich um 90^0 im positiven Sinne um den Punkt O drehen muss, um mit der positiven y-Achse zusammenzufallen. Für einen Beobachter, welcher der positiven Seite der yz-Ebene resp. der zx-Ebene zugewandt ist, erscheint dann die Drehung um 90^0, durch welche die positive y-Achse in die positive z-Achse resp. diese in die positive x-Achse übergeführt wird, ebenfalls als eine positive.

Fig. 5.

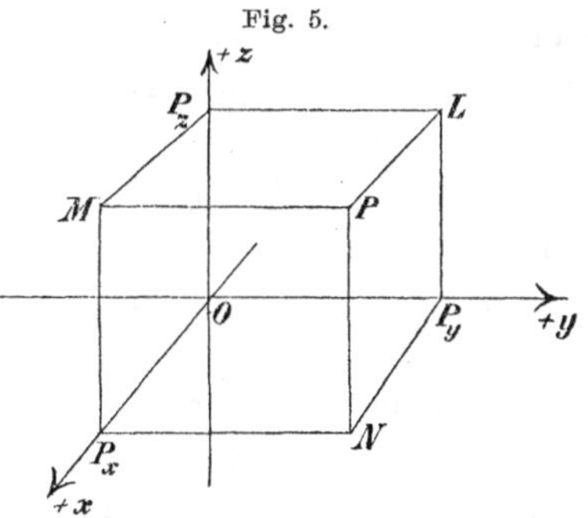

Um nun die Lage eines beliebigen Punktes P im Raume

zu bestimmen, lege man durch denselben die Normalebenen zu den drei Achsen, wodurch man die Projektionen P_x, P_y, P_z des Punktes P auf die Achsen erhält. Zu jedem Punkte P des Raumes gehören also drei ganz bestimmte Punkte P_x, P_y, P_z, aber auch umgekehrt ist durch drei willkürlich auf den Achsen gewählte Punkte P_x, P_y, P_z immer eindeutig ein Punkt P bestimmt, dessen Projektionen P_x, P_y, P_z sind. Es ist dies der Schnittpunkt der Normalebenen der drei Achsen, die man resp. in P_x, P_y, P_z konstruieren kann.

Nach Festsetzung einer Längeneinheit und mit Berücksichtigung der Achsenrichtungen werden nun die Strecken OP_x, OP_y, OP_z durch ganz bestimmte, positive oder negative Zahlen ausgedrückt, die wir die Koordinaten des Punktes P nennen und mit x, y, z bezeichnen wollen. Dem entsprechend werden die drei Achsen die Koordinatenachsen und die drei durch sie bestimmten Ebenen die Koordinatenebenen genannt. Der Punkt O heifst der Anfangspunkt, seine Koordinaten sind gleich Null. Wie in der analytischen Geometrie der Ebene bezeichnet man den Punkt mit den Koordinaten $x = a$, $y = b$, $z = c$ kurz als den Punkt (a, b, c).

Man erkennt jetzt die Richtigkeit des folgenden Satzes: Jedem Punkte des Raumes entspricht ein ganz bestimmtes Zahlentripel, nämlich seine Koordinaten, und umgekehrt jedem Zahlentripel entspricht ein ganz bestimmter Punkt des Raumes, nämlich derjenige, dessen Koordinaten resp. den drei gegebenen Zahlen gleich sind.

Durch die drei Koordinatenebenen wird der ganze Raum in acht Oktanten zerlegt. Die Koordinaten x, y, z der Punkte dieser acht Oktanten bieten der Reihe nach die Vorzeichenkombinationen $+++$, $++-$, $+-+$, $+--$, $-++$, $-+-$, $--+$, $---$ dar. Zwei Punkte desselben Oktanten liefern dieselbe Vorzeichenkombination. Jeder Oktant wird daher ausreichend durch die Vorzeichenkombination irgend eines seiner Punkte charakterisiert.

Die drei durch einen Punkt P des Raumes gehenden Normalebenen der Achsen bestimmen mit den Koordinatenebenen, wenn nicht P selbst in einer derselben liegt, jedesmal ein rechtwinkliges Parallelepiped, dessen sämtliche Ecken, mit Ausnahme der freien Ecke P, in den Koordinatenebenen liegen. Die drei durch P hindurchgehenden Kanten führen zu den Projektionen L, M, N von P auf die Koordinatenebenen. Da $OP_x = LP$, $OP_y = MP$, $OP_z = NP$ ist, so kann man die Koordinaten eines Punktes auch als seine mit den entsprechenden Vorzeichen versehenen Abstände von den Koordinatenebenen definieren.

Aufg. 1. Bestimme (durch Anfertigung eines Modells) die Punkte $(1, 1, 1)$; $(1, -2, 1)$; $(-2, \frac{1}{2}, -3)$; $(0, -1, 0)$; $(2, -2, 0)$; $(1, 0, -1)$; $(-1, -1, -1)$; (a, a, c); (a, c, c); (a, b, a).

Aufg. 2. Durch welche Koordinaten sind die Punkte der x-Achse, der y-Achse, der z-Achse ausgezeichnet?

Aufg. 3. Durch welche Koordinaten sind die Punkte der yz-Ebene, der zx-Ebene, der xy-Ebene ausgezeichnet?

Aufg. 4. Beachte, dafs die Punkte der Koordinatenebenen durch je eine Gleichung charakterisiert werden, z. B. die Punkte der yz-Ebene durch die Gleichung $x = 0$, welche man daher als die Gleichung der yz-Ebene bezeichnet. Welches ist die Gleichung der zx-Ebene, der xy-Ebene?

Aufg. 5. Beachte, dafs die Punkte der Koordinatenachsen durch je zwei Gleichungen charakterisiert sind, z. B. die Punkte der y-Achse durch die beiden Gleichungen $x = 0$, $z = 0$, welche man die Gleichungen der y-Achse nennt. Welches sind die Gleichungen der z-Achse, der x-Achse?

Aufg. 6. Durch welche Koordinaten sind die Punkte einer Ebene ausgezeichnet, welche einer der drei Koordinatenebenen parallel ist? Welches ist der Ort der Punkte, für welche $z = 2$ ist?

Aufg. 7. Durch welche Koordinaten sind die Punkte einer Geraden ausgezeichnet, welche einer der drei Achsen parallel ist? Wo liegen alle die Punkte, für welche gleichzeitig $x = 3$, $y = -2$ ist?

Aufg. 8. Welche Beziehung besteht zwischen den Koordinaten eines Punktes, welcher auf einer der beiden Ebenen liegt, welche den Winkel zweier Koordinatenebenen halbieren?

Aufg. 9. Welches ist der Ort des Punktes, für welche

$x = y$ ist? oder $x = -y$? oder $y = z$? oder $y = -z$? Welches ist der Ort der Punkte, deren Koordinaten der Gleichung $x - z = 0$ oder $x + z = 0$ genügen?

Aufg. 10. Durch O sei eine beliebige Gerade gezogen. Welche Relation besteht dann zwischen den Koordinaten x_1, y_1, z_1 und x_2, y_2, z_2 zweier Punkte P_1 und P_2 dieser Geraden?

Aufg. 11. Welches ist die gegenseitige Lage der beiden Punkte (a, b, c) und $(-a, b, c)$, oder der Punkte (a, b, c) und $(a, -b, -c)$, oder der Punkte (a, b, c) und $(-a, -b, -c)$?

Aufg. 12. Wodurch sind zwei Punkte ausgezeichnet, welche symmetrisch zu einer der Koordinatenebenen liegen, oder symmetrisch zu einer der Achsen, oder symmetrisch zum Anfangspunkte?

Aufg. 13. Ein Punkt P besitze die Koordinaten x, y, z. Wie heifsen seine Koordinaten, wenn man die Achsenrichtungen wechselt, oder wenn man etwa die frühere positive x-Achse neuerdings zur positiven z-Achse und die frühere positive z-Achse zur negativen x-Achse wählt, oder wenn man die drei Achsen irgendwie anders vertauscht?

Aufg. 14. Beachte, dafs zwar die Projektionen P_x, P_y, P_z von P auf die Achsen, nicht aber die Projektionen L, M, N von P auf die Koordinatenebenen willkürlich gewählt werden dürfen. Durch die Wahl von L beispielsweise (welche gleichbedeutend ist mit der Wahl von y und z) ist über die Lage von M und N bereits teilweise verfügt, es bedarf nur noch der Festsetzung des x.

Aufg. 15. Gieb die verschiedenen Wege an, welche in Fig. 5 von O zu P führen, wie etwa der Linienzug OP_xNP. Zur Konstruktion von P aus seinen Koordinaten werden zweckmäfsig diese Linienzüge benutzt.

Aufg. 16. Drei beliebige durch einen Anfangspunkt O gezogene Strahlen bestimmen ein schiefwinkliges Achsensystem. Legt man durch einen Punkt P des Raumes die Parallelebenen zu den drei durch die Achsen gebildeten Koordinatenebenen, so kann man die Schnittpunkte P_x, P_y, P_z derselben mit den Achsen als schiefe Projektionen von P bezeichnen und $OP_x = x$, $OP_y = y$, $OP_z = z$ die schiefwinkligen Koordinaten von P nennen. Die Sätze des

Textes lassen sich dann mit geringer Modifikation auch auf dieses Koordinatensystem übertragen.

§ 8. Koordinatentransformation durch Verlegung des Anfangspunktes (Parallelverschiebung).

In einem Koordinatensysteme mit dem Anfangspunkte O seien zwei Punkte P und O' mit den Koordinaten x, y, z und a, b, c gegeben. Man lege durch O' ein neues Koordinatensystem, dessen positive Halbachsen parallel und gleichgerichtet mit den positiven Halbachsen des alten Systems sind, sodaſs das eine System mit dem andern nach Lage und Richtung der Achsen durch bloſse Parallelverschiebung zur Deckung gebracht werden kann. Der Punkt P besitze nun in Bezug auf das neue System die Koordinaten x', y', z'; die neuen durch O' gehenden Achsen mögen dem entsprechend die x'-Achse, die y'-Achse und die z'-Achse heiſsen. Bezeichnet man die Projektionen von O' und P auf die alte x-Achse resp. mit O_x' und P_x, so erkennt man leicht, daſs $O_x' P_x$ nach Gröſse und Richtung gleich x' ist. Da aber $O_x' P_x = OP_x - OO_x'$ ist und für die beiden andern Achsen dieselben Betrachtungen gelten, so findet man die Transformationsformeln (vergl. I, § 6):

$$x' = x - a, \quad y' = y - b, \quad z' = z - c,$$

oder: $$x = x' + a, \quad y = y' + b, \quad z = z' + c.$$

Aufg. 1. Man überzeuge sich, daſs diese Relationen zwischen den alten und den neuen Koordinaten stets gelten, in welchen Oktanten auch die Punkte O' und P sich befinden mögen.

Aufg. 2. Zeige, daſs die obigen Transformationsformeln auch bei Parallelverschiebung schiefwinkliger Koordinatensysteme gelten.

§ 9. Bestimmung eines Punktes durch einen Radius Vektor und die zugehörigen Achsenwinkel. Richtungskosinus.

In Bezug auf ein Achsensystem*) sei ein Punkt P durch seine Koordinaten x, y, z gegeben. Die Entfernung $OP = r$

*) Wenn nicht ausdrücklich das Gegenteil gesagt wird, sind immer rechtwinklige Koordinatensysteme gemeint.

des Punktes P vom Ausgangspunkte O wird der Radius Vektor von P genannt. Aus den rechtwinkligen Dreiecken OP_xN und ONP folgt nun $ON^2 = x^2 + y^2$, $r^2 = ON^2 + z^2$, also $r^2 = x^2 + y^2 + z^2$. Wir setzen die Richtung von O nach P als die positive Richtung der Verbindungslinie OP fest, so dafs also $r = OP$ immer positiv gerechnet wird. Dann folgt:

Fig. 6.

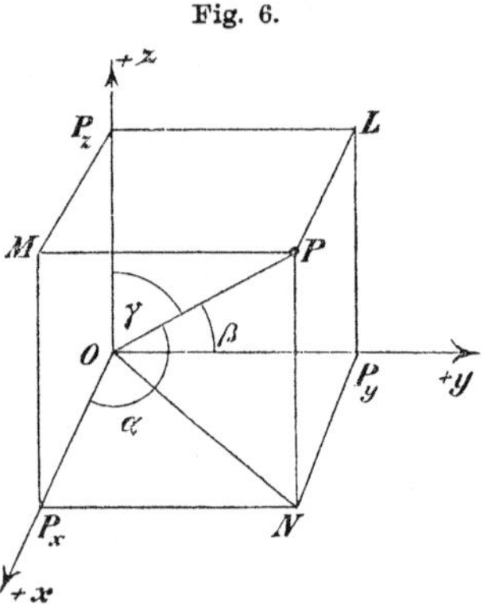

$$(1) \qquad r = + \sqrt{x^2 + y^2 + z^2}.$$

Zugleich aber sind jetzt auch eindeutig die Winkel α, β, γ bestimmt, welche OP mit den positiven Achsenrichtungen einschliefst und welche wir kurz die Achsenwinkel von OP nennen wollen. Da OP_x, OP_y, OP_z die Projektionen von OP auf die Achsen sind, so gelten (§ 4) für jeden Punkt des Raumes nach Gröfse und Vorzeichen die Relationen:

$$(2) \qquad x = r \cos \alpha, \quad y = r \cos \beta, \quad z = r \cos \gamma.$$

Man nennt $\cos \alpha$, $\cos \beta$, $\cos \gamma$ die Richtungskosinus der Geraden OP. Dieselben sind, wie auch α, β, γ selbst, erst durch die oben getroffene Festsetzung über die positive Richtung von OP unzweideutig bestimmt. Zwischen $\cos \alpha$, $\cos \beta$, $\cos \gamma$ besteht allemal eine wichtige Relation, welche man durch Quadrieren und Addieren der drei Gleichungen (2) erhält. Es folgt nämlich:

$$x^2 + y^2 + z^2 = r^2 (\cos^2 \alpha + \cos^2 \beta + \cos^2 \gamma);$$

da aber:

$$x^2 + y^2 + z^2 = r^2$$

ist, so ergiebt sich:

$$(3) \qquad \cos^2 \alpha + \cos^2 \beta + \cos^2 \gamma = 1, \quad \text{d. h.:}$$

Die Summe der Quadrate der Richtungskosinus ist gleich Eins.

Aus dem Vorhergehenden ersehen wir, dafs zu jedem Punkte (x, y, z) ein ganz bestimmter Radius Vektor r und ganz bestimmte, durch die Gleichung (3) mit einander verbundene Richtungskosinus gehören, welche man aus x, y, z durch die Gleichungen findet:

$$(4)\ \cos\alpha = \frac{x}{r},\quad \cos\beta = \frac{y}{r},\quad \cos\gamma = \frac{z}{r},\quad r = +\sqrt{x^2+y^2+z^2}.$$

Aber auch umgekehrt kann man jede positive Zahl ϱ und je drei positive oder negative Zahlen ξ, η, ζ, für welche $\xi^2 + \eta^2 + \zeta^2 = 1$ ist, als den Radius Vektor und die zugehörigen Richtungskosinus eines unzweideutig bestimmten Punktes P auffassen. Denn konstruirt man den Punkt mit den Koordinaten $x = \varrho\xi$, $y = \varrho\eta$, $z = \varrho\zeta$, und berechnet aus (4) dessen Radius Vektor r und die Richtungskosinus $\cos\alpha$, $\cos\beta$, $\cos\gamma$, so findet man:

$$r = \varrho,\quad \cos\alpha = \xi,\quad \cos\beta = \eta,\quad \cos\gamma = \zeta.$$

Der Radius r kann alle Werthe von 0 bis ∞ annehmen, die Achsenwinkel α, β, γ alle Werte von 0^0 bis 180^0 (§ 3).

Aus den Gleichungen (2) ergiebt sich noch eine interessante Relation. Multipliziert man dieselben resp. mit $\cos\alpha$, $\cos\beta$, $\cos\gamma$ und addiert, so folgt mit Rücksicht auf (3):

$$(5)\qquad x\cos\alpha + y\cos\beta + z\cos\gamma = r.$$

Aufg. 1. Wo liegen alle Punkte mit demselben Radius Vektor r? Welche Relation besteht zwischen den Koordinaten x, y, z eines jeden dieser Punkte? Wähle speziell für r die Längeneinheit.

Aufg. 2. Wo liegen alle Punkte, deren Radien Vektoren dieselben Richtungskosinus besitzen? Welche Relation besteht zwischen den Koordinaten zweier solcher Punkte?

Aufg. 3. Beachte, dafs die zu dem Radius Vektor eines Punktes (x, y, z) gehörigen Richtungskosinus $\cos\alpha$, $\cos\beta$, $\cos\gamma$ in ihren Vorzeichen resp. mit x, y, z übereinstimmen. In den verschiedenen Oktanten ergeben sich also für die Richtungskosinus dieselben Vorzeichenkombinationen wie für die Koordinaten.

Aufg. 4. Beweise, dafs für $\alpha = \beta = \gamma$ sich ergiebt $\cos\alpha = \cos\beta = \cos\gamma = \frac{1}{\sqrt{3}}$.

Aufg. 5. Um den Anfangspunkt ist mit dem Radius $r = 1$ eine Kugel beschrieben. Bestimme diejenigen acht

Punkte auf der Kugel, für welche, absolut genommen, Gleichheit der drei Koordinaten stattfindet. Gieb die Richtungskosinus der zu diesen Punkten gehörigen Radien Vektoren an. Definiere diese letzteren als Schnittlinien gewisser Halbierungsebenen.

Aufg. 6. Wo liegen alle Punkte, deren Radien Vektoren mit der x-Achse denselben Winkel α einschliefsen?

Aufg. 7. Zeige, dafs nicht nur durch die drei Achsenwinkel α, β, γ die drei Richtungskosinus, sondern dafs auch umgekehrt durch die Richtungskosinus die Achsenwinkel eindeutig bestimmt sind, da sich die letzteren nur zwischen den Grenzen 0^0 und 180^0 bewegen können.

Aufg. 8. Der Winkel α sei willkürlich gewählt. Zeige, dafs der Winkel β dann nicht mehr ganz willkürlich gewählt werden kann. Begründe dies zunächst geometrisch und dann aus der Gleichung (3), welche verlangt, dafs $\cos^2\alpha + \cos^2\beta \leqq 1$ sein mufs. Zeige, dafs diese analytische Beschränkung mit den vorher gefundenen geometrischen Grenzen für β übereinstimmt.

Aufg. 9. Leite aus Gleichung (3) die Relation $\sin^2\alpha + \sin^2\beta + \sin^2\gamma = 2$ ab.

Aufg. 10. Die Winkel α und β seien mit Berücksichtigung von Aufg. 8 gewählt. Welche Winkel γ sind dann noch möglich? Interpretiere die aus Gleichung (3) sich ergebende Lösung geometrisch.

Aufg. 11. Leite Gleichung (5) durch Projektion des Linienzuges OP_xNP auf OP ab (§ 5). Achte bei allen Teilen dieses Linienzuges wie auch bei der Schlufslinie auf die positive Richtung.

Aufg. 12. Welches sind die Richtungskosinus, welche zu Punkten der Koordinatenebenen oder der Achsen gehören?

§ 10. Aus den Koordinaten zweier Punkte P' und P'' ihre Entfernung und die Winkel zu bestimmen, welche ihre Verbindungslinie mit den Achsen bildet. Richtungskosinus. Abbildung auf die Einheitskugel.

Auf der Verbindungslinie von P' und P'' mit den Koordinaten x', y', z' und x'', y'', z'' sei die positive Richtung willkürlich fixiert. Dann ist nicht nur die Strecke $P'P'' = d$ nach Gröfse und Vorzeichen bestimmt, sondern es sind auch zugleich in unzweideutiger Weise die Winkel α, β, γ definiert, welche die positive Richtung der Verbindungslinie $P'P''$ mit den positiven Achsenrichtungen einschliefst. Diese Winkel werden zweckmäfsig durch einen Halbstrahl zur Anschauung gebracht, welcher vom Anfangspunkte O aus parallel und gleichgerichtet mit der positiven Richtung von $P'P''$ gezogen werden kann. Die Richtungskosinus $\cos\alpha$, $\cos\beta$, $\cos\gamma$ dieses Halbstrahles werden dann zugleich die Richtungskosinus der positiven Richtung von $P'P''$ genannt. Aus dieser Definition ergeben sich sofort die Folgerungen:

I. Parallele und gleichgerichtete (d. h. in den positiven Richtungen übereinstimmende) Geraden haben gleiche Richtungskosinus; parallele und entgegengesetzt gerichtete Geraden haben entgegengesetzt gleiche Richtungskosinus.

II. Die Summe der Quadrate der Richtungskosinus einer jeden Richtung ist gleich Eins, oder:

$$\cos^2\alpha + \cos^2\beta + \cos^2\gamma = 1 .$$

Beschreibt man mit der Längeneinheit als Radius um den Anfangspunkt eine Kugel, die sog. Einheitskugel, so trifft jeder von O ausgehende Halbstrahl (Radius Vektor) dieselbe in einem ganz bestimmten Punkte, dessen Koordinaten (durch die Längeneinheit gemessen) resp. den Richtungskosinus des Halbstrahles gleich sind. Umgekehrt gehört zu jedem Punkte der Einheitskugel ein zu ihm hinführender, unzweideutig bestimmter Halbstrahl, dessen Richtungskosinus gleich den (durch die Längeneinheit gemessenen) Koordinaten des gewählten Punktes sind. Da alle parallelen und gleichgerichteten Geraden des Raumes durch einen ganz bestimmten von O ausgehenden Halbstrahl mit denselben Richtungskosinus repräsentiert werden können, so ergiebt sich folgender Satz:

III. Zu der Gesamtheit aller parallelen und gleichgerichteten Geraden des Raumes mit den Richtungskosinus $\cos\alpha = \xi$, $\cos\beta = \eta$, $\cos\gamma = \zeta$ — wir wollen dafür kurz sagen: zu der Richtung (ξ, η, ζ) — gehört ein ganz bestimmter Punkt der Einheitskugel mit den Koordinaten ξ, η, ζ und umgekehrt zu jedem Punkte (ξ, η, ζ) der Einheitskugel gehört eine ganz bestimmte Richtung (ξ, η, ζ) d. h. die Gesamtheit aller parallelen und gleichgerichteten Geraden des Raumes mit den Richtungskosinus $\cos\alpha = \xi$, $\cos\beta = \eta$, $\cos\gamma = \zeta$.

Durch diesen Satz werden die sämtlichen Richtungen des Raumes durch die sämtlichen Punkte der Einheitskugel in eindeutiger Weise veranschaulicht oder abgebildet.

Zwischen den Koordinaten ξ, η, ζ eines jeden Punktes der Einheitskugel besteht die Relation:

$$\xi^2 + \eta^2 + \zeta^2 = 1, \tag{1}$$

wie sich sowohl aus Gleichung (1) des vorhergehenden Paragraphen, d. h. direkt geometrisch, als auch daraus ergiebt, dafs ξ, η, ζ nach Satz III den Charakter von Richtungskosinus besitzen, deren Quadratsumme stets gleich der Einheit ist.

Um nun die ursprünglich gestellte Aufgabe zu lösen, nach welcher die Richtungskosinus $\cos\alpha = \xi$, $\cos\beta = \eta$, $\cos\gamma = \zeta$ der positiven Richtung von $P'P''$ sowie die Strecke $P'P'' = d$ zu bestimmen waren, projizieren wir die Strecke $P'P''$ auf die Koordinatenachsen und erhalten die Projektionen $P_x'P_x''$, $P_y'P_y''$, $P_z'P_z''$, welche in Bezug auf Gröfse und Vorzeichen resp. durch $x'' - x'$, $y'' - y'$, $z'' - z'$ dargestellt werden (I, § 2). Dann gelten in Bezug auf Gröfse und Vorzeichen die Gleichungen (§ 4):

$$x'' - x' = d\xi, \quad y'' - y' = d\eta, \quad z'' - z' = d\zeta, \tag{2}$$

oder:

$$\xi = \frac{x'' - x'}{d}, \quad \eta = \frac{y'' - y'}{d}, \quad \zeta = \frac{z'' - z'}{d}. \tag{3}$$

Durch Quadrieren und Addieren der drei Gleichungen (2) folgt mit Rücksicht auf (1):

$$d^2 = (x'' - x')^2 + (y'' - y')^2 + (z'' - z')^2, \tag{4}$$

oder:

$$d = \pm\sqrt{(x'' - x')^2 + (y'' - y')^2 + (z'' - z')^2}. \tag{5}$$

Das Vorzeichen der Quadratwurzel ist an und für sich willkürlich und kann aus den Koordinaten von P' und P'' allein nicht gewonnen werden. Es ist erst dann vollständig bestimmt, sobald man über die positive Richtung der Geraden $P'P''$ entschieden hat; dann und nur dann liefern auch die Gleichungen (3) unzweideutig bestimmte Richtungskosinus. Ändert man die positive Richtung der Geraden $P'P''$, so ändern sich zugleich in (5) und (3) die Vorzeichen von d, ξ, η, ζ.

Damit ist die gestellte Aufgabe vollständig gelöst.

Aufg. 1. Welches sind die Richtungskosinus von Geraden, welche einer der Koordinatenebenen oder einer der Achsen parallel sind? Durch welche Punkte der Einheitskugel werden solche Richtungen abgebildet?

Aufg. 2. Welchen Richtungen entsprechen die beiden Endpunkte eines Durchmessers der Einheitskugel?

Aufg. 3. Wie sind die Richtungen zu bezeichnen, welche durch die sämtlichen Punkte eines gröfsten Kreises der Einheitskugel abgebildet werden?

Aufg. 4. Drei paarweise auf einander senkrecht stehende Geraden (wie z. B. die Koordinatenachsen) liefern welche Bilder auf der Einheitskugel? Beachte, dafs jeder Geraden (entsprechend ihren beiden Richtungen) zwei Punkte der Einheitskugel zuzuordnen sind.

Aufg. 5. Drücke aus, dafs der Punkt (x, y, z) gleich weit entfernt von den Punkten (a, b, c) und (a_1, b_1, c_1) ist. Vereinfache die Bedingungsgleichung möglichst.

Aufg. 6. Bestimme die Längen und die Richtungen der sechs Kanten des Tetraeders, welches die Punkte $(1, 2, 1)$; $(2, -1, 3)$; $(-1, 2, -3)$ mit dem Anfangspunkte bilden.

§ 11. Aus den gegebenen Koordinaten x', y', z' und x'', y'', z'' zweier Punkte P' und P'' die Koordinaten x, y, z desjenigen Punktes P der Verbindungslinie zu finden, der mit der Strecke $P'P''$ ein gegebenes Teilverhältnis λ bildet.

Da die Projektionen P_x, P_y, P_z von P auf die Achsen mit den entsprechenden Projektionen $P_x'P_x''$, $P_y'P_y''$, $P_z'P_z''$ der Strecke $P'P''$ dieselben Teilverhältnisse bilden, wie P mit $P'P''$, gleichgültig, in welcher Weise die positive Richtung von $P'P''$ gewählt worden sei (§ 4, Aufg. 2), so findet man, wegen $OP_x = x$, $OP_x' = x'$, $OP_x'' = x''$ etc. unmittelbar die gesuchten Koordinaten in der Form (vergl. I, § 3 und 9):

(1) $$x = \frac{x' + \lambda x''}{1 + \lambda}, \quad y = \frac{y' + \lambda y''}{1 + \lambda}, \quad z = \frac{z' + \lambda z''}{1 + \lambda}.$$

Insbesondere sind die Koordinaten des Mittelpunktes von $P'P''$ ($\lambda = 1$) gleich:

(2) $$x = \frac{x' + x''}{2}, \quad y = \frac{y' + y''}{2}, \quad z = \frac{z' + z''}{2}.$$

Aufg. 1. Man bestimme die Teilverhältnisse und die Koordinaten der drei Punkte, in denen die Gerade $P'P''$ die Koordinatenebenen trifft.

Aufg. 2. Ein Tetraeder ist gegeben durch die Punkte (1, 2, 1); (2, — 3, 1); (— 2, 3, — 2); (— 4, — 5, — 2). Welches sind die Koordinaten der Mittelpunkte seiner sechs Kanten?

Aufg. 3. Bestimme in dem Tetraeder $P_1P_2P_3P_4$ den Mittelpunkt der Strecke, welche den Mittelpunkt von P_1P_2 mit dem Mittelpunkte von P_3P_4 verbindet und beweise den Satz: Die geraden Linien, welche die Mittelpunkte der gegenüberliegenden Kanten eines Tetraeders mit einander verbinden, gehen durch einen und denselben Punkt.

Aufg. 4. Bestimme die Koordinaten des Schwerpunktes der durch die Punkte P_1, P_2, P_3 bestimmten Dreiecksfläche (I, § 9, Aufg. 3).

Aufg. 6. Bestimme die Koordinaten des Schwerpunktes des Tetraeders $P_1P_2P_3P_4$. (Ist S der Schwerpunkt des Tetraeders und S_1 der Schwerpunkt der Dreiecksfläche $P_2P_3P_4$, so teilt S bekanntlich die Verbindungslinie P_1S_1 so, dafs $\frac{P_1S}{SS_1} = \frac{3}{1}$ ist.) Beachte, dafs der Schwerpunkt der gleiche wie der durch Aufg. 3 bestimmte Punkt ist.

Aufg. 6. Bestimme die Teilverhältnisse und die Koordinaten der Punkte, in welchen die Verbindungslinie von (2, 3, 1) und (1, — 3, 4) die beiden durch die y-Achse gehenden Ebenen trifft, welche die Winkel der xy-Ebene und der yz-Ebene halbieren (§ 7, Aufg. 8).

Aufg. 7. Zeige, dafs die Formeln (1) und (2) unverändert auch bei schiefwinkligen Koordinaten gelten (I, § 9).

§ 12. Bestimmung der Projektion des zu einem Punkte (x, y, z) gehörigen Radius Vektor auf eine durch ihre Richtung gegebene Gerade. Bestimmung des Winkels zweier Richtungen.

Der Punkt (x, y, z) besitze den Radius Vektor r, dessen Richtungskosinus $\cos\alpha$, $\cos\beta$, $\cos\gamma$ seien (§ 9, Aufg. 7). Wir ziehen durch den Anfangspunkt einen Halbstrahl parallel und gleichgerichtet mit der Geraden, auf welche r projiziert werden soll. Die Richtungskosinus desselben seien $\cos\alpha_1$, $\cos\beta_1$, $\cos\gamma_1$. Die Projektion OP' von $OP = r$ auf diesen Halbstrahl stimmt dann nach Gröfse und Vorzeichen mit der gesuchten Projektion überein. Diese Projektion erhalten wir aber auch, wenn wir statt OP den zu P hinführenden Weg OP_xNP auf den Halbstrahl OP' projizieren. Nach dem in § 5 bewiesenen Satze ist daher wegen

Fig. 7.

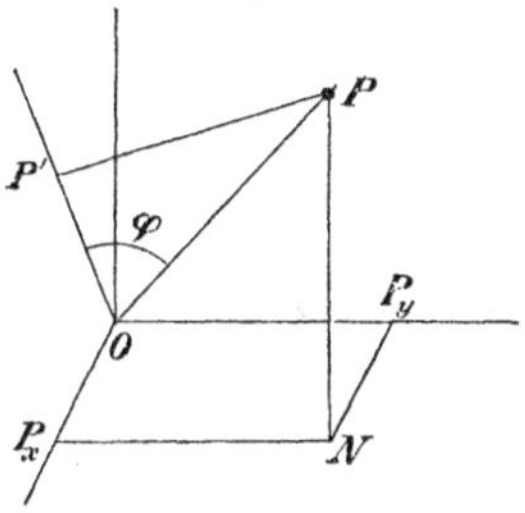

$$OP_x = x, \quad P_xN = y, \quad NP = z,$$

(vergl. auch § 9, Aufg. 11):

$$(1) \qquad OP' = x\cos\alpha_1 + y\cos\beta_1 + z\cos\gamma_1 .$$

Durch diese Gleichung, von der wir sehr häufig Gebrauch machen werden, ist die erste der beiden oben gestellten Aufgaben gelöst.

Bezeichnen wir jetzt den Winkel der beiden Halbstrahlen OP und OP' mit φ, so ist φ zugleich der Winkel der durch die Richtungskosinus $\cos\alpha$, $\cos\beta$, $\cos\gamma$ und $\cos\alpha_1$, $\cos\beta_1$, $\cos\gamma_1$ bestimmten Richtungen (§ 10). Setzt man dann aber in Gleichung (1) ein:

$$OP' = r\cos\varphi, \quad x = r\cos\alpha, \quad y = r\cos\beta, \quad z = r\cos\gamma,$$

so folgt:

$$(2) \qquad \cos\varphi = \cos\alpha\cos\alpha_1 + \cos\beta\cos\beta_1 + \cos\gamma\cos\gamma_1 .$$

Diese Gleichung ist eine der wichtigsten Gleichungen der analytischen Geometrie.

In vielen Fällen wird aufser dem durch die Gleichung (2) gegebenen Werte von $\cos\varphi$ auch die Kenntnis von $\sin\varphi$ gefordert. Eine entsprechende Formel hierfür werden wir im folgenden Paragraphen kennen lernen. Hier soll nur noch der wichtige Spezialfall hervorgehoben werden, der sich für $\varphi = 90^0$ ergiebt. In diesem Falle, aber auch nur dann, ist $\cos\varphi$ gleich Null und man erhält daher den Satz:

Die notwendige und hinreichende Bedingung dafür, dafs zwei Richtungen zu einander normal sind, lautet:

$$(3) \qquad \cos\alpha\cos\alpha_1 + \cos\beta\cos\beta_1 + \cos\gamma\cos\gamma_1 = 0.$$

Aufg. 1. Gieb die Projektion des zu dem Punkte $(2, -5, -3)$ gehörigen Radius Vektor auf die durch $\cos\alpha = \cos\beta = \cos\gamma = \frac{1}{\sqrt{3}}$ definierte Richtung an.

Aufg. 2. Bestimme den Winkel der beiden Richtungen (ξ, η, ζ) und $\left(\frac{1}{\sqrt{3}}, \frac{1}{\sqrt{3}}, \frac{1}{\sqrt{3}}\right)$ (§ 10, Satz III).

Aufg. 3. Bestimme die beiden Winkel, welche die Richtung $\left(\frac{1}{\sqrt{3}}, \frac{1}{\sqrt{3}}, \frac{1}{\sqrt{3}}\right)$ mit den Richtungen $\left(-\frac{1}{\sqrt{3}}, -\frac{1}{\sqrt{3}}, -\frac{1}{\sqrt{3}}\right)$ resp. $\left(\frac{1}{\sqrt{3}}, -\frac{1}{\sqrt{3}}, \frac{1}{\sqrt{3}}\right)$ bildet.

Aufg. 4. Zwei zur xy-Ebene parallele Geraden seien durch die Richtungskosinus $\xi, \eta, 0$ und $\xi', \eta', 0$ ausgezeichnet (§ 10, Aufg. 1). Welches ist der Sinus des eingeschlossenen Winkels? Deute mit Benutzung der Einheitskugel ξ, η und ξ', η' als Koordinaten, leite den für $\sin\varphi$ gefundenen Ausdruck geometrisch ab (I, § 10) und suche auch das Vorzeichen zu bestimmen. (Benutze den Umstand, dafs $\xi^2 + \eta^2 = 1$, $\xi'^2 + \eta'^2 = 1$ und folglich auch $(\xi^2 + \eta^2)(\xi'^2 + \eta'^2) = 1$ ist.)

Aufg. 5. Durch den Punkt (x, y, z) werde eine Gerade mit der Richtung (ξ, η, ζ) gezogen. Bestimme die Länge des Lotes, welches man vom Anfangspunkte auf die Gerade fällen kann. Bei welcher Beziehung zwischen x, y, z und ξ, η, ζ ist dieses Lot gleich Null?

Aufg. 6. Deute die Richtungskosinus ξ, η, ζ und ξ', η', ζ' zweier Geraden als die Koordinaten zweier Punkte P und P' der Einheitskugel. Verbinde P und P' miteinander und mit O und leite aus dem Dreieck OPP' durch Berechnen von PP' die Fundamentalgleichung (2) ab.

Aufg. 7. Löse dieselbe Aufgabe für den Fall, dafs das Dreieck OPP' bei O rechtwinklig ist und beweise die Fundamentalgleichung (3).

Aufg. 8. Auf der Einheitskugel sei ein rechtwinkliges sphärisches Dreieck ABC gegeben mit dem rechten Winkel bei A. Der Punkt A werde auf der x-Achse, der Punkt B in der xz-Ebene, der Punkt C in der xy-Ebene gewählt. Die Seiten des sphärischen Dreiecks, d. h. die Winkel, welche die Radien OA, OB, OC zu je zweien mit einander bilden, mögen mit a, b, c bezeichnet werden; a ist dann die Hypotenuse, b und c sind die Katheten. Die Richtungskosinus der drei Radien OA, OB, OC sind resp. $1, 0, 0$; $\cos c, 0, \cos(90^0 - c)$; $\cos b, \cos(90^0 - b), 0$. Bestimmt man jetzt mittelst Gleichung (2) $\cos a$, so erhält man sofort eine der Grundgleichungen für die Berechnung rechtwinkliger sphärischer Dreiecke, nämlich:

$$\cos a = \cos b \cos c\,.$$

Aufg. 9. Zeige, dafs die Gleichung (1) des Textes auch noch gilt, wenn das Koordinatensystem ein schiefwinkliges ist, mit welchem der Strahl OP' die Achsenwinkel α_1, β_1, γ_1 bestimmt.

§ 13. Die Richtung einer Geraden zu bestimmen, welche zu zwei gegebenen Richtungen normal ist.

Die beiden gegebenen Richtungen (ξ_1, η_1, ζ_1) und (ξ_2, η_2, ζ_2) seien auf der Einheitskugel durch die Punkte P_1 und P_2 abgebildet. Errichtet man im Mittelpunkte O auf dem durch P_1 und P_2 bestimmten gröfsten Kreise den senkrechten Durchmesser, so repräsentieren die Koordinaten der beiden Endpunkte desselben die Richtungskosinus der beiden einander entgegengesetzten Richtungen, welche zu den zwei gegebenen normal sind.

Wir wählen nun von diesen beiden Endpunkten denjenigen aus, von welchem aus das Dreieck OP_1P_2 (oder, was dasselbe ist, der Bogen P_1P_2) positiv erscheint und nennen diesen Punkt P den Pol des Kreises P_1P_2. Setzen wir überdies fest, OP sei die positive Normalenrichtung der Ebene dieses Kreises, so ist auch zugleich über die positive Seite dieser Ebene entschieden.

Seien jetzt ξ, η, ζ die Koordinaten von P, J der Flächeninhalt des Dreiecks OP_1P_2 und J', J'', J''' die Flächeninhalte seiner Projektionen auf die Koordinatenebenen, so gelten in Bezug auf Gröſse und Vorzeichen (§ 6) die Gleichungen:

$$(1) \qquad J' = J\xi, \quad J'' = J\eta, \quad J''' = J\zeta.$$

Bezeichnet man den Winkel der beiden gegebenen Richtungen, d. h. den Winkel P_1OP_2 mit φ und berücksichtigt, daſs J positiv und $OP_1 = OP_2 = 1$ ist, so folgt für den Inhalt des Dreiecks OP_1P_2:

$$(2) \qquad J = \tfrac{1}{2} \sin \varphi.$$

Es ist aber ferner (I, § 10):

$$(3) \quad J' = \tfrac{1}{2}(\eta_1\zeta_2 - \eta_2\zeta_1), \quad J'' = \tfrac{1}{2}(\zeta_1\xi_2 - \zeta_2\xi_1), \quad J''' = \tfrac{1}{2}(\xi_1\eta_2 - \xi_2\eta_1),$$

und folglich erhält man für die Koordinaten des Poles P die fundamentalen Formeln:

$$(4) \quad \xi = \frac{\eta_1\zeta_2 - \eta_2\zeta_1}{\sin\varphi}, \quad \eta = \frac{\zeta_1\xi_2 - \zeta_2\xi_1}{\sin\varphi}, \quad \zeta = \frac{\xi_1\eta_2 - \xi_2\eta_1}{\sin\varphi}.$$

Durch Quadrieren und Addieren erhält man, wegen:

$$\xi^2 + \eta^2 + \zeta^2 = 1,$$

den Wert von $\sin\varphi$ und damit zugleich die im vorigen Paragraphen angekündigte bemerkenswerte Formel:

$$(5) \quad \sin^2\varphi = (\eta_1\zeta_2 - \eta_2\zeta_1)^2 + (\zeta_1\xi_2 - \zeta_2\xi_1)^2 + (\xi_1\eta_2 - \xi_2\eta_1)^2.$$

Aufg. 1. Man leite die Formeln (4) und (5) aus den beiden Gleichungen:

$$\xi_1\xi + \eta_1\eta + \zeta_1\zeta = 0 \quad \text{und} \quad \xi_2\xi + \eta_2\eta + \zeta_2\zeta = 0$$

ab, welche ausdrücken, daſs die Richtung (ξ, η, ζ) auf den Richtungen (ξ_1, η_1, ζ_1) und (ξ_2, η_2, ζ_2) senkrecht steht.

Aufg. 2. Man bestimme die Pole der durch folgende Richtungen bestimmten gröſsten Kreise der Einheitskugel:

$$(1, 0, 0) \quad \text{und} \quad (0, 1, 0); \quad (0, 0, 1) \quad \text{und} \quad \left(\sqrt{\tfrac{1}{2}}, \sqrt{\tfrac{1}{2}}, 0\right);$$

$$\left(\frac{1}{\sqrt{3}}, \frac{1}{\sqrt{3}}, \frac{1}{\sqrt{3}}\right) \quad \text{und} \quad \left(\frac{1}{\sqrt{3}}, -\frac{1}{\sqrt{3}}, \frac{1}{\sqrt{3}}\right);$$

$$\left(\frac{1}{\sqrt{3}}, -\frac{1}{\sqrt{3}}, \frac{1}{\sqrt{3}}\right) \quad \text{und} \quad (0, -1, 0).$$

Die beiden letzten Fälle liefern das gleiche Resultat; was folgt daraus?

Aufg. 3. Wie gestalten sich die Untersuchungen des Textes für $\varphi = 90^0$ oder für $\varphi = 180^0$?

Aufg. 4. Auf der Einheitskugel sei P_1 der Pol des gröfsten Kreises $P_2 P_3$ und es sei OP_2 senkrecht auf OP_3. Dann ist auch P_2 der Pol von $P_3 P_1$ und P_3 der Pol von $P_1 P_2$ und es bilden daher OP_1, OP_2, OP_3 ein zu dem Koordinatensysteme kongruentes System. Leite die neun Relationen:

$$\xi_1 = \eta_2 \zeta_3 - \eta_3 \zeta_2, \quad \cdots \zeta_3 = \xi_1 \eta_2 - \xi_2 \eta_1$$

ab, welche alsdann zwischen den Koordinaten von P_1, P_2, P_3 bestehen.

Aufg. 5. Beachte, dafs die Gleichungen (4) zugleich die Koordinaten des andern Endpunktes des durch P bestimmten Durchmessers und somit die der Richtung OP entgegengesetzte Richtung liefern, wenn man einfach $\sin\varphi$ durch $-\sin\varphi$ ersetzt.

§ 14. Die Bedingung zu finden, unter welcher drei durch ihre Richtungen gegebene Geraden einer und derselben Ebene parallel sind.

Die drei durch die Richtungskosinus ξ_1, η_1, ζ_1; ξ_2, η_2, ζ_2; ξ_3, η_3, ζ_3 definierten Richtungen mögen auf der Einheitskugel durch die Punkte P_1, P_2, P_3 abgebildet sein. Die drei Geraden werden dann allemal aber auch nur dann einer und derseben Ebene parallel sein, wenn P_1, P_2, P_3 einem und demselben gröfsten Kreise angehören. Es ist also zunächst zu untersuchen, in welcher Form sich die Koordinaten irgend eines Punktes darstellen lassen, welcher dem durch zwei der drei Punkte, etwa durch P_1 und P_2 bestimmten gröfsten Kreise der Einheitskugel angehört. Ein beliebig in der Ebene dieses Kreises $P_1 P_2$ gezogener Radius Vektor möge den Kreis in P und die Sehne $P_1 P_2$ in Q treffen. Zu dem Punkte Q gehört dann ein bestimmtes Teilverhältnis $\frac{P_1 Q}{Q P_2} = \lambda$, durch welches sich die Koordinaten von Q in der Form $\frac{\xi_1 + \lambda \xi_2}{1 + \lambda}$, $\frac{\eta_1 + \lambda \eta_2}{1 + \lambda}$, $\frac{\zeta_1 + \lambda \zeta_2}{1 + \lambda}$ ausdrücken lassen. Die Koordinaten ξ, η, ζ des Punktes P müssen aber diesen drei Ausdrücken proportional sein (§ 9, Gl. 2 und Aufg. 2) d. h. es muss sein:

(1) $$\xi : \eta : \zeta = \xi_1 + \lambda \xi_2 : \eta_1 + \lambda \eta_2 : \zeta_1 + \lambda \zeta_2,$$

oder:

(2) $$\mu \xi = \xi_1 + \lambda \xi_2, \quad \mu \eta = \eta_1 + \lambda \eta_2, \quad \mu \zeta = \zeta_1 + \lambda \zeta_2.$$

Der Proportionalitätsfaktor μ ergiebt sich aus $\xi^2 + \eta^2 + \zeta^2 = 1$ in der Form:

(3) $$\mu = \pm \sqrt{(\xi_1 + \lambda \xi_2)^2 + (\eta_1 + \lambda \eta_2)^2 + (\zeta_1 + \lambda \zeta_2)^2}.$$

Entsprechend den beiden Vorzeichen von μ liefern daher die Gleichungen (2) zu jedem Werte von λ, oder was dasselbe ist, zu jedem Punkte Q der Sehne $P_1 P_2$ zwei Punkte P des Kreises $P_1 P_2$, da ja an jedem Punkte Q zugleich auch derjenige Halbstrahl teilnimmt, der den ursprünglich gewählten zu einem Durchmesser ergänzt. Zieht man durch O den durch P_2 gehenden Durchmesser, wodurch der Kreis $P_1 P_2$ in zwei Halbkreise zerlegt wird, so ist, wie man aus dem speziellen Werte $\lambda = 0$ entnimmt, μ positiv zu wählen für die Punkte des Halbkreises, auf welchem sich P_1 befindet, und negativ für die Punkte des andern Halbkreises. Bewegt sich im ersteren Falle ($\mu > 0$) λ von $-\infty$ bis $+\infty$, so erhält man der Reihe nach sämtliche Punkte des ersten Halbkreises, insbesondere für $\lambda = 0$ den Punkt P_1 für $\lambda = +\infty$, den Punkt P_2, für $\lambda = -\infty$ den Gegenpunkt von P_2, für $\lambda = +1$ den Mittelpunkt des Bogens $P_1 P_2$ und für $\lambda = -1$ den Endpunkt des zur Richtung $P_2 P_1$ (nicht $P_1 P_2$) parallelen Halbmessers. Im zweiten Falle ($\mu < 0$) erhält man für jeden Wert von λ den diametral entgegengesetzten Punkt zu dem, der sich vorher für dasselbe λ ergeben hatte.

Durch das Vorhergehende ist gezeigt, dafs die Koordinaten aller Punkte des Kreises $P_1 P_2$ sich durch die Gleichungen (2) und (3) ausdrücken lassen, und da hiermit zugleich sämtliche Lösungen dieser Gleichungen erschöpft sind, so erhält man den Satz:

D a m i t d r e i G e r a d e n m i t d e n R i c h t u n g e n ξ_1, η_1, ζ_1; ξ_2, η_2, ζ_2; ξ_3, η_3, ζ_3 e i n e r u n d d e r s e l b e n E b e n e p a r a l l e l s e i e n, i s t n o t w e n d i g u n d h i n r e i c h e n d, d a f s ξ_3, η_3, ζ_3

sich als Lösungen der Gleichungen (2) und (3) darstellen lassen.

Man kann dieses Kriterium noch in eine symmetrische Form bringen. Denn der Umstand, dafs ξ_3, η_3, ζ_3 den Gleichungen (2) und (3) genügen, ist offenbar gleichbedeutend mit der Existenz gewisser Multiplikatoren λ_1, λ_2, λ_3, für welche die Gleichungen bestehen:

$$(4) \qquad \begin{cases} \lambda_1 \xi_1 + \lambda_2 \xi_2 + \lambda_3 \xi_3 = 0, \\ \lambda_1 \eta_1 + \lambda_2 \eta_2 + \lambda_3 \eta_3 = 0, \\ \lambda_1 \zeta_1 + \lambda_2 \zeta_2 + \lambda_3 \zeta_3 = 0. \end{cases}$$

Berechnet man aber etwa aus den beiden letzten dieser drei Gleichungen die Verhältnisse:

$$\lambda_1 : \lambda_2 : \lambda_3 = \eta_2 \zeta_3 - \eta_3 \zeta_2 : \eta_3 \zeta_1 - \eta_1 \zeta_3 : \eta_1 \zeta_2 : \eta_2 \zeta_1$$

und setzt dieselben in die erste Gleichung ein, so erhält man als notwendige und hinreichende Bedingung für die Möglichkeit, drei Multiplikatoren λ_1, λ_2, λ_3 so zu bestimmen, dafs die Gleichungen (4) bestehen, die Relation:

$$(5) \quad \xi_1(\eta_2 \zeta_3 - \eta_3 \zeta_2) + \xi_2(\eta_3 \zeta_1 - \eta_1 \zeta_3) + \xi_3(\eta_1 \zeta_2 - \eta_2 \zeta_1) = 0.$$

Dies ist daher die notwendige und hinreichende Bedingung dafür, dafs die drei gegebenen Richtungen einer und derselben Ebene parallel sind. (Vergl. § 17, Aufg. 12.)

Unter den Radien Vektoren des Kreises $P_1 P_2$ sind insbesondere diejenigen von Wichtigkeit, welche auf einem der gegebenen Radien OP_1 oder OP_2 senkrecht stehen. Damit der Radius OP beispielsweise auf OP_2 senkrecht stehe, mufs sein (§ 12, Gl. 3):

$$(\xi_1 + \lambda \xi_2)\, \xi_2 + (\eta_1 + \lambda \eta_2)\, \eta_2 + (\zeta_1 + \lambda \zeta_2)\, \zeta_2 = 0,$$

woraus sich ergiebt:

$$\lambda = -\frac{\xi_1 \xi_2 + \eta_1 \eta_2 + \zeta_1 \zeta_2}{\xi_2^2 + \eta_2^2 + \zeta_2^2} = -\cos\varphi,$$

wenn wir mit φ den Winkel der beiden Richtungen (ξ_1, η_1, ζ_1) und (ξ_2, η_2, ζ_2) bezeichnen. Wir erhalten daher für die Koordinaten ξ, η, ζ von P:

$$\mu\xi = \xi_1 - \xi_2 \cos\varphi, \quad \mu\eta = \eta_1 - \eta_2 \cos\varphi, \quad \mu\zeta = \zeta_1 - \zeta_2 \cos\varphi,$$

$$\mu = \pm\sqrt{(\xi_1 - \xi_2 \cos\varphi)^2 + (\eta_1 - \eta_2 \cos\varphi)^2 + (\zeta_1 - \zeta_2 \cos\varphi)^2} = \pm \sin\varphi.$$

Das positive Zeichen entspricht dem Punkte, der um 90^0 von P_2 in der Richtung nach P_1 hin entfernt ist, das negative dem diametral gegenüberliegenden. Wählen wir den ersteren aus, so sind also seine Koordinaten:

$$(6) \qquad \xi = \frac{\xi_1 - \xi_2 \cos\varphi}{\sin\varphi}, \quad \eta = \frac{\eta_1 - \eta_2 \cos\varphi}{\sin\varphi}, \quad \zeta = \frac{\zeta_1 - \zeta_2 \cos\varphi}{\sin\varphi}.$$

Aufg. 1. Man veranschauliche sich durch eine Figur die Bewegung des Radius OP, während λ alle Werte von $-\infty$ bis $+\infty$ durchläuft. Lasse die Bewegung bei P_2 in der Richtung nach P_1 hin beginnen. Beachte, dafs der Punkt Q, von P_2 ausgehend und in P_2 wieder ankommend, die Gerade P_1P_2 in ihrer ganzen Ausdehnung gerade einmal durchlaufen hat, wenn der Punkt P einen Halbkreis beschrieben hat. Achte besonders darauf, dafs in diesem Momente (während λ von $-\infty$ zu $+\infty$ überspringt) μ sein Zeichen wechseln mufs, damit wirklich der zweite Halbkreis (und nicht der erste noch einmal) von P durchlaufen werde.

Aufg. 2. Beweise, dafs $\lambda = \frac{P_1 Q}{Q P_2} = \frac{\sin(P_1 Q)}{\sin(Q P_2)}$ ist, wenn mit $(P_1 Q)$ und $(Q P_2)$ die Winkel $P_1 O Q$ und $Q O P_2$ bezeichnet werden.

Aufg. 3. Berechne die Koordinaten des Mittelpunktes des Bogens $P_1 P_2$.

Aufg. 4. Es seien im Raume zwei ganz beliebige Punkte (x', y', z') und (x'', y'', z'') gegeben. Wo liegen die Punkte:

$$\left(\frac{x'+x''}{2}, \frac{y'+y''}{2}, \frac{z'+z''}{2}\right) \text{ und } \left(\frac{x'-x''}{2}, \frac{y'-y''}{2}, \frac{z'-z''}{2}\right).$$

Aufg. 5. Der Gegenpunkt von P_1 heifse P_1'. Man bestimme den Halbierungspunkt des Bogens $P_2 P_1'$ und zeige, dafs er von dem Halbierungspunkte des Bogens $P_1 P_2$ um 90^0 absteht.

Aufg. 6. Wie gestalten sich die Untersuchungen des Textes, wenn der Winkel $\varphi = P_1 O P_2$ gleich 90^0, oder 180^0 ist?

Aufg. 7. Liegen die drei Punkte:

$$\left(\frac{1}{\sqrt{2}}, \frac{1}{\sqrt{2}}, 0\right), \left(\frac{1}{\sqrt{3}}, -\frac{1}{\sqrt{3}}, \frac{1}{\sqrt{3}}\right), \left(\frac{1}{\sqrt{2}}, 0, \frac{1}{\sqrt{2}}\right)$$

der Einheitskugel auf demselben gröfsten Kreise? (Beachte Gl. (5) des Textes.)

Aufg. 8. Die Richtung (ξ, η, ζ) möge normal zu den beiden Richtungen (ξ_1, η_1, ζ_1) und (ξ_2, η_2, ζ_2) sein (§ 13, Aufg. 1). Man beweise, dafs für jeden Wert von λ die Gleichung:

$$(\xi_1 + \lambda \xi_2)\,\xi + (\eta_1 + \lambda \eta_2)\,\eta + (\zeta_1 + \lambda \zeta_2)\,\zeta = 0$$

besteht. Interpretiere dies geometrisch.

Aufg. 9. Gieb jetzt den Grund an, warum in Aufg. 2 (§ 13) die beiden letzten Fälle gleiche Resultate lieferten.

Aufg. 10. Bestimme (mit Rücksicht auf Aufg. 8) die Schnittpunkte des durch $\left(\frac{1}{\sqrt{2}}, \frac{1}{\sqrt{2}}, 0\right)$ und $\left(\frac{1}{\sqrt{3}}, -\frac{1}{\sqrt{3}}, \frac{1}{\sqrt{3}}\right)$ bestimmten gröfsten Kreises mit den Koordinatenebenen. (Vgl. Aufg. 7.)

Aufg. 11. Leite die Gleichungen (6) direkt aus den Fundamentalgleichungen (4) des § 13 ab durch die Bemerkung, dafs der Punkt P der Pol des durch P_2 und den Pol von P_1P_2 bestimmten gröfsten Kreises ist. Man erhält also die in Rede stehenden Gleichungen (6), indem man in den Gleichungen (4) des § 13 ξ_1, η_1, ζ_1; ξ_2, η_2, ζ_2 resp. ersetzt durch: ξ_2, η_2, ζ_2; $\frac{\eta_1 \zeta_2 - \eta_2 \zeta_1}{\sin \varphi}$, $\frac{\zeta_1 \xi_2 - \zeta_2 \xi_1}{\sin \varphi}$, $\frac{\xi_1 \eta_2 - \xi_2 \eta_1}{\sin \varphi}$.

Aufg. 12. Durch zwei beliebig im Raume gegebene Punkte P_1 und P_2 seien zwei Parallelen mit der Richtung (ξ, η, ζ) gezogen. Gieb die Richtung aller der Geraden an, welche die beiden Parallelen rechtwinklig schneiden. (Benutze die Gerade P_1P_2.)

§ 15. Bestimmung des Abstandes eines Punktes von einer Ebene.

Die Lage einer Ebene ist vollständig bestimmt, wenn man ihren Abstand $OR = \delta$ vom Anfangspunkte O des Koordinatensystems und die Achsenwinkel α, β, γ dieses Abstandes kennt.

Die als positiv vorausgesetzte Richtung von O nach R bestimmt dann zugleich die positive Normalenrichtung und damit auch die positive Seite der Ebene.

Um nun den Abstand eines Punktes P mit den Koordinaten x, y, z von der Ebene zu berechnen, projizieren wir den zu P gehörigen Radius Vektor OP auf den Halbstrahl OR. Die Projektion werde mit OP' bezeichnet. Dann stimmt $P'R$ nach Gröfse und Richtung mit dem von P auf die Ebene gefällten Lote überein, welches wir mit d bezeichnen wollen. Es ist also:

$$(1) \qquad d = P'R = OR - OP'.$$

Demnach besitzt d das positive Vorzeichen, wenn P (und folglich auch P') sich auf der negativen Seite der Ebene befindet und umgekehrt. Nach § 12 (Gl. 1) ist aber:

$$OP' = x \cos\alpha + y \cos\beta + z \cos\gamma$$

und folglich:

$$(2) \qquad d = -(x \cos\alpha + y \cos\beta + z \cos\gamma - \delta).$$

Diese wichtige Formel liefert also nicht nur die absolute Länge des Abstandes, sondern sie giebt auch zugleich an, auf welcher Seite der Ebene der Punkt (x, y, z) liegt: Ist d positiv, so liegt P auf derselben Seite wie O, ist d negativ, auf der entgegengesetzten.

Die Punkte der Ebene selbst, aber auch nur diese, sind durch $d = 0$ ausgezeichnet. Ist daher eine Ebene durch die Bestimmungsstücke $\alpha, \beta, \gamma, \delta$ gegeben, so gilt der Satz:

Die Gleichung $x \cos\alpha + y \cos\beta + z \cos\gamma - \delta = 0$ findet allemal aber auch nur dann statt, wenn der Punkt (x, y, z) ein Punkt der Ebene ist.

Aufg. 1. Bestimme den Abstand des Punktes $(2, -5, 3)$ von der durch $\cos\alpha = \cos\beta = \cos\gamma = \frac{1}{\sqrt{3}}$, $\delta = 6$ bestimmten Ebene. Auf welcher Seite der Ebene liegt der Punkt?

Aufg. 2. Untersuche, ob die Punkte $(1, 0, 5)$, $(2, -1, 4)$ $(7, 2, 2)$, $(3, \sqrt{2}, -2)$ auf der durch:

$$\cos\alpha = \frac{1}{\sqrt{3}} = \cos\gamma, \quad \cos\beta = -\frac{1}{\sqrt{3}}, \quad \delta = \frac{7}{\sqrt{3}}$$

bestimmten Ebene liegen.

Aufg. 3. In welchen Punkten trifft die durch $\alpha, \beta, \gamma, \delta$ definierte Ebene die Achsen?

Aufg. 4. Von einem Punkte kennt man $x = 5$, $y = -3$. Wie grofs ist sein z, wenn man weifs, dafs er auf der durch

$$\cos\alpha = \frac{4}{\sqrt{50}}, \quad \cos\beta = \frac{1}{\sqrt{2}}, \quad \cos\gamma = -\frac{3}{\sqrt{50}}, \quad \delta = \frac{\sqrt{2}}{5}$$

definierten Ebene liegt?

Aufg. 5. Beachte, daſs die Untersuchungen des Textes unverändert auch für den Fall gelten, daſs $\delta = 0$ sei, d. h. daſs die Ebene durch O gehe, wenn man nur durch $\cos\alpha$, $\cos\beta$, $\cos\gamma$ die Richtung der positiven Normalen definiert hat.

Aufg. 6. Bestimme die Abstände des Punktes (x, y, z) von den drei Koordinatenebenen und rechtfertige die Vorzeichen der Resultate.

Aufg. 7. Untersuche die Lage der Ebenen, für welche von den drei Richtungskosinus $\cos\alpha$, $\cos\beta$, $\cos\gamma$ einer oder zwei gleich Null sind.

Aufg. 8. In welcher Beziehung stehen die beiden durch $(\cos\alpha, \cos\beta, \cos\gamma, \delta)$ und $(-\cos\alpha, -\cos\beta, -\cos\gamma, \delta')$ definierten Ebenen?

Aufg. 9. Auf der Einheitskugel seien die beiden Punkte ξ_1, η_1, ζ_1 und ξ_2, η_2, ζ_2 gegeben. Welche Beziehung besteht zwischen den Koordinaten x, y, z irgend eines Punktes der Ebene des durch P_1 und P_2 bestimmten gröſsten Kreises? (§ 13, Gl. 4).

Aufg. 10. Zeige, daſs die Formel (2) auch im schiefwinkigen Koordinatensystem gilt. (§ 12, Aufg. 9.)

§ 16. Den Inhalt eines Dreiecks aus den Koordinaten der Ecken zu berechnen.

Die positive Normalenrichtung der Ebene des Dreiecks $P_1P_2P_3$ werde wieder durch die Richtung des vom Anfangspunkte auf die Ebene gefällten Lotes bestimmt. Die Achsenwinkel desselben seien α, β, γ. Man projiziere das Dreieck $P_1P_2P_3$ auf die Koordinatenebenen, deren positive Normalenrichtungen die positiven Achsenrichtungen sind (§ 7). Bezeichnen wir mit J den Flächeninhalt des gegebenen Dreiecks, mit J', J'', J''' resp. denjenigen der Projektionen, so ist (§ 6):

$$(1) \qquad J' = J\cos\alpha, \quad J'' = J\cos\beta, \quad J''' = J\cos\gamma.$$

J', J'', J''' aber lassen sich aus den Koordinaten von P_1, P_2, P_3 berechnen, wie folgt (I, § 11):

$$(2)\quad \begin{cases} J' = \frac{1}{2}(y_2 z_3 - y_3 z_2 + y_3 z_1 - y_1 z_3 + y_1 z_2 - y_2 z_1) \\ J'' = \frac{1}{2}(z_2 x_3 - z_3 x_2 + z_3 x_1 - z_1 x_3 + z_1 x_2 - z_2 x_1), \\ J''' = \frac{1}{2}(x_2 y_3 - x_3 y_2 + x_3 y_1 - x_1 y_3 + x_1 y_2 - x_2 y_1). \end{cases}$$

Diese Formeln bestimmen für jede der drei Gröfsen J', J'', J''' zugleich ein ganz bestimmtes Vorzeichen, welches positiv oder negativ ausfällt, je nachdem für einen der positiven Seite der betreffenden Koordinatenebene zugewandten Beobachter die in derselben befindlichen Projektionen der Punkte P_1, P_2, P_3 im positiven oder im negativen Sinne auf einander folgen.

Durch die Formeln (1) wird dann aber jetzt auch, da $\cos\alpha$, $\cos\beta$, $\cos\gamma$ eindeutig definiert sind, dem Flächeninhalte J ein bestimmtes Zeichen zugeschrieben, nämlich das positive oder das negative, je nachdem für einen der positiven Seite der Dreiecksebene zugewandten Beobachter die Punkte P_1, P_2, P_3 im positiven oder im negativen Sinne aufeinander folgen (§ 6).

Durch Quadrieren und Addieren folgt aus den Gleichungen (1):

$$(3)\quad J^2 = J'^2 + J''^2 + J'''^2, \quad \text{d. h.:}$$

Das Quadrat des Originals ist gleich der Summe der Quadrate seiner Projektionen.

Durch Ausziehen der Quadratwurzel ergeben sich für J zwei entgegengesetzt gleiche Werte, entsprechend den beiden Möglichkeiten, die positive Normalenrichtung der Ebene des Dreiecks zu wählen. Sobald man sich aber, wie dies oben geschehen ist, für eine der beiden einander entgegengesetzten Richtungen, d. h. für die Vorzeichen von $\cos\alpha$, $\cos\beta$, $\cos\gamma$ entschieden hat, wird durch die Gleichungen (1) auch das Vorzeichen von J eindeutig definiert*).

Multipliziert man die Gleichungen (1) resp. mit $\cos\alpha$, $\cos\beta$, $\cos\gamma$ und addiert, so erhält man:

$$(4)\quad J = J'\cos\alpha + J''\cos\beta + J'''\cos\gamma, \quad \text{d. h.:}$$

---

*) Wie man dieses Vorzeichen und damit auch die Zeichen von $\cos\alpha$, $\cos\beta$, $\cos\gamma$ aus den Koordinaten von P_1, P_2, P_3 bestimmen kann, wird im folgenden Paragraphen angegeben werden.

Projiziert man die drei Projektionen auf die Originalebene, so ist die Summe dieser Projektionen wieder gleich dem Original.

Dieser Satz hat natürlich nur dann eine Bedeutung, wenn, wie das geschehen ist, das Vorzeichen eines jeden Flächeninhaltes sorgfältig mit berücksichtigt wird.

Aufg. 1. Die drei Punkte (1, 6, 1), (0, —1, —1), (2, 3, 1) befinden sich in einer Ebene, deren positive Normalenrichtung durch $\left(\frac{3}{\sqrt{35}}, \frac{1}{\sqrt{35}}, -\frac{5}{\sqrt{35}}\right)$ definiert ist. Bestimme den Flächeninhalt J und gieb an, ob von O aus gesehen die drei Punkte in der bezeichneten Reihenfolge im positiven oder im negativen Sinne aufeinander folgen.

Aufg. 2. Bestimme die positive Normalenrichtung der durch die Punkte (1, 0, 0), (0, 1, 0), (0, 0, 1) definierten Ebene und bestimme nach Gröfse und Vorzeichen das durch dieselben bestimmte Dreieck.

Aufg. 3. Zeige, dafs die Gleichungen (1), (3), (4) unverändert bestehen bleiben, wenn J, J', J'', J''' den Flächeninhalt eines beliebigen ebenen Polygons und seiner Projektionen bedeuten. Welche Gleichungen treten an die Stelle der Gleichungen (2)? (I, § 13).

Aufg. 4. Beachte die Analogie zwischen den Gleichungen (3) und (4) einerseits und den Relationen $r^2 = x^2 + y^2 + z^2$, $r = x \cos\alpha + y \cos\beta + z \cos\gamma$ andrerseits (§ 9).

Aufg. 5. Auf der Einheitskugel seien zwei Punkte (ξ_1, η_1, ζ_1), (ξ_2, η_2, ζ_2) gegeben. Verbinde sie mit O zu einem Dreieck. Berechne den Inhalt desselben einmal aus dem Winkel φ bei O und den beiden anliegenden Seiten, das andere Mal aus Gl. (3) des Textes mittelst der Projektionen. Leite auf diese Weise die Formel für $\sin\varphi$ (§ 13) ab.

§ 17. Das Volumen eines Tetraeders aus den Koordinaten seiner Ecken zu berechnen.

Wir betrachten P als die Spitze und das von P_1, P_2, P_3 gebildete Dreieck als die Basis des Tetraeders. Bezeichnet man den Inhalt des Dreiecks mit J, die Höhe des Tetraeders,

d. h. das von der Spitze auf die Basis gefällte Lot mit d und das Volumen des Tetraeders mit V, so ist, absolut genommen, $V = \frac{1}{3} Jd$. Da wir aber J und d stets durch analytische Ausdrücke darstellen, die neben einem absoluten Werte auch ein bestimmtes Vorzeichen besitzen, und da wir uns davon überzeugt haben, dafs die sorgfältige Berücksichtigung dieser Vorzeichen unsere Formeln insofern inhaltsreicher macht, als wir dadurch zugleich Aufschlufs erhalten über die gegenseitige Lage der betreffenden räumlichen Elemente, so werden wir dazu geführt, auch dem Volumen des Tetraeders ein bestimmtes Vorzeichen zuzusprechen. Zu diesem Zwecke treffe man (im Anschlusse an Möbius) folgende Festsetzung. Man entscheide sich für eine bestimmte Reihenfolge der Ecken, etwa für die bereits gewählte Anordnung $PP_1P_2P_3$. In dieser Reihenfolge soll die durch den ersten Buchstaben P charakterisierte Ecke als die Spitze und das durch $P_1P_2P_3$ bestimmte Dreieck als die Basis des Tetraeders bezeichnet werden. Man denke sich nun einen Beobachter auf derjenigen Seite der Basisebene, welche der Spitze abgewandt ist. Je nachdem für einen solchen Beobachter die Basispunkte P_1, P_2, P_3 (in dieser Reihenfolge) im positiven oder im negativen Sinne aufeinander folgen, soll dann das Volumen des Tetraeders als ein positives oder negatives definiert werden. Von der Spitze aus gesehen erscheint dann natürlich dieselbe Reihenfolge der Basispunkte bei einem positiven Tetraeder negativ und umgekehrt.

Um nun, von dieser Festsetzung ausgehend, zu einer analytischen Darstellung für V zu gelangen, denken wir uns (wie in § 16) die Basisebene wieder durch α, β, γ, δ charakterisiert. Man erkennt dann, dafs V positiv oder negativ zu nehmen ist, jenachdem J und d gleiche oder entgegengesetzte Vorzeichen haben. Ist beispielsweise J positiv, so mufs P auf der negativen Seite der Basisebene liegen, also ein positives Lot d ergeben, damit, der obigen Festsetzung entsprechend, das Tetraeder $PP_1P_2P_3$ positiv ausfalle. Wir erhalten also das Resultat, dafs das Volumen V nach Gröfse und Vorzeichen durch die Formel definiert wird:

$$V = \tfrac{1}{3} Jd. \tag{1}$$

Da aber $d = -(x \cos\alpha + y \cos\beta + z \cos\gamma - \delta)$ und aufserdem $J \cos\alpha = J'$, $J \cos\beta = J''$, $J \cos\gamma = J'''$ ist, so folgt:

$$(2) \qquad 3V = -(J'x + J''y + J'''z - J\delta),$$

wo J', J'', J''' die in § 16 (Gl. 2) gegebenen Werte besitzen.

Um noch δ zu berechnen, bedenken wir, dafs beispielsweise P_1 ein Punkt der Basisebene ist, dafs also die Gleichung stattfindet (§ 15):

$$x_1 \cos\alpha + y_1 \cos\beta + z_1 \cos\gamma - \delta = 0.$$

Daher ist:

$$J\delta = x_1 J \cos\alpha + y_1 J \cos\beta + z_1 J \cos\gamma,$$

oder:

$$J\delta = J'x_1 + J''y_1 + J'''z_1.$$

Setzt man für J', J'', J''' die bekannten Ausdrücke ein, so erhält man nach leichter Reduktion:

$$(3) \quad 2J\delta = x_1(y_2z_3 - y_3z_2) + y_1(z_2x_3 - z_3x_2) + z_1(x_2y_3 - x_3y_2).$$

Zu demselben Ausdrucke wäre man auch gelangt, wenn man statt P_1 den Punkt P_2 oder P_3 zur Berechnung von δ benutzt hätte.

Bezeichnet man das Volumen des Tetraeders, welches der Anfangspunkt O (als Spitze) mit der Basis $P_1P_2P_3$ bildet, mit V_0, so ist nach Gleichung (1):

$$V_0 = \tfrac{1}{3}J\delta,$$

wie man auch aus Gleichung (2) für $x = y = z = 0$ erhält. Es ist demnach:

$$(4) \qquad 3V = -(J'x + J''y + J'''z - 3V_0),$$

wo V_0 sich aus der Formel ergiebt:

$$(5) \quad 6V_0 = x_1(y_2z_3 - y_3z_2) + y_1(z_2x_3 - z_3x_2) + z_1(x_2y_3 - x_3y_2).\text{*)}$$

Wir setzen jetzt zur Abkürzung $2J' = -A$, $2J'' = -B$, $2J''' = -C$, $6V_0 = D$ und erhalten:

$$(6) \qquad 6V = Ax + By + Cz + D$$

*) Da δ positiv ist, so stimmt das Vorzeichen von V_0 mit demjenigen von J überein, die rechte Seite der Gleichung (4) giebt daher zugleich das Vorzeichen des Dreiecks $P_1P_2P_3$ an. Vgl. § 16 Anm.

als das sechsfache Volumen des Tetraeders ausgedrückt durch die Koordinaten seiner Ecken.

Nach den obigen Festsetzungen können wir aber diesen Ausdruck nicht nur zur Bezeichnung des absoluten Wertes von V, sondern zugleich auch zur Angabe der Lage der Spitze (x, y, z) in Bezug auf die Basisebene benutzen. Die letztere zerlegt den ganzen Raum in zwei Teile, die wir jetzt in folgender Weise von einander unterscheiden können. Alle Punkte P der einen Seite sind dadurch ausgezeichnet, dafs von ihnen aus gesehen das Dreieck $P_1P_2P_3$ als ein negatives, alle Punkte der anderen Seite der Ebene dagegen dadurch, dafs von ihnen aus gesehen das Dreieck $P_1P_2P_3$ als ein positives erscheint. Der Ausdruck $Ax+By+Cz+D$ wird daher für alle Punkte (x, y, z) der ersten Seite positiv, für alle Punkte (x, y, z) der zweiten Seite negativ ausfallen. Die Punkte (x, y, z) der Ebene selbst, aber auch nur diese*), sind durch $V=0$ ausgezeichnet. Ist daher eine Ebene durch drei Punkte P_1, P_2, P_3 definiert, so gilt der Satz:

Die Gleichung $Ax+By+Cz+D=0$ ist allemal aber auch nur dann erfüllt, wenn (x, y, z) ein Punkt der Ebene ist.

Aufg. 1. Man bestimme das Volumen des Tetraeders, welches den Anfangspunkt mit (2, 5, —1), (—3, 2, 4), (2, 5, 3) bildet, und diskutiere das Vorzeichen.

Aufg. 2. Man bestimme das Volumen des Tetraeders (1, 2, 3), (1, —2, 5), (—4, —3, 7), (2, 2, —5) und gebe die Lage der Spitze zur Basisebene an.

Aufg. 3. Geht die durch (2, 1, 2), (—3, 2, 4), (—1, —5, 3) bestimmte Ebene durch den Anfangspunkt, oder durch den Punkt (4, 5, —1)?

Aufg. 4. Da 4 Elemente 24 Permutationen zulassen, so geben 4 Punkte P, P_1, P_2, P_3 zu 24 Tetraedern Veranlassung, deren Volumina sich nur durch die Vorzeichen, nicht aber durch die absoluten Werte unterscheiden. Zeige,

---

*) Es ist natürlich hier, wie auch im vorhergehenden Paragraphen, vorausgesetzt, dafs die Punkte P_1, P_2, P_3 nicht in einer Geraden liegen.

dafs die Formel (6) sich durch eine Paarvertauschung (z. B. von P_2 mit P_3, oder von P mit P_2) in ihrem Vorzeichen ändert, sodafs es im Ganzen 12 positive und 12 negative Tetraeder geben wird. Suche diese auf und prüfe die Vorzeichen der verschiedenen Gruppierungen an einem Modell.

Aufg. 5. In Formel (6) stellt nicht nur D, sondern auch Ax, By, Cz je das sechsfache Volumen eines gewissen Tetraeders dar. Gieb diese Tetraeder an und zeige, dafs sich V als die algebraische Summe von vier Tetraedern darstellt. Formuliere dies zu einem Satze.

Aufg. 6. Setze in Formel (6) die Werte von A, B, C, D ein, suche aus $Ax + By + Cz$ durch veränderte Gruppierung drei dem Ausdrucke D analog gebaute Ausdrücke herzustellen, gieb durch Vergleichung mit D die geometrische Bedeutung derselben an und stelle so das gegebene Tetraeder als eine algebraische Summe von vier Tetraedern dar, deren gemeinsame Spitze O ist und deren Grundflächen die vier Tetraederflächen sind (I, § 11).

Aufg. 7. In welchen Punkten trifft die Ebene $P_1P_2P_3$ die Achsen?

Aufg. 8. Die positive Normalenrichtung der Ebene des durch die Punkte (1, 5, 2), (3, —2, 4), (— 2, 1, — 5) bestimmten Dreiecks sei nach § 16 fixiert. Gieb mit Hülfe von Formel (5) des Textes (vgl. die Anmerkung) das Vorzeichen von J an. Bestimme auch $\cos\alpha$, $\cos\beta$, $\cos\gamma$ nach Gröfse und Vorzeichen.

Aufg. 9. Man leite aus dem Tetraeder $OP_1P_2P_3$, dessen Volumen durch Gleichung (5) dargestellt wird, dadurch ein neues Tetraeder $OP_1'P_2'P_3'$ ab, dafs man die beiden ersten Koordinaten der Punkte P_1, P_2, P_3 unverändert läfst, die dritte, nämlich z, dagegen jedesmal in demselben Verhältnis $a:b$ verkürzt. Die Koordinaten von P_i' ($i = 1, 2, 3$) sind alsdann x_i, y_i, $\frac{b}{a} z_i$. Wendet man dann aber auf das neue Tetraeder die Formel (5) an, so tritt der Faktor $\frac{b}{a}$ vor die Klammer und man findet, dafs das Volumen des alten Tetraeders sich zu dem des neuen verhält wie $a:b$.

Aufg. 10. Ist ein beliebiges Polyeder gegeben, so kann

man dasselbe leicht in eine Summe von Tetraedern auflösen, dadurch dafs man die das Polyeder begrenzenden Polygone aus Dreiecken zusammengesetzt denkt und die Ecken der letzteren mit dem Anfangspunkte des zu Grunde gelegten Koordinatensystems verbindet. Leitet man dann in gleicher Weise wie in Aufgabe 9 aus dem alten Polyeder ein neues ab, so ergiebt sich, dafs das Volumen des alten Polyeders sich zu dem des neuen verhält wie $a:b$.

Aufg. 11. Da jede geschlossene Fläche aufgefafst werden kann als die Grenze, welcher sich ein eingeschriebenes Polyeder dadurch nähert, dafs man die Anzahl der Polyederseiten über alle Grenzen wachsen läfst, so gilt auch der Satz: Wenn man aus einer geschlossenen, auf ein Koordinatensystem bezogenen Fläche dadurch eine andere ableitet, dafs man bei ungeändert gelassenen x und y die Koordinate z eines jeden Punktes der Fläche in dem konstanten Verhältnis $a:b$ verkürzt, so verhält sich das Volumen des alten Körpers zu dem des neuen wie $a:b$. Wir machen davon später wichtige Anwendungen.

Aufg. 12. Drei durch die Richtungskosinus ξ_1, η_1, ζ_1; ξ_2, η_2, ζ_2; ξ_3, η_3, ζ_3 definierte Richtungen seien auf der Einheitskugel durch die Punkte P_1, P_2, P_3 abgebildet. Bestimme das Volumen des Tetraeders $OP_1P_2P_3$ und leite für den Fall, dafs die drei Richtungen einer und derselben Ebene parallel sind, das in § 14 (Gl. 5) entwickelte Kriterium ab.

§ 18. Weitere Formeln für das Volumen des Tetraeders. Der Sinussatz der dreiseitigen körperlichen Ecke und des sphärischen Dreiecks. Das Polardreieck.

Man bezeichne in dem Tetraeder $PP_1P_2P_3$ die absoluten Längen der drei in der Spitze P zusammenlaufenden Kanten PP_1, PP_2, PP_3 resp. mit r_1, r_2, r_3. Die von ihnen eingeschlossenen Winkel $P_2PP_3 = a_1$, $P_3PP_1 = a_2$, $P_1PP_2 = a_3$ sollen die Seiten und die von diesen Seiten eingeschlossenen inneren Flächenwinkel $\alpha_1, \alpha_2, \alpha_3$ kurz die Winkel der durch r_1, r_2, r_3 bestimmten dreiseitigen körperlichen Ecke genannt werden. Bezeichnet man mit V vorläufig das absolut genommene Volumen des Tetraeders, mit J_3 den absoluten

Flächeninhalt des Dreiecks PP_1P_2 und mit h_3 die gleichfalls absolut genommene zugehörige Höhe, so folgt zunächst:

(1) $3V = J_3 h_3$.

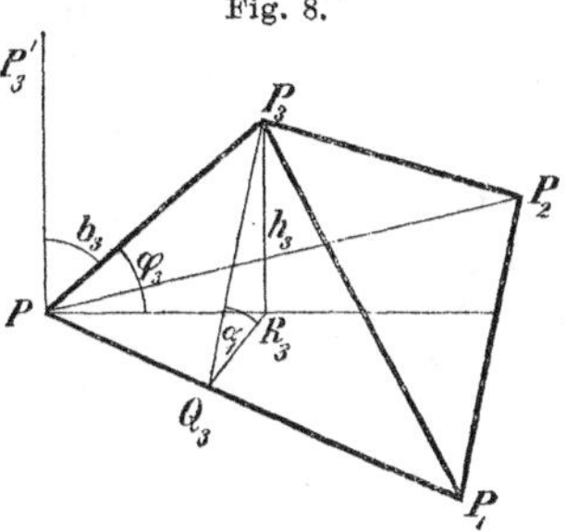

Fig. 8.

Es ist aber (siehe Fig. 8):

(2) $2J_3 = r_1 r_2 \sin a_3$

und:

(3) $h_3 = P_3 Q_3 \sin \alpha_1 = r_3 \sin a_2 \sin \alpha_1$,

folglich:

(4) $6V = r_1 r_2 r_3 \sin \alpha_1 \sin a_2 \sin a_3$.

In gleicher Weise erhält man natürlich auch:

(5) $6V = r_1 r_2 r_3 \sin \alpha_2 \sin a_3 \sin a_1$,

(6) $6V = r_1 r_2 r_3 \sin \alpha_3 \sin a_1 \sin a_2$.

Aus diesen drei Gleichungen ergiebt sich sofort:

(7) $\sin \alpha_1 : \sin \alpha_2 : \sin \alpha_3 = \sin a_1 : \sin a_2 : \sin a_3$, d. h.:

In jeder dreiseitigen körperlichen Ecke verhalten sich die sinus der Winkel wie die sinus der gegenüberliegenden Seiten.

Um nun aber auch der im vorhergehenden Paragraphen getroffenen Festsetzung über das Vorzeichen des Tetraeders gerecht zu werden, verfahren wir so: Unter der Voraussetzung, dafs wir die von P ausgehenden Strecken $PP_1 = r_1$, $PP_2 = r_2$, $PP_3 = r_3$ wie bisher als positiv ansehen, errichten wir in P auf den Ebenen der drei Dreiecke P_2PP_3, P_3PP_1, P_1PP_2, als positive Normalenrichtungen derselben, die Senkrechten PP_1', PP_2', PP_3' jedesmal nach der Seite hin, von der aus das entsprechende Dreieck als ein positives erscheint. Man erkennt dann sofort, dafs wenn das Tetraeder nach der früher getroffenen Festsetzung ein positives ist, jede Senkrechte PP_i' $(i = 1, 2, 3)$ und der entsprechende Punkt P_i sich auf derselben Seite des zugehörigen Dreiecks befinden, dafs sie dagegen jedesmal durch die zugehörige Dreiecksfläche getrennt werden für den Fall eines negativen Tetraeders. Im ersten Falle sind daher die Winkel $P_1PP_1' = b_1$, $P_2PP_2' = b_2$, $P_3PP_3' = b_3$ spitze Winkel, im zweiten stumpfe. Bezeichnet man mit φ_i den spitzen Winkel, der die Kante PP_i mit ihrer Projektion auf die gegenüberliegende Dreiecksfläche bildet, so ist demnach $\varphi_i = 90^0 - b_i$ oder $= b_i - 90^0$, jenachdem das Tetraeder ein positives oder ein negatives ist. Da aber z. B. $h_3 = r_3 \sin \varphi_3$ und $\sin \varphi_3 = \cos b_3$ im ersten Falle, dagegen $= - \cos b_3$ im zweiten Falle ist, so folgt aus den Gleichungen (1) und (2), dafs in beiden Fällen nach Gröfse und Vorzeichen das Tetraedervolumen dargestellt wird durch:

(8) $$6V = r_1 r_2 r_3 \sin a_3 \cos b_3 .$$

Natürlich gilt ebenso:

(9) $$6V = r_1 r_2 r_3 \sin a_2 \cos b_2 ,$$

(10) $$6V = r_1 r_2 r_3 \sin a_1 \cos b_1 .\text{*)}$$

Wir nehmen nun an, die Spitze P des Tetraeders falle mit dem Koordinatenanfangspunkte O zusammen und es sei $r_1 = r_2 = r_3 = 1$. Dann liegen P_1, P_2, P_3 auf der Einheitskugel und bestimmen auf dieser durch die gröfsten Kreise P_2P_3, P_3P_1, P_1P_2 ein sphärisches Dreieck. Die Seiten a_1, a_2, a_3 und Winkel α_1, α_2, α_3 der körperlichen Ecke sollen auch die Seiten und Winkel des sphärischen Dreiecks heifsen. Dann überträgt sich der in Gleichung (7) enthaltene Sinussatz der dreiseitigen körperlichen Ecke ohne weiteres auch auf das sphärische Dreieck.

Ferner soll das sphärische Dreieck $P_1P_2P_3$ als ein positives oder ein negatives bezeichnet werden, jenachdem das Volumen V des Tetraeders $OP_1P_2P_3$ positiv oder negativ ist, d. h. je nachdem für einen aufserhalb der Einheitskugel befindlichen Beobachter die Punkte P_1, P_2, P_3 im positiven oder negativen Sinne aufeinander folgen.

Wählt man auch $OP_1' = OP_2' = OP_3' = 1$, so sind die Punkte P_1', P_2', P_3' der Einheitskugel die Pole der gröfsten Kreise P_2P_3, P_3P_1, P_1P_2; das von ihnen gebildete sphärische

---

*) Man bezeichnet auch (nach Staudt) den Faktor:

$$\sin a_1 \cos b_1 = \sin a_2 \cos b_2 = \sin a_3 \cos b_3$$

als den Sinus der körperlichen Ecke und schreibt dafür $\sin(r_1 r_2 r_3)$, sodafs $6V = r_1 r_2 r_3 \sin(r_1 r_2 r_3)$ ist.

Dreieck heifst dem entsprechend das Polardreieck des gegebenen (§ 13). Seine Seiten a_1', a_2', a_3' messen die Winkel, welche die Ebenen der drei Kreise P_2P_3, P_3P_1, P_1P_2 nach der in § 3 getroffenen Festsetzung miteinander einschliefsen, und sind resp. gleich $180^0 - \alpha_1$, $180^0 - \alpha_2$, $180^0 - \alpha_3$ (man fertige eine Zeichnung oder ein Modell an). Es ist also:

$$(11) \quad \sin a_1' = \sin \alpha_1, \quad \sin a_2' = \sin \alpha_2, \quad \sin a_3' = \sin \alpha_3.$$

Nun zeigt die Anschauung (der analytische Beweis hierfür ist in Aufg. 1 angedeutet), dafs das in der gegebenen Weise definierte Polardreieck eines sphärischen Dreiecks stets positiv ist. Konstruiert man daher zu dem Dreieck $P_1'P_2'P_3'$ nach dem oben angegebenen Verfahren wiederum das Polardreieck $P_1''P_2''P_3''$, so wird dieses mit dem ursprünglichen Dreieck $P_1P_2P_3$ zusammenfallen, wenn dasselbe ein positives war, im andern Falle dagegen mit demjenigen Dreieck, welches dem (negativen) Dreiecke $P_1P_2P_3$ diametral entgegengesetzt und daher selbst mit dem positiven Zeichen behaftet ist.

Es sind demnach die Winkel:

$$P_1'OP_1'' = b_1', \quad P_2'OP_2'' = b_2', \quad P_3'OP_3'' = b_3'$$

stets spitze Winkel und folglich:

$$(12) \quad \begin{cases} b_1' = b_1, \quad b_2' = b_2, \quad b_3' = b_3 \\ \text{oder:} \\ b_1' = 180^0 - b_1, \quad b_2' = 180^0 - b_2, \quad b_3' = 180^0 - b_3, \end{cases}$$

je nachdem das Dreieck $P_1P_2P_3$ ein positives oder ein negatives ist. Wir erhalten daher jetzt mit Rücksicht auf (11), (10), (9), (8) nach Gröfse und Vorzeichen für die Volumina V und V' der beiden Tetraeder $OP_1P_2P_3$ und $OP_1'P_2'P_3'$ die Formeln:

$$(13) \quad 6V = \sin a_1 \cos b_1 = \sin a_2 \cos b_2 = \sin a_3 \cos b_3,$$

$$(14) \quad 6V' = \sin \alpha_1 \cos b_1' = \sin \alpha_2 \cos b_2' = \sin \alpha_3 \cos b_3'.$$

Daraus aber folgt:

Das Verhältnis $\frac{\sin a_1}{\sin \alpha_1} = \frac{\sin a_2}{\sin \alpha_2} = \frac{\sin a_3}{\sin \alpha_3}$ ist gleich dem (absolut genommenen) Verhältnis der Volumina der beiden Tetraeder, welche zu dem sphärischen Dreieck $P_1P_2P_3$ und seinem Polardreieck gehören.

Aufg. 1. Bezeichnet man die Koordinaten der Ecken P_i $(i = 1, 2, 3)$ des sphärischen Dreiecks mit ξ_i, η_i, ζ_i, so erhält man die Koordinaten ξ_i', η_i', ζ_i' der Pole P_i' nach § 13. Man berechne nun direkt das Volumen V' nach Formel (5) des § 17 aus den Koordinaten der Ecken P_i' und berücksichtige $\xi_i\xi_i' + \eta_i\eta_i' + \zeta_i\zeta_i' = \cos b_i$. Man findet dann:

$$V' = V \frac{\cos b_1}{\sin a_2 \sin a_3} = \frac{6V^2}{\sin \alpha_1 \sin a_2 \sin a_3},$$

woraus sich ergiebt, dafs V' und daher auch das Polardreieck stets positiv ist.

Aufg. 2. Wende die Formeln (4) des § 13, durch welche man aus den Koordinaten der Ecken des gegebenen Dreiecks $P_1P_2P_3$ diejenigen der Ecken des Polardreiecks $P_1'P_2'P_3'$ erhält, dazu an, um in gleicher Weise die Koordinaten der Ecken des Polardreiecks $P_1''P_2''P_3''$ des Dreiecks $P_1'P_2'P_3'$ zu berechnen. Man wird finden $\xi_i'' = \mu\xi_i$, $\eta_i'' = \mu\eta_i$, $\zeta_i'' = \mu\zeta_i$, wenn μ zur Abkürzung für $\frac{6V}{\sin \alpha_1 \sin a_2 \sin a_3}$ gesetzt wird. Es ist daher $\mu = \pm 1$, je nachdem V positiv oder negativ ist. Daraus folgt aber der Satz, den wir auch direkt aus der Anschauung entnommen haben, dafs nämlich das Polardreieck des Polardreiecks das ursprünglich gegebene Dreieck oder das diametral entgegengesetzte ist, je nachdem eben das gegebene Dreieck ein positives oder ein negatives ist.

Aufg. 3. Man bestimme in dem sphärischen Dreieck $P_1P_2P_3$ denjenigen Punkt M, für welchen die Bögen:

$$MP_1 = MP_2 = MP_3$$

sind. Es ist der sphärische Mittelpunkt des (nicht gröfsten) Kreises, der durch P_1, P_2, P_3 hindurchgeht. Man findet für seine Koordinaten $\xi = \frac{J'}{J}$, $\eta = \frac{J''}{J}$, $\zeta = \frac{J'''}{J}$, wenn J, J', J'', J''' den Flächeninhalt des ebenen Dreiecks $P_1P_2P_3$ und seiner Projektionen sind. Man gelangt auch zu diesen Koordinaten durch eine einfache geometrische Überlegung. In welcher Beziehung steht die Richtung (ξ, η, ζ) zu der Ebene des Dreiecks $P_1P_2P_3$?

Aufg. 4. Man bestimme mit Hülfe des Polardreiecks die Koordinaten des Punktes N, der von den Seiten des sphärischen Dreiecks gleiche sphärische Abstände hat. In welcher Beziehung steht diese Aufgabe zu Aufg. 3?

Aufg. 5. Leite aus $\frac{\sin a_1}{\sin a_2} = \frac{\sin \alpha_1}{\sin \alpha_2}$ die Formel ab:

$$\frac{\operatorname{tg} \frac{a_1 + a_2}{2}}{\operatorname{tg} \frac{a_1 - a_2}{2}} = \frac{\operatorname{tg} \frac{\alpha_1 + \alpha_2}{2}}{\operatorname{tg} \frac{\alpha_1 - \alpha_2}{2}}.$$

§ 19. Fortsetzung. Der Kosinussatz der sphärischen Trigonometrie.

Auf der Einheitskugel sei wieder das sphärische Dreieck $P_1 P_2 P_3$ mit den Seiten a_1, a_2, a_3 und den Winkeln α_1, α_2, α_3 gegeben. Man suche auf dem gröfsten Kreise $P_1 P_2$ denjenigen ganz bestimmten Punkt Q, welcher von P_1, in der Richtung nach P_2 hin, um 90^0 absteht und ebenso auf dem gröfsten Kreise $P_1 P_3$ denjenigen ganz bestimmten Punkt Q', welcher von P_1, in der Richtung nach P_3 hin, um 90^0 absteht. Dann wird der Winkel α_1 durch den Bogen QQ' gemessen und es ist, wenn die Koordinaten von Q und Q' resp. mit λ, μ, ν und λ', μ', ν' bezeichnet werden:

$$\cos \alpha_1 = \lambda\lambda' + \mu\mu' + \nu\nu'.$$

Nach § 14 (Gl. 6) ist nun:

$$\lambda = \frac{\xi_2 - \xi_1 \cos a_3}{\sin a_3}, \quad \mu = \frac{\eta_2 - \eta_1 \cos a_3}{\sin a_3}, \quad \nu = \frac{\zeta_2 - \zeta_1 \cos a_3}{\sin a_3},$$

$$\lambda' = \frac{\xi_3 - \xi_1 \cos a_2}{\sin a_2}, \quad \mu' = \frac{\eta_3 - \eta_1 \cos a_2}{\sin a_2}, \quad \nu' = \frac{\zeta_3 - \zeta_1 \cos a_2}{\sin a_2}.$$

Daraus folgt aber:

$$\cos \alpha_1 = \frac{\cos a_1 - \cos a_2 \cos a_3}{\sin a_2 \sin a_3}$$

oder:

$$(1) \qquad \cos a_1 = \cos a_2 \cos a_3 + \sin a_2 \sin a_3 \cos \alpha_1 .$$

Dies ist der Kosinussatz der sphärischen Trigonometrie.

Wendet man diesen Kosinussatz auf das Polardreieck des gegebenen Dreiecks an und bezeichnet mit a_1', a_2', a_3'; α_1', α_2', α_3' die Seiten und Winkel dieses Polardreiecks, so erhält man wegen:

$$a_1' = 180^0 - \alpha_1, \quad a_2' = 180^0 - \alpha_2, \quad a_3' = 180^0 - \alpha_3,$$
$$\alpha_1' = 180^0 - a_1, \quad \alpha_2' = 180^0 - a_2, \quad \alpha_3' = 180^0 - a_3$$

die Gleichung:

$$(2) \qquad \cos \alpha_1 = -\cos \alpha_2 \cos \alpha_3 + \sin \alpha_2 \sin \alpha_3 \cos a_1 .$$

Während Gleichung (1) vorzugsweise dazu benutzt wird, um aus den drei gegebenen Seiten die Winkel des sphärischen Dreiecks zu berechnen, dient Gleichung (2) zur Berechnung der Seiten aus den drei gegebenen Winkeln.

Aufg. 1. Schreibe Gleichung (1) in der Form:

$$\cos \alpha_1 = \frac{\cos a_1 - \cos a_2 \cos a_3}{\sin a_2 \sin a_3},$$

bilde $1 + \cos \alpha_1$ und $1 - \cos \alpha_2$ und leite mit Benutzung einfacher goniometrischer Formeln die für die logarithmische Berechnung bequemen Gleichungen ab:

$$\sin \frac{\alpha_1}{2} = \sqrt{\frac{\sin(s - a_2)\sin(s - a_3)}{\sin a_2 \sin a_3}}, \quad \cos \frac{\alpha_1}{2} = \sqrt{\frac{\sin s \sin(s - a_1)}{\sin a_2 \sin a_3}}$$

und namentlich:

$$\operatorname{tg} \frac{\alpha_1}{2} = \sqrt{\frac{\sin(s - a_2)\sin(s - a_3)}{\sin s \,.\, \sin(s - a_1)}},$$

insofern $s = \frac{a_1 + a_2 + a_3}{2}$ ist.

Aufg. 2. Leite die entsprechenden Formeln aus (2) ab, namentlich:

$$\operatorname{tg} \frac{a_1}{2} = \sqrt{\frac{-\cos \sigma \cos(\sigma - \alpha_1)}{\cos(\sigma - \alpha_2)\cos(\sigma - \alpha_3)}}, \quad \text{wo } \sigma = \frac{\alpha_1 + \alpha_2 + \alpha_3}{2}.$$

§ 20. Fortsetzung. Das rechtwinklige sphärische Dreieck.

Auf der Einheitskugel sei ein rechtwinkliges sphärisches Dreieck ABC mit den Seiten a, b, c und den Winkeln $\alpha = 90^0$, β, γ gegeben. Dann hatten wir schon früher gefunden (§ 12, Aufg. 7):

$$(1) \qquad \cos a = \cos b \cos c .$$

Aus dem Sinussatze folgen weiter die Relationen:

$$(2) \qquad \sin \beta = \frac{\sin b}{\sin a}, \quad \sin \gamma = \frac{\sin c}{\sin a}.$$

Aus dem Kosinussatze, wie er sich in Gleichung (2) des § 19 ausspricht, erhält man für $\alpha_1 = \alpha$, β, γ der Reihe nach:

(3) $$\cos a = \operatorname{ctg} \beta \operatorname{ctg} \gamma$$

und:

(4) $$\cos \beta = \cos b \sin \gamma, \quad \cos \gamma = \cos c \sin \beta.$$

Ersetzt man in (4) $\cos b$, $\cos c$, $\sin \beta$, $\sin \gamma$ durch die aus (1) und (2) hierfür sich ergebenden Werte, so folgt:

(5) $$\cos \beta = \frac{\operatorname{tg} c}{\operatorname{tg} a}, \quad \cos \gamma = \frac{\operatorname{tg} b}{\operatorname{tg} a}.$$

Aufg. 1. Beachte die Analogie, welche namentlich zwischen den Gleichungen (1), (2) und (5) und den entsprechenden Gleichungen des ebenen Dreiecks besteht.

Aufg. 2. Von dem rechten Winkel α abgesehen, hat das sphärische Dreieck noch fünf Bestandteile: a, b, c, β, γ. Von diesen bezeichne man irgend einen mit μ. In dem Dreiecke liegen dann dem μ zwei Bestandteile α und α' an und zwei Bestandteile ν und ν' nicht an. Zeige, daſs die abgeleiteten Gleichungen für das rechtwinklige sphärische Dreieck alle in den beiden Gleichungen:

$$\cos \mu = \operatorname{ctg} \alpha \,.\, \operatorname{ctg} \alpha',$$
$$\cos \mu = \sin \nu \,.\, \sin \nu'$$

enthalten sind, insofern man in diesen Gleichungen jedesmal, wenn eine Kathete vorkommt, die Ergänzung derselben zu 90^0 substituiert. Suche aus diesen zwei Gleichungen, den Napier'schen Regeln, noch weitere Formeln für das rechtwinklige Dreieck abzuleiten.

§ 21. Polarkoordinaten.

Bezeichnet man die rechtwinkligen Koordinaten irgend eines Punktes P mit x, y, z, seinen Radius Vektor mit r und die zugehörigen Richtungskosinus mit ξ, η, ζ, so ist:

(1) $$x = r\xi, \quad y = r\eta, \quad z = r\zeta.$$

Wir deuteten ξ, η, ζ als die Koordinaten eines Punktes R der Einheitskugel, welcher als Repräsentant der Richtung (ξ, η, ζ) galt. Zwischen ξ, η, ζ besteht nun die Relation:

(2) $$\xi^2 + \eta^2 + \zeta^2 = 1,$$

welche darauf hinweist, daſs diese Gröſsen nur für zwei von einander unabhängige gelten. Um dies in Evidenz zu setzen, wenden wir auf die Einheitskugel die in der mathematischen Geographie für die Bestimmung eines Punktes auf der Erdoberfläche üblichen Bezeichnungen an. Wir stellen uns etwa vor, die z-Achse sei die Erdachse, die xy-Ebene die Äquatorebene. Die Projektion des Radius $OR = 1$ auf die xy-Ebene sei ON und bilde einerseits mit OR den Winkel φ, andrerseits mit der positiven x-Achse den Winkel ψ. Der Winkel φ wird dann die geographische Breite, der Winkel ψ die geographische Länge des Punktes R genannt. Es ist ψ zugleich der Winkel, welchen die Ebene ORN — der Meridian von R — mit der xz-Ebene, d. h. einem festen Meridiane, einschliefst. Die Koordinaten ξ, η, ζ von R lassen sich dann, wegen $ON = \cos\varphi$, wie folgt durch φ und ψ ausdrücken:

Fig. 9.

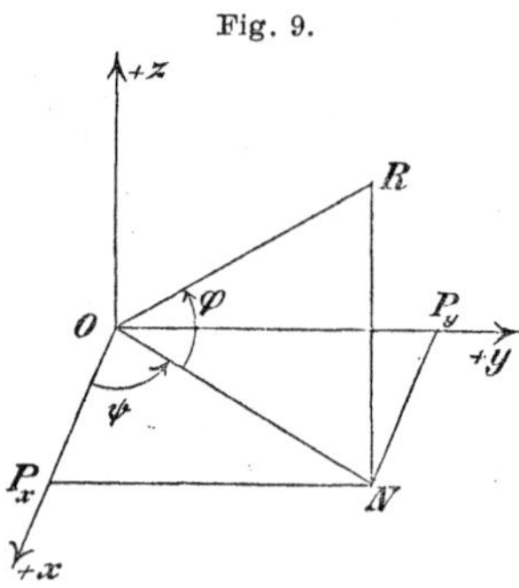

$$\text{(3)} \qquad \begin{cases} \xi = \cos\varphi \cos\psi, \\ \eta = \cos\varphi \sin\psi, \\ \zeta = \sin\varphi. \end{cases}$$

Der Winkel φ ist immer von der xy-Ebene aus nach der positiven oder der negativen z-Achse hin zu messen und nimmt also die Werte von -90^0 bis $+90^0$ an. Der Winkel ψ ist von der positiven x-Achse aus im positiven Drehungssinne zu messen und nimmt die Werte an von 0^0 bis 360^0. Aus (3) und (4) erhält man jetzt die rechtwinkligen Koordinaten des Punktes P ausgedrückt durch seine Polarkoordinaten r, φ, ψ, nämlich:

$$\text{(4)} \qquad \begin{cases} x = r\cos\varphi \cos\psi, \\ y = r\cos\varphi \sin\psi, \\ z = r\sin\varphi. \end{cases}$$

Aufg. 1. Zeige aus den Gleichungen (3), dafs für alle φ und ψ die Relation $\xi^2 + \eta^2 + \zeta^2 = 1$ erfüllt ist.

Aufg. 2. Wo liegen alle Punkte der Einheitskugel mit demselben φ? oder mit demselben ψ?

Aufg. 3. Zeige, dafs die Gleichung $\xi = \cos\varphi\cos\psi$ nichts anderes ist als die im vorhergehenden Paragraphen erwähnte Gleichung $\cos a = \cos b \cos c$ der sphärischen Trigonometrie.

Aufg. 4. Auf der Einheitskugel sei ein beliebiges sphärisches Dreieck $P_1 P_2 P_3$ gegeben. P_1 möge der Schnitt der Einheitskugel mit der positiven z-Achse sein. Nennt man die Polarkoordinaten von P_2 und P_3 resp. φ_2, ψ_2 und φ_3, ψ_3, so sind $90^0 - \varphi_2$, $90^0 - \varphi_3$ resp. die Dreieckseiten a_3, a_2. Berechnet man jetzt $\cos a_1$ in bekannter Weise aus den Koordinaten von P_2 und P_3, wie sie sich aus (3) darstellen, so erhält man ganz direkt ohne alle Rechnung den Kosinussatz der sphärischen Trigonometrie.

§ 22. Übergang von einem Koordinatensystem zu einem andern mit demselben Anfangspunkte.

Durch den Anfangspunkt O eines Koordinatensystems seien drei paarweise auf einander senkrecht stehende Geraden gezogen, die wir als Achsen eines neuen Koordinatensystems betrachten wollen. Die Achsenwinkel, welche die positive Richtung der neuen x'-Achse mit den alten Achsen x, y, z bilden, mögen α_1, β_1, γ_1 heifsen, die zugehörigen Richtungskosinus seien ξ_1, η_1, ζ_1; der neuen y'-Achse mögen die Winkel α_2, β_2, γ_2 und die Richtungskosinus ξ_2, η_2, ζ_2, der neuen z'-Achse die Winkel α_3, β_3, γ_3 und die Richtungskosinus ξ_3, η_3, ζ_3 entsprechen. Die alten Koordinaten eines beliebigen Punktes P seien x, y, z, die neuen x', y', z'. Jede neue Koordinate von P ist dann gleich der Projektion von OP auf die betreffende neue Achse, d. h. es ist (§ 12, Gl. 1):

$$(1)\qquad \begin{cases} x' = \xi_1 x + \eta_1 y + \zeta_1 z, \\ y' = \xi_2 x + \eta_2 y + \zeta_2 z, \\ z' = \xi_3 x + \eta_3 y + \zeta_3 z. \end{cases}$$

Es ist aber auch, da die beiden Koordinatensysteme vollständig gleichberechtigt sind und OP beiden Systemen angehört, jede alte Koordinate von P gleich der Projektion von OP auf die betreffende alte Achse, daher:

$$(2)\qquad \begin{cases} x = \xi_1 x' + \xi_2 y' + \xi_3 z', \\ y = \eta_1 x' + \eta_2 y' + \eta_3 z', \\ z = \zeta_1 x' + \zeta_2 y' + \zeta_3 z'. \end{cases}$$

Das System (2) ist die Auflösung des Systemes (1). Zwischen den neuen Richtungskosinus bestehen, weil beide Systeme rechtwinklig sind, die Relationen:

$$(3)\quad \begin{cases} \xi_1^2 + \eta_1^2 + \zeta_1^2 = 1, \\ \xi_2^2 + \eta_2^2 + \zeta_2^2 = 1, \\ \xi_3^2 + \eta_3^2 + \zeta_3^2 = 1, \end{cases} \quad \text{und:} \quad \begin{aligned} \xi_1^2 + \xi_2^2 + \xi_3^2 &= 1, \\ \eta_1^2 + \eta_2^2 + \eta_3^2 &= 1, \\ \zeta_1^2 + \zeta_2^2 + \zeta_3^2 &= 1. \end{aligned}$$

Ferner:

$$(4)\quad \begin{cases} \xi_2\xi_3 + \eta_2\eta_3 + \zeta_2\zeta_3 = 0, \\ \xi_3\xi_1 + \eta_3\eta_1 + \zeta_3\zeta_1 = 0, \\ \xi_1\xi_2 + \eta_1\eta_2 + \zeta_1\zeta_2 = 0, \end{cases} \quad \text{und:} \quad \begin{aligned} \eta_1\zeta_1 + \eta_2\zeta_2 + \eta_3\zeta_3 &= 0, \\ \zeta_1\xi_1 + \zeta_2\xi_2 + \zeta_3\xi_3 &= 0, \\ \xi_1\eta_1 + \xi_2\eta_2 + \xi_3\eta_3 &= 0. \end{aligned}$$

Aufg. 1. Zeige, dafs die Gleichungen (1) und (2) bereits in § 15 (Gl. 2) vollständig gegeben sind, wenn man $\delta = 0$ setzt und die Vorzeichen richtig deutet. Siehe dort namentlich auch Aufg. 6.

Aufg. 2. Was wird aus unsern Transformationsformeln, wenn die z'-Achse mit der z-Achse zusammenfällt, so dafs nur eine Drehung um den Winkel φ um die z-Achse erfolgt?

Aufg. 3. Löse die Gleichungen (1) nach x, y, z auf und gieb die geometrische Bedeutung des dabei auftretenden gemeinsamen Nenners an (§ 17, Gl. 5). Zeige, dafs dieser Nenner gleich ± 1 ist und zwar gleich $+1$, wenn die beiden Koordinatensysteme auch hinsichtlich der Richtungen der Achsen zur Deckung gebracht werden können, dagegen gleich -1, wenn dies nicht möglich ist. (Kongruente und symmetrische Achsensysteme.) Deute die bei der Auflösung der Gleichungen (1) auftretenden Koeffizienten von x', y', z' nach Formel (4), § 13. Setze voraus, beide Achsensysteme seien kongruent und nach den Bestimmungen von § 7 eingerichtet. Dann bestehen die Relationen: $\xi_1 = \eta_2\zeta_3 - \eta_3\zeta_2$ etc. Schreibe alle diese Relationen auf und beachte immer jene Formel (4), § 13. (Die gleiche Aufgabe wurde teilweise bereits § 13, Aufg. 4 behandelt.)

Aufg. 4. In dem alten Koordinatensystem mögen die Koordinaten eines Punktes P der Relation $x^2 + y^2 + z^2 = r^2$ genügen. Zeige, mit Benutzung der Transformationsformeln, dafs auch die neuen Koordinaten von P der Relation $x'^2 + y'^2 + z'^2 = r^2$ genügen.

Aufg. 5. Zeige, dafs das Gleichungssystem (2) seine Gültigkeit behält, wenn das alte Koordinatensystem zwar ein rechtwinkliges, das neue dagegen ein schiefwinkliges ist.

Aufg. 6. Die rechtwinkligen Koordinaten (x, y, z) eines Punktes P mögen der Relation $\frac{x^2}{a^2} + \frac{y^2}{b^2} + \frac{z^2}{c^2} = 1$ genügen. Welcher andern Relation genügen nach dem Übergange zu einem schiefwinkligen Koordinatensystem die neuen Koordinaten x', y', z' desselben Punktes P?

Drittes Kapitel.

Die Ebene und ihre Gleichung.

§ 23. Definition der Gleichung einer Ebene. Die Ebene sei bestimmt durch drei Punkte.

In § 17 wurde gezeigt, dafs wenn in einem Koordinatensystem eine Ebene durch die Punkte P_1, P_2, P_3 bestimmt ist, allemal eine Gleichung, nämlich:

(1) $$Ax + By + Cz + D = 0,$$

existiert, welche befriedigt wird von den Koordinaten x, y, z eines jeden Punktes der Ebene und nur von diesen. Die Koeffizienten $A = -2J'$, $B = -2J''$, $C = -2J'''$, $D = 6V_0$ sind bestimmte Ausdrücke, die nur von den Koordinaten der gegebenen Punkte P_1, P_2, P_3 abhängen. Die linke Seite der Gleichung (1) stellt nämlich das sechsfache Volumen des Tetraeders $PP_1P_2P_3$ dar, welches für alle Punkte P auf der einen Seite der Ebene einen bestimmten, von Null verschiedenen positiven, für alle Punkte P auf der anderen Seite einen bestimmten, von Null verschiedenen negativen Wert besitzt und welches allemal aber auch nur dann verschwindet, wenn der Punkt P in der Ebene $P_1P_2P_3$ liegt. Durch die Gleichung (1) werden also alle Punkte der Ebene scharf unterschieden von allen übrigen Punkten des Raumes. Wir nennen sie daher die Gleichung der Ebene, indem wir definieren:

Unter der Gleichung einer Ebene versteht man eine Gleichung zwischen drei Veränderlichen x, y, z, welche allemal aber auch nur dann erfüllt wird, wenn x, y, z die Koordinaten eines Punktes der Ebene bedeuten.

Da jede Ebene durch drei ihrer Punkte bestimmt werden kann, so hat also jede Ebene eine Gleichung. Vorläufig scheint es sogar, als ob jede Ebene unendliche viele Gleichungen besitze, da ja die Werte von A, B, C, D sich offenbar ändern, wenn man dieselbe Ebene ein anderes Mal durch drei andere in ihr gelegene Punkte definiert.

Aufg. 1. Wie heifst die Gleichung der durch (2, 0, 3), (— 1, 5, 2), (3, — 4, — 2) bestimmten Ebene? Geht die Ebene durch den Anfangspunkt oder durch den Punkt (5, 2, — 3)?

Aufg. 2. Wie heifst die Gleichung der Ebene, welche durch den Anfangspunkt und die Punkte P_1 und P_2 bestimmt ist?

Aufg. 3. Liegen die Punkte (1, 0, — 1), (— 2, 3, 0), (0, 0, 0) auf derselben Seite der in Aufg. 1 vorkommenden Ebene?

Aufg. 4. Wie lautet die Gleichung der durch (a, b', c'), (a, b'', c''), (a, b''', c''') bestimmten Ebene?

Aufg. 5. Zeige (durch passende Wahl von P_1, P_2, P_3), dafs die Gleichungen der drei Koordinatenebenen $x = 0$, $y = 0$, $z = 0$ heifsen.

Aufg. 6. Gieb die Form der Gleichung einer Ebene an welche durch die x-Achse, oder die y-Achse, oder die z-Achse hindurchgeht.

Aufg. 7. Zeige, dafs die Ebenen, welche die Winkel der Koordinatenebenen halbieren, durch die Gleichungen $y \pm z = 0$, $z \pm x = 0$, $x \pm y = 0$ dargestellt werden.

Aufg. 8. Welche Ebenen werden durch die Gleichungen $x = a$, $y = b$, $z = c$ dargestellt?

Aufg. 9. Bestimme die Gleichung der durch $(a, 0, 0)$, $(0, b, 0)$, $(0, 0, c)$ definierten Ebene.

§ 24. **Fortsetzung. Die Ebene sei bestimmt durch ihren Abstand vom Anfangspunkte und die Achsenwinkel desselben.**

In § 15 fanden wir für den Abstand eines Punktes (x, y, z) von der durch die Gröfsen $\alpha, \beta, \gamma, \delta$ bestimmten Ebene den Ausdruck:

(1) $d = -(x \cos\alpha + y \cos\beta + z \cos\gamma - \delta)$.

Dieser Ausdruck ist von Null verschieden und positiv für alle Punkte, die auf derselben Seite der Ebene liegen wie der Anfangspunkt, er ist von Null verschieden und negativ für alle Punkte auf der entgegengesetzten Seite und verschwindet allemal aber auch nur dann, wenn der Punkt (x, y, z) in der Ebene liegt. Es ist daher die Gleichung:

(2) $x \cos\alpha + y \cos\beta + z \cos\gamma - \delta = 0$

die Gleichung der Ebene $(\alpha, \beta, \gamma, \delta)$. Diese spezielle Form der Gleichung einer Ebene nennt man die Normalform.

Aufg. 1. Eine Ebene sei durch $\cos\alpha = \cos\beta = \cos\gamma = \frac{1}{\sqrt{3}}$, $\delta = 1$ definiert. Wie heifst ihre Gleichung? Liegt der Punkt $(1, -1, 2)$ auf der Ebene?

Aufg. 2. Auf welcher Seite der vorhergehenden Ebene liegt der Punkt $(5, -3, -1)$? Welches ist sein Abstand von der Ebene?

Aufg. 3. Durch den Punkt $(3, 5, 4)$ werde eine Ebene senkrecht zu dem zugehörigen Radius Vektor gelegt. Wie heifst ihre Gleichung? In welchen Punkten trifft sie die Koordinatenachsen?

Aufg. 4. Wie lautet die Gleichung einer Ebene, welche senkrecht auf der yz-Ebene, oder der zx-Ebene, oder der xy-Ebene steht?

Aufg. 5. Sind die Gleichungen $x = 0$, $y = 0$, $z = 0$ der Koordinatenebenen die Normalformen derselben?

Aufg. 6. Befinden sich die Gleichungen $x = a$, $y = b$, $z = c$ der Parallelebenen der Koordinatenebenen in der Normalform?

Aufg. 7. Welche geometrische Bedeutung hat der Ausdruck $x \cos\alpha + y \cos\beta + z \cos\gamma$? Was bedeutet $x \cos\alpha + y \cos\beta + z \cos\gamma = 0$?

Aufg. 8. Zeige, dafs die Gleichung:

$$x \cos\alpha + y \cos\beta + z \cos\gamma - \delta = 0$$

auch unter Voraussetzung eines schiefwinkligen Achsensystems als die Gleichung der durch $\alpha, \beta, \gamma, \delta$ definierten Ebene betrachtet werden kann (§ 15, Aufg. 10).

§ 25. Fortsetzung. Die Ebene sei gegeben durch ihre Achsenabschnitte.

Die nicht durch den Anfangspunkt gehende Ebene möge auf der x-Achse den Abschnitt $OA = a$, auf der y-Achse den Abschnitt $OB = b$ und auf der z-Achse den Abschnitt $OC = c$ bestimmen. Dann kann der Abstand δ des Anfangspunktes O von der Ebene als Projektion sowohl von a, als auch von b, wie auch von c aufgefafst werden. Es ist daher in Bezug auf Gröfse und Vorzeichen:

$$(1) \qquad \cos\alpha = \frac{\delta}{a}, \quad \cos\beta = \frac{\delta}{b}, \quad \cos\gamma = \frac{\delta}{c}.$$

Dadurch geht aber die Gleichung der Ebene:

$$(2) \qquad x\cos\alpha + y\cos\beta + z\cos\gamma - \delta = 0$$

über in:

$$(3) \qquad \frac{x}{a} + \frac{y}{b} + \frac{z}{c} - 1 = 0,$$

wenn man den konstanten von Null verschiedenen Faktor δ wegläfst. Da jedes Wertetripel x, y, z, welches der Gleichung (2) genügt, auch die Gleichung (3) befriedigt und umgekehrt, so stellt also Gleichung (3) die Gleichung der durch die Achsenabschnitte a, b, c bestimmten Ebene dar.

Aufg. 1. Bezeichnet man den Inhalt des Dreiecks ABC mit J und den seiner Projektionen resp. mit J', J'', J''', ferner mit V_0 das Volumen des Tetraeders $OABC$ und wendet die Überlegungen von § 17 und § 23 an, so erhält man aus:

$$J' = \tfrac{1}{2}bc, \quad J'' = \tfrac{1}{2}ca, \quad J''' = \tfrac{1}{2}ab, \quad 3V_0 = \tfrac{1}{2}abc$$

sofort die Gleichung (3) des Textes.

Aufg. 2. Welche Form nimmt die Gleichung der Ebene an, wenn einer der Achsenabschnitte unendlich grofs wird, d. h. wenn die Ebene der betreffenden Achse parallel ist? (§ 24, Aufg. 4.)

Aufg. 3. Welche Form nimmt die Gleichung der Ebene an, wenn zwei der Achsenabschnitte unendlich grofs sind?

Aufg. 4. Wie heifst die Gleichung der Ebene mit den Achsenabschnitten 3, — 7, — 2? Liegt der Punkt (2, 1, — 5) auf der Ebene?

Aufg. 5. Gieb die Koordinaten eines Punktes an, der auf der vorhergehenden Ebene liegt.

Aufg. 6. Schreibe die Gleichungen der acht Ebenen auf, welche mit den Koordinatenachsen als Symmetrieachsen ein reguläres Oktaeder bilden.

Aufg. 7. Wie heifst die Gleichung der Ebene, welche auf der x-Achse und der y-Achse die Abschnitte 5 und -7 bildet und der z-Achse parallel ist?

Aufg. 8. Zeige, dafs die Gleichung (3) auch im schiefwinkligen Koordinatensysteme die Gleichung der Ebene mit den Achsenabschnitten a, b, c darstellt. (Beachte Aufg. 1 und § 18, oder kürzer § 24, Aufg. 8.)

§ 26. Jede Ebene besitzt eine Gleichung von der Form $Ax + By + Cz + D = 0$ und umgekehrt jede Gleichung dieser Form stellt eine Ebene dar.

Durch das Vorhergehende ist erwiesen, dafs jede Ebene eine Gleichung von der Form $Ax + By + Cz + D = 0$ besitzt, in welcher x, y, z die veränderlichen (laufenden) Koordinaten irgend eines Punktes der Ebene bedeuten, während A, B, C, D konstante Gröfsen sind, deren Werte durch die spezielle Bestimmungsart der Ebene definiert werden. Das eine Mal hatten diese Konstanten die Bedeutungen: $A = -2J'$, $B = -2J''$, $C = -2J'''$, $D = 6V_0$ (§ 23), ein anderes Mal: $A = \cos\alpha$, $B = \cos\beta$, $C = \cos\gamma$, $D = -\delta$ (§ 24), ein drittes Mal: $A = \frac{1}{a}$, $B = \frac{1}{b}$, $C = \frac{1}{c}$, $D = -1$ (§ 25), in jedem Falle aber gehörte zu der entsprechend definierten Ebene eine lineare Gleichung zwischen den Veränderlichen x, y, z, welche allemal aber auch nur dann erfüllt wurde, wenn x, y, z die Koordinaten eines Punktes der Ebene bedeuteten.

Dafs nun auch umgekehrt jede Gleichung von der Form $Ax + By + Cz + D = 0$ als die Gleichung einer Ebene aufgefasst werden kann, läfst sich dadurch beweisen, dafs man zeigt, jede lineare Gleichung zwischen x, y, z kann durch Multiplikation mit einem von Null verschiedenen Faktor λ mit der Form $x\cos\alpha + y\cos\beta + z\cos\gamma - \delta = 0$ identisch gemacht werden, von der man weifs, dafs sie die Gleichung einer Ebene darstellt.

Sei daher:

(1) $$Ax + By + Cz + D = 0$$

eine lineare Gleichung zwischen den drei Veränderlichen x, y, z, in welcher A, B, C, D beliebig gegebene Konstanten bedeuten. Ist λ ein von Null verschiedener konstanter Faktor, so wird jedes Wertetripel x, y, z, welches der Gleichung (1) genügt, auch die Gleichung:

(2) $$\lambda Ax + \lambda By + \lambda Cz + \lambda D = 0$$

befriedigen und umgekehrt.

Sollen nun $\lambda A, \lambda B, \lambda C$ als Richtungskosinus gedeutet werden können, so ist notwendig und hinreichend, dafs:

(3) $$\lambda^2 A^2 + \lambda^2 B^2 + \lambda^2 C^2 = 1,$$

oder dafs:

(4) $$\lambda = \frac{1}{\sqrt{A^2 + B^2 + C^2}}$$

sei. Wenn aber die Gleichung (2) mit $x \cos\alpha + y \cos\beta + z \cos\gamma - \delta = 0$ identisch werden soll, so mufs überdies λD negativ sein, d. h. man mufs in der Formel für λ der Quadratwurzel das entgegengesetzte Zeichen von D beilegen. Jetzt kann man setzen:

(5) $$\frac{A}{\sqrt{A^2 + B^2 + C^2}} = \cos\alpha, \quad \frac{B}{\sqrt{A^2 + B^2 + C^2}} = \cos\beta,$$
$$\frac{C}{\sqrt{A^2 + B^2 + C^2}} = \cos\gamma, \quad \frac{D}{\sqrt{A^2 + B^2 + C^2}} = -\delta,$$

(vergl. § 9), wodurch Gleichung (2) übergeht in:

(6) $$x \cos\alpha + y \cos\beta + z \cos\gamma - \delta = 0.$$

Diese Gleichung aber und folglich auch Gleichung (1) wird allemal und nur dann erfüllt, wenn x, y, z die Koordinaten eines Punktes bedeuten, welcher auf der durch $\alpha, \beta, \gamma, \delta$ definierten Ebene liegt. Folglich stellt:

$$Ax + By + Cz + D = 0$$

die Gleichung einer Ebene dar und die Gleichungen (5) geben zugleich den Abstand δ dieser Ebene vom Anfangspunkte und die Richtungskosinus dieses Abstandes an.

Auch die Achsenabschnitte a, b, c der durch:

$$Ax + By + Cz + D = 0$$

dargestellten Ebene lassen sich leicht angeben. Da nämlich die Koordinaten der Schnittpunkte der Ebene mit den Achsen die Werte $a, 0, 0$; $0, b, 0$; $0, 0, c$ haben, so ergiebt sich:

$$(7) \qquad a = -\frac{D}{A}, \quad b = -\frac{D}{B}, \quad c = -\frac{D}{C}.$$

Bringt man die Gleichung $Ax + By + Cz + D = 0$ durch Multiplikation mit $\frac{1}{\sqrt{A^2 + B^2 + C^2}}$, wo die Quadratwurzel das entgegengesetzte Zeichen von D hat, auf die Normalform, so stellt die linke Seite der Gleichung, nämlich der Ausdruck $\frac{Ax + By + Cz + D}{\sqrt{A^2 + B^2 + C^2}}$, den mit dem entgegengesetzten Zeichen genommenen Abstand d des Punktes (x, y, z) von der Ebene $Ax + By + Cz + D = 0$ dar, d. h. es ist:

$$(8) \quad Ax + By + Cz + D = -d\sqrt{A^2 + B^2 + C^2} \quad \text{(I, § 22).}$$

Durch diese Erkenntnis tritt die eigentliche Bedeutung der Gleichung $Ax + By + Cz + D = 0$ scharf hervor. Zugleich kehrt hier die Untersuchung zu den an das Tetraeder geknüpften Ausgangsbetrachtungen zurück. Denn haben A, B, C, D dieselben Bedeutungen wie in § 23, so geht wegen:

$$J'^2 + J''^2 + J'''^2 = J^2$$

die Gleichung (8) über in $3V = Jd$. (Vergl. § 17, vergl. namentlich auch die in der Anmerkung jenes Paragraphen gegebene Vorzeichenbestimmung von J mit derjenigen, welche oben für $\sqrt{A^2 + B^2 + C^2}$ getroffen wurde.)

Aufg. 1. Bestimme für die durch die Gleichung $5x - y + 2z - 3 = 0$ dargestellte Ebene die Achsenabschnitte, ihren Abstand vom Anfangspunkte und die Richtungskosinus desselben.

Aufg. 2. Bringe folgende Gleichungen auf die Normalform:

$$5x - z = 0,\quad 2z - 5x + 3y = 7,\quad x = -3,\quad y + z = 0,$$
$$x + y + z = \sqrt{3},\quad z = 0.$$

Bestimme für jede der Ebenen die Gröfsen $\alpha, \beta, \gamma, \delta, a, b, c$.

Aufg. 3. Geht die Ebene $3z - 5y + x - 2 = 0$ durch den Punkt $(1, -2, 7)$? Gieb mehrere Punkte an, durch welche sie hindurchgeht.

Aufg. 4. Welches ist die notwendige und hinreichende Bedingung dafür, dafs eine Ebene durch den Anfangspunkt gehe?

Aufg. 5. Was für Ebenen werden durch lineare Gleichungen dargestellt, in welchen eine oder zwei der Veränderlichen x, y, z fehlen?

Aufg. 6. Wie heifst die notwendige und hinreichende Bedingung dafür, dafs der Punkt (x_0, y_0, z_0) auf der Ebene $Ax + By + Cz + D = 0$ liege?

Aufg. 7. Wenn die Punkte (x_1, y_1, z_1), (x_2, y_2, z_2) auf der Ebene $Ax + By + Cz + D = 0$ liegen, so liegt auch der Punkt $\left(\frac{x_1 + \lambda x_2}{1 + \lambda}, \frac{y_1 + \lambda y_2}{1 + \lambda}, \frac{z_1 + \lambda z_2}{1 + \lambda}\right)$ für jedes beliebige λ auf der Ebene; wenn ferner die drei Punkte (x_1, y_1, z_1), (x_2, y_2, z_2), (x_3, y_3, z_3) auf jener Ebene liegen, so ist auch der Punkt $\left(\frac{x_1 + \lambda x_2 + \mu x_3}{1 + \lambda + \mu}, \frac{y_1 + \lambda y_2 + \mu y_3}{1 + \lambda + \mu}, \frac{z_1 + \lambda z_2 + \mu z_3}{1 + \lambda + \mu}\right)$ ein Punkt der Ebene, welches auch die Werte von λ und μ seien. Beweise diese beiden Sätze zunächst durch wirkliches Ausrechnen und gieb dann den inneren Grund an (§ 11).

Aufg. 8. Beachte die aus den Gleichungen (5) sich ergebende wichtige Folgerung $A : B : C = \cos\alpha : \cos\beta : \cos\gamma$, d. h. die Koeffizienten von x, y, z sind den Richtungskosinus der Normalen der Ebene proportional.

Aufg. 9. Welches ist, bezogen auf die y-Achse und die z-Achse als Koordinatenachsen, die Gleichung der Schnittlinie der Ebene $Ax + By + Cz + D = 0$ mit der yz-Ebene? Gieb auch die entsprechenden Gleichungen der Schnittlinien mit den beiden andern Koordinatenebenen an.

Aufg. 10. Welches sind die Bedeutungen der Koeffizienten a, b, c in der Gleichung $z = ax + by + c$? Welches ist die Bedeutung der rechten Seite dieser Gleichung für die

xy-Ebene? (I, § 22). Suche daraus eine Konstruktion der Ebene abzuleiten.

Aufg. 11. Bestimme die Abstände der Punkte $(1, 5, -3)$, $(2, \frac{1}{2}, \frac{1}{3})$, $(0, -1, 0)$, $(0, 0, 0)$, $(0, 5, -3)$, $(1, 1, 1)$ von der Ebene $7x - 25y + z - 3 = 0$ und diskutiere die Vorzeichen.

Aufg. 12. Welches ist die geometrische Bedeutung der folgenden Ausdrücke:

$$3x + 2y - 7z + 1; \quad y - x + 3z; \quad x + y;$$
$$\frac{z}{-4}; \quad y - z; \quad x; \quad y + 5,$$

wenn jedesmal x, y, z die Koordinaten eines gegebenen Punktes sind? (Berücksichtige Gleichung (8) und die darauf folgenden Bemerkungen.)

Aufg. 13. Drücke aus, daſs der Punkt (x_0, y_0, z_0) von den beiden Ebenen:

$$A_1x + B_1y + C_1z + D_1 = 0 \quad \text{und} \quad A_2x + B_2y + C_2z + D_2 = 0$$

gleiche Abstände habe.

Aufg. 14. Welche Beziehung besteht zwischen den Koordinaten x, y, z aller der Punkte, welche von den Ebenen:

$$x \cos \alpha_1 + y \cos \beta_1 + z \cos \gamma_1 - \delta_1 = 0$$

und:

$$x \cos \alpha_2 + y \cos \beta_2 + z \cos \gamma_2 - \delta_2 = 0$$

gleiche Abstände haben?

Aufg. 15. Bringe die Gleichung $Ax + By + Cz + D = 0$, in welcher $A = -2J'$, $B = -2J''$, $C = -2J'''$, $D = 6V_0$ bedeuten (§ 23), auf die Normalform und leite nach richtiger Vorzeichenbestimmung von J die bekannten Resultate $J' = J \cos \alpha$, $J'' = J \cos \beta$, $J''' = J \cos \gamma$, $3V_0 = J\delta$ ab.

Aufg. 16. Der im Texte bewiesene Fundamentalsatz ist unter Voraussetzung rechtwinkliger Koordinaten bewiesen worden. Durch Koordinatentransformation (§ 22, Aufg. 5) läſst er sich aber auch sofort auf schiefwinklige Systeme ausdehnen.

§ 27. Bedingung, unter welcher zwei lineare Gleichungen dieselbe Ebene darstellen. Parallelismus zweier Ebenen.

Je nach den verschiedenen Bestimmungsarten einer Ebene kann man mehrere, äuſserlich von einander verschiedene Gleichungen für dieselbe erhalten. Angenommen:

$Ax + By + Cz + D = 0$ und $A'x + B'y + C'z + D' = 0$ stellten dieselbe Ebene dar. Bringt man jede dieser Gleichungen durch Multiplikation mit $\lambda = \frac{1}{\sqrt{A^2 + B^2 + C^2}}$ resp. mit $\lambda' = \frac{1}{\sqrt{A'^2 + B'^2 + C'^2}}$ auf die Normalform, so müssen sich jedesmal dieselben Werte für $\alpha, \beta, \gamma, \delta$ ergeben, d. h. es mufs sein:

$$\lambda A = \lambda' A', \quad \lambda B = \lambda' B', \quad \lambda C = \lambda' C', \quad \lambda D = \lambda' D',$$

oder:

$$A' = \frac{\lambda}{\lambda'} A, \quad B' = \frac{\lambda}{\lambda'} B, \quad C' = \frac{\lambda}{\lambda'} C, \quad D' = \frac{\lambda}{\lambda'} D.$$

Daher der Satz: Wenn die beiden Gleichungen: $Ax + By + Cz + D = 0$ und $A'x + B'y + C'z + D' = 0$ dieselbe Ebene darstellen sollen, so mufs die eine aus der anderen durch Multiplikation mit einem konstanten von Null verschiedenen Faktor hervorgehen.

Umgekehrt ist klar, dafs wenn man die Gleichung einer Ebene mit einem konstanten von Null verschiedenen Faktor multipliziert, die neue Gleichung dieselbe Ebene darstellt wie die alte.

Man kann den eben bewiesenen Satz auch so ausdrücken: Im Falle der Identität der durch die beiden Gleichungen dargestellten Ebenen besteht die Proportionalität:

$$A : B : C : D = A' : B' : C' : D'.$$

Besteht nur die Proportion $A : B : C = A' : B' : C'$, so folgt daraus auch nur:

$$\cos\alpha : \cos\beta : \cos\gamma = \cos\alpha' : \cos\beta' : \cos\gamma',$$

oder:

$$\cos\alpha' = \mu\cos\alpha, \quad \cos\beta' = \mu\cos\beta, \quad \cos\gamma' = \mu\cos\gamma$$

(§ 26, Aufg. 8), wo $\mu = \pm 1$ ist, wie man durch Quadrieren und Addieren der drei Gleichungen findet. Man erkennt daraus:

Die Proportion $A : B : C = A' : B' : C'$ stellt die notwendige und hinreichende Bedingung für den Parallelismus der Ebenen $Ax + By + Cz + D = 0$ und $A'x + B'y + C'z + D' = 0$ dar.

Aufg. 1. Zeige, dafs man es durch Multiplikation mit einem konstanten Faktor stets erreichen kann, dafs die Gleichungen zweier paralleler Ebenen in den Koeffizienten von x, y, z übereinstimmen.

Aufg. 2. In welcher Beziehung stehen die Ebenen $5x - 7y + 2z - 4 = 0$ und $6z = 21y - 15x + 1$ zu einander?

Aufg. 3. Welches ist die notwendige und hinreichende Bedingung dafür, dafs die beiden Ebenen $z = a_1 x + b_1 y + c_1$ und $z = a_2 x + b_2 y + c_2$ identisch oder zu einander parallel seien?

Aufg. 4. Auf der Ebene $Ax + By + Cz + D = 0$ werde ein Dreieck so gewählt, dafs für den Inhalt J' seiner Projektion auf die yz-Ebene die Relation besteht: $A = -2J'$. Dann ist von selbst $B = -2J''$, $C = -2J'''$ und $D = 6V_0$.

Aufg. 5. Die Bedingung des Parallelismus läfst sich auch mit Benutzung der Achsenabschnitte direkt aus der Figur ablesen. Man erkennt dann überdies, dafs die gleiche Bedingung bei schiefwinkligen Systemen besteht.

§ 28. Den Winkel zweier Ebenen $A_1 x + B_1 y + C_1 z + D_1 = 0$ und $A_2 x + B_2 y + C_2 z + D_2 = 0$ zu bestimmen.

Da der Winkel zweier Ebenen als der Winkel φ ihrer positiven Normalenrichtungen definiert ist, so hat man nur nötig, die Gleichungen der beiden Ebenen auf die Normalform zu bringen (§ 26, Gl. 5) und die bekannten Formeln für $\cos\varphi$ und $\sin\varphi$ (§ 12 und § 13) anzuwenden. Man erhält dann:

$$(1) \qquad \cos\varphi = \frac{A_1 A_2 + B_1 B_2 + C_1 C_2}{\sqrt{(A_1^2 + B_1^2 + C_1^2)(A_2^2 + B_2^2 + C_2^2)}},$$

$$(2) \quad \sin^2\varphi = \frac{(B_1 C_2 - B_2 C_1)^2 + (C_1 A_2 - C_2 A_1)^2 + (A_1 B_2 - A_2 B_1)^2}{(A_1^2 + B_1^2 + C_1^2)(A_2^2 + B_2^2 + C_2^2)}.$$

Das Vorzeichen der Quadratwurzel in Gleichung (1) ist nach den Festsetzungen von § 26 eindeutig bestimmt.

Stehen die beiden Ebenen auf einander senkrecht, so ist $\cos\varphi = 0$ und umgekehrt, man hat daher den Satz:

Die notwendige und hinreichende Bedingung dafür, dafs die beiden Ebenen $A_1 x + B_1 y + C_1 z + D_1 = 0$ und $A_2 x + B_2 y + C_2 z + D_2 = 0$ aufeinander senkrecht stehen, heifst:

$$(3) \qquad A_1 A_2 + B_1 B_2 + C_1 C_2 = 0.$$

Aufg. 1. Leite die Resultate des Textes für die beiden Ebenen $z = a_1 x + b_1 y + c_1$ und $z = a_2 x + b_2 y + c_2$ ab.

Aufg. 2. Bestimme den Winkel der beiden Ebenen:

$$5x - y + 2z - 1 = 0 \quad \text{und} \quad z = 3x + 7y - 5.$$

Aufg. 3. Sind die beiden Ebenen parallel, so folgt $\sin \varphi = 0$. Leite daher aus Gleichung (2) die früher gefundene Bedingung $A_1 : B_1 : C_1 = A_2 : B_2 : C_2$ ab.

Aufg. 4. Welche Winkel bildet die Ebene:

$$Ax + By + Cz + D = 0$$

mit den Koordinatenebenen? Wann ist sie zu einer derselben normal oder parallel?

Aufg. 5. Zeige, dafs die Gleichungen (1) und (2) auch die Aufgabe lösen, den Winkel zu bestimmen, den die Ebene $Ax + By + Cz + D = 0$ mit der Richtung (ξ, η, ζ) bildet.

Ist die Ebene dieser Richtung parallel, so ist:

$$A\xi + B\eta + C\zeta = 0$$

und umgekehrt.

§ 29. Bestimmung einer Ebene durch Bedingungen zwischen den Gleichungskoeffizienten.

Da die Bedeutung der Gleichung $Ax + By + Cz + D = 0$ einer Ebene durch Multiplikation mit einer beliebigen von Null verschiedenen Konstanten, etwa $\frac{1}{D}$ oder $\frac{1}{C}$, nicht geändert wird, so erkennt man, dafs die Gleichung einer Ebene im Grunde genommen nur drei willkürliche Konstanten enthält, wie dies auch z. B. die spezielle Gleichungsform $\frac{x}{a} + \frac{y}{b} + \frac{z}{c} = 1$ deutlich zum Ausdrucke bringt. Eine Ebene wird daher durch drei Bedingungen bestimmt, welche sich analytisch als Gleichungen zwischen den Koeffizienten A, B, C, D darstellen. Sind diese Gleichungen in Bezug auf A, B, C, D linear, so nennt man auch die durch dieselben dargestellten Bedingungen lineare. Durch drei lineare Bedingungen wird eine Ebene im allgemeinen eindeutig bestimmt. Sind die zwischen A, B, C, D bestehenden Bedingungsgleichungen von höherem als dem ersten Grade (sind also die Bedingungen nicht linear), so werden dieselben nicht mehr durch eine einzige, sondern durch mehrere Ebenen befriedigt werden.

Soll z. B. eine Ebene durch einen gegebenen Punkt (x_1, y_1, z_1) gehen, so mufs die lineare Bedingung $Ax_1 + By_1 + Cz_1 + D = 0$ bestehen. Da drei solcher Gleichungen die Berechnung der Verhältnisse der Koeffizienten, etwa $\frac{A}{D}, \frac{B}{D}, \frac{C}{D}$ ermöglichen, so ist im allgemeinen eine Ebene durch drei Punkte bestimmt. Durch Ausführung der Rechnung erhält man für A, B, C, D die in § 17 (Gl. 6) auftretenden Werte. Die Rechnung wird nur dann illusorisch, wenn die drei Punkte in einer Geraden liegen. Die drei Bedingungsgleichungsn sind dann nicht von einander unabhängig und zählen nur für zwei Gleichungen (vergl. § 26, Aufg. 7).

Soll eine Ebene $Ax + By + Cz + D = 0$ zu einer gegebenen Ebene $A_1x + B_1y + C_1z + D_1 = 0$ normal sein, so mufs die ebenfalls lineare Bedingung $AA_1 + BB_1 + CC_1 = 0$ erfüllt werden. Diese Bedingung ist gleichbedeutend mit der andern, es solle die Ebene einer gegebenen Richtung (ξ, η, ζ) parallel sein, was zu $A\xi + B\eta + C\zeta = 0$ führt (§ 28, Aufg. 5). Solcher Bedingungen kann man aber nur zwei von einander unabhängige vorschreiben, weil dadurch bereits die Verhältnisse $\frac{A}{C}, \frac{B}{C}$ berechnet werden können, welche die Normalenrichtung einer Ebene vollständig bestimmen (§ 26, Gl. 5 und § 27).

Da eine Ebene, welche zu zwei gegebenen normal ist, auch auf der Schnittlinie der beiden letzteren senkrecht steht und umgekehrt, so ist die Bedingung, eine Ebene solle auf einer gegebenen Geraden senkrecht stehen, oder zu einer gegebenen Ebene parallel sein, gleichbedeutend mit zwei linearen Bedingungen, welche man in $A : B : C = \xi : \eta : \zeta$ zusammenfassen kann, wenn ξ, η, ζ die Richtungskosinus der gegebenen Geraden, oder der Normalen der gegebenen Ebene bedeuten.

An diese Betrachtungen knüpfen sich daher die folgenden Aufgaben:

I. Die Gleichung der Ebene zu finden, welche durch einen gegebenen Punkt (x_0, y_0, z_0) geht und zwei gegebenen Richtungen (ξ_1, η_1, ζ_1), (ξ_2, η_2, ζ_2) parallel ist.

Die Gleichung einer jeden durch (x_0, y_0, z_0) gehenden Ebene läſst sich auf die Form bringen:

(1) $$A(x-x_0)+B(y-y_0)+C(z-z_0)=0,$$

wie direkt einleuchtet, wie sich aber auch durch Subtraktion der Gleichung $Ax_0+By_0+Cz_0+D=0$ von der Gleichung $Ax+By+Cz+D=0$ ergiebt. Soll überdies die Ebene den beiden gegebenen Richtungen parallel sein, so müssen die Gleichungen bestehen:

(2) $$\begin{aligned} A\xi_1+B\eta_1+C\zeta_1&=0,\\ A\xi_2+B\eta_2+C\zeta_2&=0, \end{aligned}$$

woraus sich ergiebt:

(3) $$A:B:C=\eta_1\zeta_2-\eta_2\zeta_1:\zeta_1\xi_2-\zeta_2\xi_1:\xi_1\eta_2-\xi_2\eta_1.$$

Da es nun in Gleichung (1) nur auf die Verhältnisse von A, B, C ankommt, so erhält man die Gleichung der gesuchten Ebene in der bemerkenswerten Form:

(4) $$\begin{aligned}(x-x_0)(\eta_1\zeta_2-\eta_2\zeta_1)+(y-y_0)(\zeta_1\xi_2-\zeta_2\xi_1)\\ +(z-z_0)(\xi_1\eta_2-\xi_2\eta_1)=0.\end{aligned}$$

Nach dem Obigen ist damit zugleich die Aufgabe gelöst, die Gleichung der Ebene anzugeben, welche durch den Punkt (x_0, y_0, z_0) geht und auf den beiden Ebenen:

$$A_1x+B_1y+C_1z+D_1=0,\quad A_2x+B_2y+C_2z+D_2=0$$

senkrecht steht. Die Gleichung der Ebene lautet:

(5) $$\begin{aligned}(x-x_0)(B_1C_2-B_2C_1)+(y-y_0)(C_1A_2-C_2A_1)\\ +(z-z_0)(A_1B_2-A_2B_1)=0.\end{aligned}$$

II. Die Gleichung der Ebene zu finden, welche durch einen gegebenen Punkt (x_0, y_0, z_0) geht und einer gegebenen Ebene $A_0x+B_0y+C_0z+D_0=0$ parallel ist.

Die gesuchte Gleichung ist jedenfalls von der Form:

$$A(x-x_0)+B(y-y_0)+C(z-z_0)=0,$$

und da überdies $A:B:C=A_0:B_0:C_0$ sein soll (§ 27), so lautet die Gleichung der verlangten Ebene:

(6) $$A_0(x-x_0)+B_0(y-y_0)+C_0(z-z_0)=0.$$

Damit ist auch die Aufgabe gelöst, die Gleichung der durch (x_0, y_0, z_0) gehenden Ebene zu bestimmen, welche zu der Richtung (ξ_0, η_0, ζ_0) normal ist. Die Gleichung heiſst:

(7) $\xi_0(x - x_0) + \eta_0(y - y_0) + \zeta_0(z - z_0) = 0.$

Aufg. 1. Suche durch Auflösen von drei linearen Gleichungen die Gleichung der durch die drei Punkte (5, 1, 2), (4, — 1, 3), (— 1, 2, — 1) gehenden Ebene*).

Aufg. 2. Bestimme in derselben Weise die Gleichung der Ebene, welche den Anfangspunkt mit den Punkten P_1 und P_2 verbindet.

Aufg. 3. Gieb die Gleichungen der drei Ebenen an, welche durch den Punkt P_0 und die drei Koordinatenachsen gehen.

Aufg. 4. Gieb die Gleichungen der drei Ebenen an, welche durch P_0 gehen und auf den Achsen senkrecht stehen.

Aufg. 5. Zeige, dafs die Gleichung (4) auch die Aufgabe löst, die Gleichung der Ebene zu bestimmen, welche die durch den Punkt (x_0, y_0, z_0) und die Richtung (ξ_1, η_1, ζ_1) definierte Gerade auf die Ebene projiziert, deren Normalenrichtung (ξ_2, η_2, ζ_2) ist.

Aufg. 6. Welche Bedingungen müssen erfüllt sein, damit die durch den Punkt (x_1, y_1, z_1) und die Richtung (ξ_1, η_1, ζ_1) definierte Gerade ganz in der Ebene $Ax + By + Cz + D = 0$ liegt?

Aufg. 7. Zeige, dafs durch die Gleichung (4) auch die Aufgabe gelöst ist, die Gleichung der Ebene anzugeben, welche durch P_0 und P_1 hindurchgeht und einer gegebenen Richtung parallel ist oder auf einer gegebenen Ebene senkrecht steht. Man hat einfach in Gleichung (4) ξ_1, η_1, ζ_1 durch $x_1 - x_0$, $y_1 - y_0$, $z_1 - z_0$ zu ersetzen.

Aufg. 8. Gieb insbesondere die Gleichungen der drei Ebenen an, welche durch P_0 und P_1 hindurchgehen und auf den Koordinatenebenen senkrecht stehen.

Aufg. 9. Löse dieselbe Aufgabe auch direkt, ohne Benutzung von Gleichung (4) (beachte § 24, Aufg. 4).

Aufg. 10. Zeige, dafs die Gleichungen (4) und (7) im Grunde genommen identisch sind, sobald man unter (ξ_0, η_0, ζ_0)

*) Bei derartigen Aufgaben thut man gut, einen Punkt zu bevorzugen und die gesuchte Gleichung sofort etwa in der Form:

$$A(x - 5) + B(y - 1) + C(z - 2) = 0$$

anzusetzen. Die Verhältnisse $A : B : C$ kann man dann bei einiger Übung aus dem Kopfe hinschreiben.

die zu den beiden Richtungen (ξ_1, η_1, ζ_1), (ξ_2, η_2, ζ_2) normale Richtung versteht und § 13 Gl. (4) berücksichtigt.

§ 30. Aus den Gleichungen dreier Ebenen die Koordinaten ihres Schnittpunktes zu bestimmen.

Sind die drei Ebenen durch die Gleichungen:

$$A_1 x + B_1 y + C_1 z + D_1 = 0,$$
$$A_2 x + B_2 y + C_2 z + D_2 = 0,$$
$$A_3 x + B_3 y + C_3 z + D_3 = 0$$

dargestellt, so erhält man die Koordinaten des Schnittpunktes durch Auflösung derselben nach x, y, z. Führt man die Rechnung aus, so stellen sich x, y, z als Brüche dar mit dem gemeinschaftlichen Nenner:

(1) $N = A_1(B_2C_3 - B_3C_2) + B_1(C_2A_3 - C_3A_2) + C_1(A_2B_3 - A_3B_2)$.

Solange N von Null verschieden ist, erhält man für x, y, z ganz bestimmte endliche Werte. Ist dagegen $N = 0$, während die Zähler von x, y, z nicht verschwinden, so werden die Koordinaten des Schnittpunktes unendlich grofs, der Schnittpunkt liegt im Unendlichen, d. h. die drei Ebenen sind zu einer und derselben Geraden parallel.

Aufg. 1. Bestimme die Koordinaten des Schnittpunktes der drei Ebenen $2x + 3y + 5z - 1 = 0$, $x - 5y + 4z - 3 = 0$, $7x + y - 3z + 5 = 0$.

Aufg. 2. Führe die Untersuchungen des Textes durch für die drei Ebenen:

$$z = a_1 x + b_1 y + c_1, \quad z = a_2 x + b_2 y + c_2, \quad z = a_3 x + b_3 y + c_3.$$

Aufg. 3. Setze die Gleichungen der drei Ebenen in der Normalform voraus und bilde N. Wenn man dann die drei Normalenrichtungen auf die Einheitskugel abbildet, so findet man, dafs N das sechsfache Volumen eines gewissen Tetraeders darstellt (§ 17, Gl. 5). Die Bedingung $N = 0$ gewinnt dann eine anschauliche Bedeutung (§ 14, Gl. 5).

Aufg. 4. Bestimme die drei Schnittpunkte, welche die beiden Ebenen:

$$A_1 x + B_1 y + C_1 z + D_1 = 0 \quad \text{und} \quad A_2 x + B_2 y + C_2 z + D_2 = 0$$

mit den Koordinatenebenen bilden.

Aufg. 5. Gieb die Bedingung an, unter welcher vier Ebenen durch denselben Punkt gehen. Bestimme zu diesem Zwecke den Schnittpunkt der drei ersten und setze seine Koordinaten in die Gleichung der vierten ein.

§ 31. Die Bedingung zu finden, unter welcher drei Ebenen sich in einer und derselben Geraden schneiden. Die Gleichung des Ebenenbüschels.

Im Folgenden werden wir uns vielfach der abgekürzten Bezeichnung bedienen, welche schon in der analytischen Geometrie der Ebene mit Vorteil angewandt wurde (I, § 26 und § 27). Sind nämlich mehrere Ebenen durch ihre Gleichungen gegeben, wie etwa $A_1x + B_1y + C_1z + D_1 = 0$, $A_2x + B_2y + C_2z + D_2 = 0$ etc., so wollen wir zur Abkürzung die linken Seiten dieser Gleichungen resp. mit E_1, E_2 etc. bezeichnen, sodafs symbolisch die Ebenen durch die Gleichungen $E_1 = 0$, $E_2 = 0$, etc. dargestellt werden.

Seien daher jetzt $E_1 = 0$ und $E_2 = 0$ die Gleichungen zweier Ebenen. Ihre Schnittlinie werde mit g bezeichnet. Alsdann kann man die Gleichung einer jeden durch g hindurchgehenden Ebene in der Form $\lambda_1 E_1 + \lambda_2 E_2 = 0$ darstellen, denn diese Gleichung ist in x, y, z linear und wird durch alle Wertetripel befriedigt, für welche gleichzeitig $E_1 = 0$ und $E_2 = 0$ ist. Das noch unbestimmte Verhältnis der beiden Multiplikatoren λ_1 und λ_2 läfst sich dann eindeutig dadurch bestimmen, dafs man festsetzt, die Ebene $\lambda_1 E_1 + \lambda_2 E_2 = 0$ solle noch durch einen beliebigen nicht auf g gelegenen Punkt des Raumes hindurchgehen, denn diese Bedingung ist in den Koeffizienten von $\lambda_1 E_1 + \lambda_2 E_2 = 0$ (die, ausführlich geschrieben, $\lambda_1 A_1 + \lambda_2 A_2$, $\lambda_1 B_1 + \lambda_2 B_2$, etc. heifsen) linear. Es folgt also, dafs $\lambda_1 E_1 + \lambda_2 E_2 = 0$ eine jede durch die Schnittlinie von $E_1 = 0$ und $E_2 = 0$ gehende Ebene darstellen kann. Die Gesamtheit aller dieser Ebenen heifst ein Ebenenbüschel. Wir können daher $\lambda_1 E_1 + \lambda_2 E_2 = 0$ als die Gleichung des durch $E_1 = 0$ und $E_2 = 0$ bestimmten Ebenenbüschels bezeichnen.

Um nun zu entscheiden, ob eine beliebig gegebene Ebene

$E_3 = 0$ dem Ebenenbüschel angehöre, bestimme man das Verhältnis $\lambda_1 : \lambda_2$ so, dafs die Ebene $\lambda_1 E_1 + \lambda_2 E_2 = 0$ durch einen nicht auf g gelegenen Punkt der Ebene $E_3 = 0$ hindurchgeht. Ist jetzt $E_3 = 0$ eine Ebene des Büschels, so mufs sie mit der soeben eindeutig definierten Ebene $\lambda_1 E_1 + \lambda_2 E_2 = 0$ identisch sein. Nach § 27 können sich dann aber die Ausdrücke E_3 und $\lambda_1 E_1 + \lambda_2 E_2$ nur durch einen konstanten, von Null verschiedenen Faktor unterscheiden. Es existiert also ein Faktor λ_3 von der Beschaffenheit, dafs der Ausdruck $\lambda_1 E_1 + \lambda_2 E_2 + \lambda_3 E_3$ identisch, d. h. für alle Wertetripel x, y, z, verschwindet. Umgekehrt, wenn man drei von Null verschiedene Multiplikatoren λ_1, λ_2, λ_3 so bestimmen kann, dafs der Ausdruck $\lambda_1 E_1 + \lambda_2 E_2 + \lambda_3 E_3$ identisch verschwindet, so gehen die drei Ebenen $E_1 = 0$, $E_2 = 0$, $E_3 = 0$ durch eine und dieselbe Gerade. Denn setzt man in die Identität $\lambda_1 E_1 + \lambda_2 E_2 + \lambda_3 E_3 \equiv 0$ die Koordinaten eines beliebigen Punktes der Schnittlinie von $E_1 = 0$ und $E_2 = 0$ ein, so erhält man, weil E_1 und E_2 alsdann einzeln verschwinden, $\lambda_3 E_3 = 0$ und folglich $E_3 = 0$, d. h. jeder Punkt der Schnittlinie von $E_1 = 0$ und $E_2 = 0$ liegt auch auf $E_3 = 0$, w. z. b. w. Wir erhalten also den wichtigen Satz:

Damit drei Ebenen $E_1 = 0$, $E_2 = 0$, $E_3 = 0$ sich in derselben Geraden schneiden, ist notwendig und hinreichend, dafs drei von Null verschiedene Multiplikatoren λ_1, λ_2, λ_3 existieren, für welche die Identität $\lambda_1 E_1 + \lambda_2 E_2 + \lambda_3 E_3 \equiv 0$ besteht.

Aufg. 1. Zeige, dafs zu jedem bestimmten Werte des Verhältnisses $\lambda_1 : \lambda_2$ eine ganz bestimmte Ebene des Büschels $\lambda_1 E_1 + \lambda_2 E_2 = 0$ gehört und umgekehrt. Man erhält daher sämtliche Ebenen des Büschels, wenn man jenes Verhältnis alle Werte von $-\infty$ bis $+\infty$ durchlaufen läfst. Welchen Werten von $\lambda_1 : \lambda_2$ entsprechen die beiden Ebenen $E_1 = 0$, $E_2 = 0$ des Büschels?

Aufg. 2. Die drei Ebenen $E_1 = 0$, $E_2 = 0$, $E_3 = 0$ mögen sich in derselben Geraden schneiden. Dann giebt es also drei Faktoren λ_1, λ_2, λ_3, sodafs $\lambda_1 E_1 + \lambda_2 E_2 + \lambda_3 E_3 \equiv 0$. Angenommen die drei Faktoren λ_1', λ_2', λ_3' leisteten das Gleiche, so mufs sein $\lambda_1 : \lambda_2 : \lambda_3 = \lambda_1' : \lambda_2' : \lambda_3'$. In diesem Sinne sind also jene drei Multiplikatoren eindeutig.

Aufg. 3. Die Gleichungen der drei Ebenenbüschel, welche durch die Koordinatenachsen bestimmt sind, lauten? (§ 23, Aufg. 6.)

Aufg. 4. Gieb die Gleichung der Ebene an, welche dem durch $y = 0$ und $z = 0$ bestimmten Ebenenbüschel angehört und durch den Punkt (x_0, y_0, z_0) hindurchgeht. Warum fehlt in dem Resultate x_0?

Aufg. 5. Bestimme die Gleichung der Ebene, welche den Schnitt der Ebenen:

$$A_1 x + B_1 y + C_1 z + D_1 = 0, \quad A_2 x + B_2 y + C_2 z + D_2 = 0$$

mit dem Anfangspunkte verbindet. Gieb ferner die Gleichungen der drei demselben Büschel angehörigen Ebenen an, welche auf den Koordinatenebenen senkrecht stehen, sowie endlich die Gleichung der durch (x_0, y_0, z_0) gehenden Ebene des Büschels.

Aufg. 6. Bestimme die Gleichung der Ebene, welche dem durch $5x - 7y + 2z - 3 = 0$ und $2x + y - 5z + 1 = 0$ definierten Büschel angehört und auf der Ebene:

$$x - 4y + 3z + 19 = 0$$

senkrecht steht; ferner die Gleichung der Ebene, welche den Punkt $(5, 7, -14)$ mit der durch die beiden gegebenen Ebenen bestimmten Geraden verbindet.

Aufg. 7. Diskutiere das Büschel $\lambda_1 E_1 + \lambda_2 E_2 = 0$ für den Fall, dafs $E_1 = 0$ und $E_2 = 0$ einander parallel sind. Bilde ein Zahlenbeispiel hierfür (§ 27, Aufg. 1).

Aufg. 8. Schneiden sich die drei Ebenen:

$$5x + 2y - z = 11, \; 4x - 7y + 3z = 2, \; 13x - 4y - 5z = 9$$

in einer und derselben Geraden?

Aufg. 9. Was folgt aus der Identität:

$$\lambda_1 E_1 + \lambda_2 E_2 + \lambda_3 E_3 \equiv 0,$$

wenn einer oder zwei der Faktoren λ gleich Null sind?

§ 32. Die Bedingung zu finden, unter welcher vier Ebenen sich in demselben Punkte schneiden. Die Gleichung des Ebenenbündels.

Es seien zunächst drei Ebenen $E_1 = 0$, $E_2 = 0$, $E_3 = 0$ gegeben, welche sich in einem Punkte S schneiden mögen.

Dann kann man die Gleichung einer jeden durch S hindurchgehenden Ebene in der Form darstellen $\lambda_1 E_1 + \lambda_2 E_2 + \lambda_3 E_3 = 0$, denn diese Gleichung ist in x, y, z linear und wird durch die Koordinaten von S befriedigt. Die noch willkürlichen Verhältnisse von λ_1, λ_2, λ_3 die für zwei willkürliche Konstanten $\left(\text{etwa } \frac{\lambda_1}{\lambda_3} \text{ und } \frac{\lambda_2}{\lambda_3}\right)$ zählen, lassen sich eindeutig durch die beiden linearen Forderungen bestimmen, es solle die Ebene $\lambda_1 E_1 + \lambda_2 E_2 + \lambda_3 E_3 = 0$ noch durch zwei beliebig gegebene Punkte des Raumes hindurchgehen. Daraus folgt, dafs:

$$\lambda_1 E_1 + \lambda_2 E_2 + \lambda_3 E_3 = 0$$

eine jede durch den Schnittpunkt von $E_1 = 0$, $E_2 = 0$ und $E_3 = 0$ gehende Ebene darstellen kann, also die Gleichung eines sogenannten Ebenenbündels repräsentiert.

Soll jetzt eine vierte Ebene $E_4 = 0$ diesem Ebenenbündel angehören, so kann man $\frac{\lambda_1}{\lambda_3}$ und $\frac{\lambda_2}{\lambda_3}$ eindeutig so bestimmen, dafs die Ebene $\lambda_1 E_1 + \lambda_2 E_2 + \lambda_3 E_3 = 0$ durch zwei beliebige Punkte der Ebene $E_4 = 0$ hindurchgeht und folglich mit dieser zusammenfällt. Dann mufs aber der Ausdruck E_4 bis auf einen konstanten, von Null verschiedenen Faktor mit dem Ausdruck $\lambda_1 E_1 + \lambda_2 E_2 + \lambda_3 E_3 = 0$ identisch sein, d. h. es existiert ein Faktor λ_4 von der Beschaffenheit, dafs:

$$\lambda_1 E_1 + \lambda_2 E_2 + \lambda_3 E_3 + \lambda_4 E_4$$

für alle Wertetripel von x, y, z, also identisch verschwindet. Umgekehrt, wenn man vier von Null verschiedene Multiplikatoren λ_1, λ_2, λ_3, λ_4 so bestimmen kann, dafs die Identität $\lambda_1 E_1 + \lambda_2 E_2 + \lambda_3 E_3 + \lambda_4 E_4 \equiv 0$ besteht, so gehen die vier Ebenen $E_1 = 0$, $E_2 = 0$, $E_3 = 0$, $E_4 = 0$ durch denselben Punkt. Denn für die Koordinaten des Schnittpunktes der drei ersten Ebenen reduziert sich die Identität auf die Gleichung $\lambda_4 E_4 = 0$ oder $E_4 = 0$, welche aussagt, dafs die vierte Ebene durch den Schnittpunkt der drei ersten hindurchgeht. Damit ist der Satz gewonnen:

Damit vier Ebenen $E_1 = 0$, $E_2 = 0$, $E_3 = 0$, $E_4 = 0$ durch einen und denselben Punkt gehen, ist notwendig und hinreichend, dafs vier von Null verschiedene Multiplikatoren $\lambda_1, \lambda_2, \lambda_3, \lambda_4$ existieren, für welche die Identität:

$$\lambda_1 E_1 + \lambda_2 E_2 + \lambda_3 E_3 + \lambda_4 E_4 \equiv 0$$

besteht.

Aufg. 1. Die Gleichung $Ax + By + Cz = 0$ einer durch den Anfangspunkt gehenden Ebene ist zugleich die Gleichung des durch $x = 0$, $y = 0$, $z = 0$ bestimmten Ebenenbündels, insofern man A, B, C als willkürliche Konstanten auffaſst.

Aufg. 2. Deute ebenso die Gleichung:

$$A(x - x_0) + B(y - y_0) + C(z - z_0) = 0$$

(§ 29, Gl. 1) als die Gleichung des durch die drei Ebenen $x = x_0$, $y = y_0$, $z = z_0$ bestimmten Ebenenbündels.

Aufg. 3. Gieb die Gleichung der Ebene an, welche dem durch:

$$5x - y + 2z - 1 = 0, \; 3y + x - 7z = 0, \; 2z - x - y + 3 = 0$$

definierten Bündel angehört und durch die beiden Punkte $(1, 1, 1)$, $(3, 1, -1)$ geht.

Aufg. 4. Deute die Gleichungen (4) und (7) von § 29 als die Gleichungen von Ebenen, welche gewissen Ebenenbündeln angehören und gewisse weitere Bedingungen erfüllen.

Aufg. 5. Zeige, daſs die Verhältnisse von $\lambda_1, \lambda_2, \lambda_3, \lambda_4$ in unserer Identität eindeutig bestimmt sind.

Aufg. 6. Was folgt aus der Identität:

$$\lambda_1 E_1 + \lambda_2 E_2 + \lambda_3 E_3 + \lambda_4 E_4 \equiv 0,$$

wenn einer oder mehrere der Faktoren λ verschwinden?

§ 33. Die Gleichungen der Winkelhalbierenden zweier Ebenen zu finden.

Die vorhergehenden Untersuchungen gestalten sich besonders einfach, wenn man, was ja immer leicht zu erreichen ist, die Gleichungen der Ebenen in der Normalform voraussetzt.

Seien also $E_1 = 0$ und $E_2 = 0$ die in der Normalform gegebenen Gleichungen zweier Ebenen, sodaſs E_1 den Ausdruck $x \cos \alpha_1 + y \cos \beta_1 + z \cos \gamma_1 - \delta_1$ und E_2 den Ausdruck $x \cos \alpha_2 + y \cos \beta_2 + z \cos \gamma_2 - \delta_2$ abgekürzt bezeichnen. Es ist dann E_1 der mit dem entgegengesetzten Zeichen genommene Abstand des Punktes (x, y, z) von der ersten Ebene und ebenso E_2 der mit dem entgegengesetzten Zeichen genommene Abstand des Punktes (x, y, z) von der zweiten Ebene. Daraus ergiebt sich aber jetzt eine einfache geometrische Bedeutung für das Verhältnis $\lambda_1 : \lambda_2$, welches eine bestimmte Ebene des Büschels $\lambda_1 E_1 + \lambda_2 E_2 = 0$ auszeichnet. Es folgt nämlich:

(1) $$\frac{\lambda_2}{\lambda_1} = -\frac{E_1}{E_2},$$

d. h. $\frac{\lambda_2}{\lambda_1}$ ist gleich dem mit dem entgegengesetzten Zeichen genommenen Verhältnis der Abstände irgend eines Punktes der Ebene $\lambda_1 E_1 + \lambda_2 E_2 = 0$ von den beiden Ebenen $E_1 = 0$ und $E_2 = 0$. Für alle Punkte derselben Ebene des Büschels ist also dieses Verhältnis der Abstände konstant, für Punkte verschiedener Ebenen des Büschels aber verschieden. Den Ebenen $E_1 = 0$ und $E_2 = 0$ des Büschels entsprechen insbesondere die Werte $\frac{\lambda_2}{\lambda_1} = 0$ und $\frac{\lambda_2}{\lambda_1} = \infty$. Da ferner jeder Punkt der Halbierungsebene desjenigen Flächenwinkels der beiden Ebenen $E_1 = 0$, $E_2 = 0$, in welchem sich der Anfangspunkt befindet, von den beiden Ebenen gleiche und mit dem gleichen Vorzeichen behaftete Abstände besitzt, so ist diese Halbierungsebene durch $\frac{\lambda_2}{\lambda_1} = -1$ ausgezeichnet und ihre Gleichung lautet demnach:

(2) $$E_1 - E_2 = 0.$$

Die Punkte der anderen darauf senkrecht stehenden Halbiernngsebene haben allemal entgegengesetzt gleiche Abstände von den beiden gegebenen Ebenen. Diese zweite Halbierungsebene ist daher durch $\frac{\lambda_2}{\lambda_1} = +1$ charakterisiert und ihre Gleichung ist:

(3) $$E_1 + E_2 = 0.$$

Aufg. 1. Welches sind die beiden Winkelhalbierenden der Ebenen:

$$A_1 x + B_1 y + C_1 z + D_1 = 0, \quad A_2 x + B_2 y + C_2 z + D_2 = 0?$$

Aufg. 2. Zeige, dafs diese beiden Winkelhalbierenden auf einander senkrecht stehen.

Aufg. 3. Bestimme die Gleichungen der Winkelhalbierenden

von $2x - 5y + 3z - 1 = 0$ und $x + 2y - z + 2 = 0$. Zeige dafs die Halbierungsebenen aufeinander senkrecht stehen.

Aufg. 4. Gieb die sechs Winkelhalbierenden der Koordinatenebenen an und zeige, dafs sie aufeinander senkrecht stehen.

Aufg. 5. Teile den ersten Oktanten des Koordinatensystems mittelst Ebenen, welche durch die x-Achse gehen, in 2, 4, 8, ... gleiche Teile und bestimme die Gleichungen dieser Teilebenen.

Aufg. 6. Deute $\frac{\lambda_2}{\lambda_1}$ als das Verhältnis der Sinus zweier Flächenwinkel.

§ 34. Anwendungen auf die dreiseitige körperliche Ecke, auf das sphärische Dreieck und auf das Tetraeder.

Es seien $E_1 = 0$, $E_2 = 0$, $E_3 = 0$ die in der Normalform gegebenen Gleichungen dreier Ebenen. Diese Ebenen zerlegen den ganzen Raum in acht Teilräume, von denen jeder sich als eine dreiseitige körperliche Ecke darstellt. Beschreibt man um den Schnittpunkt S der drei Ebenen als Mittelpunkt eine Kugel mit dem Radius gleich 1, so wird diese von den drei Ebenen in drei Hauptkreisen geschnitten, welche die ganze Kugeloberfläche in acht sphärische Dreiecke zerlegen. Zu jeder der acht dreiseitigen körperlichen Ecken gehört dann ein bestimmtes sphärisches Dreieck, welches die Ecke abschliefst. Wir betrachten speziell diejenige körperliche Ecke, in welcher sich der Koordinatenanfangspunkt befindet. Die Ecken des zugehörigen sphärischen Dreiecks seien durch A, B, C bezeichnet. Wie früher verstehen wir unter den Seiten a, b, c des sphärischen Dreiecks die durch die Bögen BC, CA, AB gemessenen Winkel BOC, COA, AOB und unter den Winkeln α, β, γ desselben die von den Seiten eingeschlossenen Flächenwinkel der körperlichen Ecke. Die Winkel $180^0 - \alpha$, $180^0 - \beta$, $180^0 - \gamma$, welche je eine Seite mit der Verlängerung der andern bildet, sollen die Aufsenwinkel des sphärischen Dreiecks heifsen (vgl. auch § 18).

Die Halbierungsebenen der Winkel, welche die Ebenen $E_1 = 0$, $E_2 = 0$, $E_3 = 0$ mit einander bilden, werden durch:

(1) $E_2 - E_3 = 0, \quad E_3 - E_1 = 0, \quad E_1 - E_2 = 0$ und:

(2) $E_2 + E_3 = 0, \quad E_3 + E_1 = 0, \quad E_1 + E_2 = 0$

dargestellt und zwar sind die durch (1) dargestellten Ebenen die Halbierungsebenen der Winkel α, β, γ und die durch (2) dargestellten die Halbierungsebenen der Aufsenwinkel des sphärischen Dreiecks ABC. Da die Summe der linken Seiten der Gleichungen (1) identisch gleich Null ist, so folgt, dafs sich die Halbierungsebenen der inneren Flächenwinkel einer dreiseitigen körperlichen Ecke in einer Geraden schneiden. Es schneiden sich aber auch die Halbierungsebenen von je zwei Aufsenwinkeln und des dritten inneren Winkels in einer Geraden, denn es ist z. B.:

$$(E_2 + E_3) - (E_3 + E_1) + (E_1 - E_2) \equiv 0.$$

Nennt man den gröfsten Kreis, in welchem die Halbierungsebene eines innern oder äufseren Winkels die Kugel schneidet, die Halbierungslinie dieses Winkels, so sind damit die beiden folgenden Sätze bewiesen:

I. In jedem sphärischen Dreieck schneiden sich die Halbierungslinien der drei Winkel in einem und demselben Punkte.

II. In jedem sphärischen Dreieck schneiden sich die Halbierungslinien von je zwei Aufsenwinkeln und dem dritten innern Winkel in einem und demselben Punkte.

Der zweite Satz ist übrigens nichts anderes als die Anwendung des ersten auf das sphärische Dreieck, welches von einer Seite und den Verlängerungen der beiden andern Seiten von ABC gebildet wird.

Legt man durch die Schnittlinie von $E_2 = 0$ und $E_3 = 0$ eine zu $E_1 = 0$ senkrecht stehende Ebene, so läfst sich die Gleichung derselben in der Form $\lambda_2 E_2 + \lambda_3 E_3 = 0$ darstellen. Benutzt man dann die Ausdrücke, welche abgekürzt durch E_1, E_2, E_3 bezeichnet wurden, so erhält man für das Verhältnis $\lambda_2 : \lambda_3$ die lineare Bedingung:

$$(3) \quad \begin{aligned} (\lambda_2 \cos\alpha_2 + \lambda_3 \cos\alpha_3)\cos\alpha_1 + (\lambda_2 \cos\beta_2 + \lambda_3 \cos\beta_3)\cos\beta_1 \\ + (\lambda_2 \cos\gamma_2 + \lambda_3 \cos\gamma_3)\cos\gamma_1 = 0 \end{aligned}$$

oder:

$$(4)\quad \begin{aligned} &\lambda_2 (\cos \alpha_1 \cos \alpha_2 + \cos \beta_1 \cos \beta_2 + \cos \gamma_1 \cos \gamma_2) \\ &+ \lambda_3 (\cos \alpha_1 \cos \alpha_3 + \cos \beta_1 \cos \beta_3 + \cos \gamma_1 \cos \gamma_3) = 0. \end{aligned}$$

Die Faktoren von λ_2 und λ_3 sind aber nichts anderes als die Kosinus der Winkel, welche die Ebenen $E_2 = 0$ und $E_3 = 0$ mit der Ebene $E_1 = 0$ bilden, d. h. der Winkel $180^0 - \gamma$ und $180^0 - \beta$. Es ist daher:

$$(5)\qquad \frac{\lambda_2}{\lambda_3} = -\frac{\cos \beta}{\cos \gamma},$$

wie sich auch leicht direkt geometrisch einsehen läfst.

Auf diese Weise findet man, dafs die Gleichungen der drei Ebenen, welche durch die Kanten der körperlichen Ecke hindurchgehen und jedesmal auf der gegenüberliegenden Ebene senkrecht stehen, lauten:

$$(6)\qquad \begin{cases} E_2 \cos \beta - E_3 \cos \gamma = 0, \\ E_3 \cos \gamma - E_1 \cos \alpha = 0, \\ E_1 \cos \alpha - E_2 \cos \beta = 0. \end{cases}$$

Da man durch Addition identisch Null erhält, so folgt, dafs die drei Normalebenen durch eine und dieselbe Gerade gehen. Nennt man die gröfsten Kreise, in welchen diese drei Ebenen die Kugel schneiden, die Höhen des sphärischen Dreiecks, so hat man den Satz:

III. Die Höhen eines sphärischen Dreiecks schneiden sich in einem und demselben Punkte.

Durch die Schnittlinie von $E_2 = 0$ und $E_3 = 0$ lege man eine Ebene nach dem Mittelpunkte der gegenüberliegenden Seite $BC = a$. Die Gleichung dieser Ebene lautet:

$$\lambda_2 E_2 + \lambda_3 E_3 = 0,$$

insofern $\frac{\lambda_3}{\lambda_2}$ gleich dem mit dem entgegengesetzten Zeichen genommenen Verhältnis der Abstände eines beliebigen Punktes der Ebene von den Ebenen $E_2 = 0$ und $E_3 = 0$ gesetzt wird (§ 33). Da aber auch der Mittelpunkt der Sehne BC ein Punkt der Ebene $\lambda_2 E_2 + \lambda_3 E_3 = 0$ ist und da die Abstände desselben von den Ebenen $E_2 = 0$ und $E_3 = 0$ halb so grofs sind wie die entsprechenden Abstände der Punkte B und C, so erkennt man, dafs $\frac{\lambda_3}{\lambda_2}$ auch gleich dem mit dem entgegengesetzten Zeichen genommenen Verhältnis der Abstände der

Punkte B und C von den gegenüberliegenden Ebenen der körperlichen Ecke ist. Bezeichnet man daher mit h_1, h_2, h_3 die Abstände der Punkte A, B, C von den gegenüberliegenden Ebenen, so erhält man die Gleichungen der drei Ebenen, welche die Kanten der Ecke mit den Mittelpunkten der Seiten des sphärischen Dreiecks verbinden, in der Form:

$$(7) \qquad \begin{cases} h_3 E_2 - h_2 E_3 = 0, \\ h_1 E_3 - h_3 E_1 = 0, \\ h_2 E_1 - h_1 E_2 = 0. \end{cases}$$

Multipliziert man aber diese drei Gleichungen resp. mit h_1, h_2, h_3 und addiert, so erhält man identisch Null, d. h. die drei Ebenen schneiden sich in derselben Geraden. Nennt man die Schnittlinien dieser Ebenen mit der Kugel die Mittellinien des sphärischen Dreiecks, so folgt:

IV. Die Mittellinien eines sphärischen Dreiecks schneiden sich in einem und demselben Punkte.

Die Seitenflächen eines Tetraeders mögen durch die in der Normalform gegebenen Gleichungen $E_1 = 0$, $E_2 = 0$, $E_3 = 0$, $E_4 = 0$ gegeben sein.

Liegt dann der Koordinatenanfangspunkt im Innern des Tetraeders, so werden die Halbierungsebenen der inneren Flächenwinkel des Tetraeders dargestellt durch:

$$(8) \qquad \begin{cases} E_1 - E_2 = 0, \quad E_2 - E_3 = 0, \quad E_3 - E_4 = 0, \\ E_1 - E_3 = 0, \quad E_1 - E_4 = 0, \quad E_2 - E_4 = 0. \end{cases}$$

Da jede der drei letzten Gleichungen durch additive Kombination aus den drei ersten entsteht, so ergiebt sich (§ 32):

V. Die sechs Halbierungsebenen der inneren Flächenwinkel eines Tetraeders schneiden sich in einem und demselben Punkte, dem Mittelpunkte der dem Tetraeder eingeschriebenen Kugel.

Aufg. 1. Welche Bedeutung haben für die körperliche Ecke $E_1 = 0$, $E_2 = 0$, $E_3 = 0$, resp. für das zugehörige sphärische Dreieck, die Gleichungen:

$$E_1 + E_2 + E_3 = 0, \qquad -E_1 + E_2 + E_3 = 0,$$
$$E_1 - E_2 + E_3 = 0, \qquad E_1 + E_2 - E_3 = 0\,?$$

Beweise (I, § 27, Aufg. 5 und 6) die Sätze:

Die Halbierungslinien der drei Aufsenwinkel eines sphärischen Dreiecks schneiden die gegenüberliegenden Seiten in Punkten eines gröfsten Kreises. Die Halbierungslinien zweier innerer Winkel und des dritten Aufsenwinkels eines sphärischen Dreiecks schneiden die gegenüberliegenden Seiten in Punkten eines gröfsten Kreises.

Aufg. 2. Zeige, dafs die vier in Aufg. 1 vorkommenden Ebenen sich in einem und demselben Punkte schneiden.

Aufg. 3. Beweise, dafs die sechs Ebenen $E_1 - E_2 = 0$, $E_2 - E_3 = 0$, $E_3 - E_1 = 0$, $E_1 + E_4 = 0$, $E_2 + E_4 = 0$ $E_3 + E_4 = 0$ sich in einem Punkte schneiden und sprich den für das Tetraeder sich ergebenden Satz aus.

Aufg. 4. Drücke die Abstände des im Satz IV des Textes vorkommenden Mittelpunktes der Sehne BC von den Ebenen $E_2 = 0$, $E_3 = 0$ aus und zeige analytisch, dafs sie halb so grofs sind wie die entsprechenden Abstände der Punkte B und C.

Viertes Kapitel.

Die gerade Linie und ihre Gleichungen.

§ 35. Jede Gerade besitzt zwei gleichzeitig bestehende Gleichungen von der Form $Ax + By + Cz + D = 0$ und umgekehrt je zwei simultane Gleichungen dieser Form stellen eine Gerade dar.

Durch eine gegebene Gerade g seien zwei beliebige Ebenen gelegt mit den Gleichungen $A_1x + B_1y + C_1z + D_1 = 0$ und $A_2x + B_2y + C_2z + D_2 = 0$. Dann mufs jeder Punkt, dessen Koordinaten x, y, z den beiden Gleichungen gleichzeitig genügen, ein Punkt der Schnittlinie g der beiden Ebenen sein und umgekehrt müssen die Koordinaten eines jeden Punktes von g die beiden Gleichungen gleichzeitig befriedigen. Man nennt die letzteren daher die Gleichungen der Geraden g. Jede Gerade g besitzt also zwei simultane Gleichungen der angegebenen Form. Da aber auch umgekehrt je zwei in x, y, z lineare Gleichungen zwei Ebenen mit einer bestimmten

Schnittlinie darstellen (für den Fall des Parallelismus sagt man, die Schnittlinie sei die unendlich ferne Gerade der Ebenen) und daher gleichzeitig allemal aber auch nur dann befriedigt werden können, wenn x, y, z die Koordinaten eines Punktes der Schnittlinie bedeuten, so ist damit der oben ausgesprochene Satz vollständig bewiesen.

Scheinbar besitzt jede Gerade nicht nur ein Paar, sondern unendlich viele Paare linearer Gleichungen. Denn wird eine Gerade g durch die Gleichungen $E_1 = 0$, $E_2 = 0$ zweier Ebenen definiert, so kann sie ebenso gut durch die Gleichungen zweier beliebiger anderer Ebenen des Ebenenbüschels:

$$\lambda_1 E_1 + \lambda_2 E_2 = 0$$

dargestellt werden. Bedeuten aber $E' = 0$, $E'' = 0$ die Gleichungen eines zweiten Ebenenpaares dieses Büschels, so sieht man sofort, dafs dieselben als einfache Umformungen aus den Gleichungen des ersten Paares sich ergeben, insofern ja E' und E'' stets lineare Kombinationen von der Form $\lambda_1 E_1 + \lambda_2 E_2$ sein müssen. Daraus ergiebt sich der Satz:

Damit zwei Paare linearer Gleichungen $E_1 = 0$, $E_2 = 0$ und $E' = 0$, $E'' = 0$ dieselbe Gerade darstellen, ist notwendig und hinreichend, dafs jede Gleichung des einen Paares sich als eine lineare Kombination der beiden Gleichungen des andern Paares darstellen lasse.

Aufg. 1. Wie heifsen die Gleichungen der Koordinatenachsen?

Aufg. 2. Wie lassen sich die Gleichungen einer Geraden darstellen, welche zu einer der Koordinatenachsen parallel ist?

Aufg. 3. Welche Lage hat die Gerade:

$$x = a, \quad Ax + By + Cz + D = 0?$$

Aufg. 4. Durch welche Gleichungen sind Geraden ausgezeichnet, die in einer der Koordinatenebenen liegen?

Aufg. 5. Liegt der Punkt (5, 7, — 1) oder etwa der Anfangspunkt auf der Geraden $3x - y - z = 4$, $4x - 5y + 2z = 1$?

Aufg. 6. Wie sind die Gleichungen einer Geraden beschaffen, die durch den Anfangspunkt geht?

Aufg. 7. Geht die Gerade $z = 5x + 2y + 1$, $z = y - 2x$

durch die Punkte (1, 2, — 1), (0, 0, 0), (0, — 1, — 1), (1, 0, — 2)? Gieb die Koordinaten mehrerer in verschiedenen Oktanten befindlicher Punkte der Geraden an.

Aufg. 8. Untersuche, ob die beiden Gleichungen:

$$5x - 7y + 2z - 1 = 0, \quad 7x + 3y - 4z + 6 = 0$$

sich als lineare Kombinationen der beiden folgenden Gleichungen:

$$3x + y - 5z - 1 = 0, \quad 4x + 2y + z + 7 = 0$$

darstellen lassen.

Aufg. 9. Es sei $E' = \lambda_1' E_1 + \lambda_2' E_2$, $E'' = \lambda_1'' E_1 + \lambda_2'' E_2$. Zeige, dafs sich dann auch in derselben Weise E_1 und E_2 als lineare Kombinationen von E' und E'' darstellen lassen, so lange $\lambda_1' \lambda_2'' - \lambda_2' \lambda_1''$ von Null verschieden ist. Was würde $\lambda_1' \lambda_2'' - \lambda_2' \lambda_1'' = 0$ bedeuten? (Vergl. § 27.)

Aufg. 10. Eine Gerade sei durch $x - 2y + 5z - 3 = 0$, $3x + y - 2z - 1 = 0$ gegeben. Stelle (durch lineare Kombination) dieselbe Gerade durch ein anderes Gleichungspaar dar.

Aufg. 11. Untersuche ob die beiden Geraden:

$$3x + 2y - 5z = 0, \quad 4x - 7y + 2z - 1 = 0,$$

und: $$29y - 26z + 3 = 0, \quad 29x - 31z - 2 = 0$$

identisch sind.

Aufg. 12. In welcher Form lassen sich die Gleichungen einer Geraden darstellen, welche durch den Punkt (x_0, y_0, z_0) geht? (Vergl. § 29, Gl. 1.)

Aufg. 13. Wie ist das gleichzeitige Bestehen der beiden Gleichungen:

$$Ax + By + Cz + D' = 0 \quad \text{und} \quad Ax + By + Cz + D'' = 0$$

zu interpretieren?

Aufg. 14. Zeige, dafs die Sätze des Textes auch im schiefwinkligen Koordinatensystem gelten.

§ 36. Bestimmung einer Geraden aus ihren Projektionen auf die Koordinatenebenen.

Eine Gerade g sei durch $E_1 = 0$, $E_2 = 0$ gegeben. Unter den Ebenen des durch g bestimmten Büschels sind, wegen der Einfachheit ihrer Gleichungen, speziell diejenigen ausgezeichnet, welche auf je einer Koordinatenebene senkrecht stehen, also zu den Projektionen von g auf die Koordinatenebenen führen. Die Gleichungen dieser drei projizierenden Ebenen sind von der Form $\lambda_1 E_1 + \lambda_2 E_2 = 0$ und zwar ist jedesmal das Verhältnis $\lambda_1 : \lambda_2$ durch die Bemerkung bestimmt, dafs in der Gleichung einer auf einer Koordinatenebene z. B. $z = 0$ senkrecht stehenden Ebene die gleichnamige Koordinate (im angeführten Beispiele z) nicht vorkommen darf (§ 25, Aufg. 2). Man erhält daher die Gleichungen der drei projizierenden Ebenen, indem man einfach aus $E_1 = 0$, $E_2 = 0$ der Reihe nach x, y, z durch lineare Kombination eliminirt. Dies führt, wie man sofort sieht, zu den Gleichungen:

(1) $A_2 E_1 - A_1 E_2 = 0, \quad B_2 E_1 - B_1 E_2 = 0, \quad C_2 E_1 - C_1 E_2 = 0,$

welche zugleich in den entsprechenden Koordinatenebenen die Gleichungen der Projektionen von g darstellen. Diese drei Gleichungen sind im allgemeinen von einander verschieden und dann ist jede eine lineare Kombination der beiden andern. Nur wenn g senkrecht auf einer der Koordinatenachsen steht, werden die entsprechenden beiden projizierenden Ebenen und folglich auch die beiden Gleichungen derselben identisch*). In jedem Falle also kann g durch zwei seiner Projektionen vollständig bestimmt werden; wir wählen für den allgemeinen Fall die Projektionen auf die xz-Ebene und die yz-Ebene. Die Gleichungen dieser Projektionen resp. der entsprechenden projizierenden Ebenen kann man in der Form schreiben:

(2) $$x = \mu z + a, \quad y = \nu z + b.$$

Eine Gerade ist also durch vier unabhängige Konstanten bestimmt.

Aufg. 1. Deute die Koeffizienten μ und ν als Richtungskoeffizienten. Welche Bedeutung haben a und b?

Aufg. 2. Bestimme die Projektionen von:

$$5x - 7y + 2z - 1 = 0, \quad x + 2y + 4z - 9 = 0$$

und deute die in den Resultaten auftretenden Koeffizienten. Gieb die Lage der gegebenen Geraden an.

Aufg. 3. Eine Gerade ist durch die Projektionen:

$$x = 2z + 3, \quad y = 5z - 1$$

gegeben. Wie heifst ihre dritte Projektion?

---

*) Ist g überdies normal zu einer der Koordinatenebenen, so ist die entsprechende projizierende Ebene unbestimmt.

Aufg. 4. Zeige durch wirkliches Ausrechnen, dafs z. B. die Gleichung $C_2 E_1 - C_1 E_2 = 0$ eine lineare Kombination von $A_2 E_1 - A_1 E_2 = 0$ und $B_2 E_1 - B_1 E_2 = 0$ ist.

Aufg. 5. Wie heifst die Gleichung der Ebene, welche die Gerade $E_1 = 0$, $E_2 = 0$ mit dem Anfangspunkte verbindet?

Aufg. 6. Drücke die Koeffizienten μ, ν, a, b durch die gegebenen Gleichungskoeffizienten $A_1, B_1, \ldots C_2, D_2$ aus und beachte Aufg. 1.

Aufg. 7. Wie sehen die Gleichungen der Projektionen einer Geraden aus, welche durch den Anfangspunkt geht?

Aufg. 8. Zeige speziell für diesen Fall, wie sich die lineare Abhängigkeit zwischen den drei Projektionsgleichungen ausdrückt.

Aufg. 9. Diskutiere die Lage der Geraden $x = 3z$, $y = -2z$ und gieb ihre dritte Projektion an.

Aufg. 10. Diskutiere in gleicher Weise die vier Geraden, welche durch $x = \pm z$, $y = \pm z$ dargestellt werden.

Aufg. 11. Bestimme die Gleichungen der Projektionen einer Geraden, welche parallel einer Koordinatenebene oder einer Koordinatenachse ist, oder ganz in einer Koordinatenebene liegt, oder mit einer Achse zusammenfällt.

Aufg. 12. Gieb die Projektionen der Geraden:

$$z = a_1 x + b_1 y + c_1, \quad z = a_2 x + b_2 y + c_2$$

an.

Aufg. 13. Diskutiere die Lage der Geraden $x = \mu z + a$, $y = \nu z + b$ für den Fall, dafs von den Konstanten μ, ν, a, b eine oder mehrere gleich Null sind. Zähle alle möglichen Fälle auf.

Aufg. 14. Bestimme die Koordinaten der Schnittpunkte der Geraden $x = \mu z + a$, $y = \nu z + b$ mit den Koordinatenebenen (Aufg. 1).

§ 37. Aus den Gleichungen einer Geraden ihre Richtungskosinus zu bestimmen.

Die Gerade g sei die Schnittlinie der beiden Ebenen $E_1 = 0$ und $E_2 = 0$. Die positiven Normalenrichtungen der beiden Ebenen mögen durch (ξ_1, η_1, ζ_1), (ξ_2, η_2, ζ_2) bezeichnet sein. Man erhält dieselben, indem man $E_1 = 0$ und $E_2 = 0$ auf die

Normalform bringt (§ 26, Gl. 5). Bezeichnet man jetzt mit (ξ, η, ζ) eine der beiden einander entgegengesetzten Richtungen von g, so hat man einfach die Aufgabe, die Richtung einer Geraden zu bestimmen, welche zu zwei gegebenen Richtungen normal ist. Man erhält daher nach § 13:

$$(1)\quad \xi = \frac{\eta_1 \zeta_2 - \eta_2 \zeta_1}{\pm \sin \varphi}, \quad \eta = \frac{\zeta_1 \xi_2 - \zeta_2 \xi_1}{\pm \sin \varphi}, \quad \zeta = \frac{\xi_1 \eta_2 - \xi_2 \eta_1}{\pm \sin \varphi},$$

$$(2)\quad \sin^2 \varphi = (\eta_1 \zeta_2 - \eta_2 \zeta_1)^2 + (\zeta_1 \xi_2 - \zeta_2 \xi_1)^2 + (\xi_1 \eta_2 - \xi_2 \eta_1)^2.$$

Dabei ist in den Gleichungen (1) der Nenner $\sin \varphi$ mit dem positiven oder dem negativen Zeichen zu versehen, je nachdem man sich auf der Geraden g für die eine oder die andere ihrer beiden Richtungen entscheidet (§ 13, Aufg. 5). Wie diese beiden Richtungen von einander unterschieden werden können, ist in § 13 gezeigt.

Ist speziell die Gerade g durch ihre Projektionen:

$$(3)\qquad x = \mu z + a, \quad y = \nu z + b$$

gegeben, so findet man die wegen ihrer Einfachheit besonders bemerkenswerten Ausdrücke:

$$(4)\quad \xi = \frac{\mu}{\sqrt{\mu^2 + \nu^2 + 1}}, \quad \eta = \frac{\nu}{\sqrt{\mu^2 + \nu^2 + 1}}, \quad \zeta = \frac{1}{\sqrt{\mu^2 + \nu^2 + 1}}.$$

Die Richtung der Geraden (3) ist also nur von μ, ν, nicht aber von a, b abhängig.

Aufg. 1. Welches sind die beiden Richtungen der Geraden $2x + 5y - z = 7$, $3x - 11y + 2z = 16$? Suche durch Abbildung auf die Einheitskugel nach § 13 die beiden Richtungen der Geraden zu unterscheiden.

Aufg. 2. Bestimme die Richtungen der vier Geraden:

$$x = \pm z, \quad y = \pm z.$$

Aufg. 3. Der Winkel der beiden Geraden:

$$x = \mu_1 z + a_1, \quad y = \nu_1 z + b_1; \quad x = \mu_2 z + a_2, \quad y = \nu_2 z + b_2$$

wird durch die Formel bestimmt:

$$\cos \varphi = \frac{\mu_1 \mu_2 + \nu_1 \nu_2 + 1}{\sqrt{(\mu_1^2 + \nu_1^2 + 1)(\mu_2^2 + \nu_2^2 + 1)}}.$$

Aufg. 4. Zeige, daſs $\mu_1 \mu_2 + \nu_1 \nu_2 + 1 = 0$ die notwendige und hinreichende Bedingung dafür ist, daſs die beiden Geraden aufeinander senkrecht stehen.

Aufg. 5. In welcher Beziehung stehen die beiden Geraden

$$x = \mu z + a_1, \quad y = \nu z + b_1; \quad x = \mu z + a_2, \quad y = \nu z + b_2$$

zu einander?

Aufg. 6. Zeige, dafs:

$$\mu(x - x_0) + \nu(y - y_0) + z - z_0 = 0$$

die Gleichung einer durch (x_0, y_0, z_0) gehenden Ebene ist, welche zu g normal und folglich zu den Richtungen (ξ_1, η_1, ζ_1), (ξ_2, η_2, ζ_2) parallel ist (§ 29, Gl. 4).

Aufg. 7. Beachte, dafs in den Gleichungen (4) die Quadratwurzel jedesmal mit demselben Zeichen zu versehen ist. Suche folgenden Satz zu beweisen: Haben a und b dasselbe Vorzeichen, so mufs man die Quadratwurzel jedesmal positiv nehmen, damit der Punkt (ξ, η, ζ) der in § 13 eindeutig definierte Pol von (ξ_1, η_1, ζ_1), (ξ_2, η_2, ζ_2) sei; haben dagegen a und b entgegengesetzte Zeichen, so ist die Quadratwurzel negativ zu nehmen, die positive Quadratwurzel würde zu dem dem Pole diametral entgegengesetzten Punkte der Einheitskugel führen.

Aufg. 8. Was wird aus den Formeln (4) für die verschiedenen speziellen Fälle, welche § 36, Aufg. 11 erwähnt sind?

§ 38. Die Bedingung anzugeben, unter welcher zwei Geraden im Raume sich schneiden.

Die beiden Geraden seien durch die Gleichungen $E_1 = 0$, $E_2 = 0$ und $E_3 = 0$, $E_4 = 0$ gegeben. Die Bedingung, unter welcher sie sich schneiden, fällt dann zusammen mit der Bedingung, unter welcher die vier Ebenen $E_1 = 0$, $E_2 = 0$, $E_3 = 0$, $E_4 = 0$ durch einen und denselben Punkt gehen. Schneiden sich demnach die beiden Geraden, so besteht eine Identität von der Form:

$$\lambda_1 E_1 + \lambda_2 E_2 + \lambda_3 E_3 + \lambda_4 E_4 \equiv 0,$$

in welcher die Verhältnisse der Multiplikatoren λ eindeutig bestimmt sind, und umgekehrt. Zugleich ergiebt sich dann aber auch die Gleichung der durch die beiden sich schneidenden Geraden bestimmten Ebene. Denn zufolge der Identität stellen die beiden Gleichungen:

$$\lambda_1 E_1 + \lambda_2 E_2 = 0 \quad \text{und} \quad \lambda_3 E_3 + \lambda_4 E_4 = 0$$

eine und dieselbe Ebene dar und die beiden verschiedenen Gleichungsformen sprechen aus, dafs diese Ebene sowohl durch die Gerade $E_1 = 0$, $E_2 = 0$ als auch durch die Gerade $E_3 = 0$, $E_4 = 0$ hindurchgeht.

Sind insbesondere die beiden Geraden durch die Projektionsgleichungen:

$$(1) \qquad x = \mu_1 z + a_1, \quad y = \nu_1 z + b_1,$$

$$(2) \qquad x = \mu_2 z + a_2, \quad y = \nu_2 z + b_2$$

dargestellt, so mufs für den Fall, dafs ein Schnittpunkt existiert, die Koordinate z desselben in jedem der Gleichungspaare (1) und (2) dasselbe Wertepaar x, y ergeben, d. h. es müssen für denselben Wert von z die Gleichungen stattfinden:

$$(3) \qquad \mu_1 z + a_1 = \mu_2 z + a_2 \quad \text{oder} \quad z = \frac{a_1 - a_2}{\mu_2 - \mu_1},$$

$$(4) \qquad \nu_1 z + b_1 = \nu_2 z + b_2 \quad \text{oder} \quad z = \frac{b_1 - b_2}{\nu_2 - \nu_1},$$

woraus sich die Relation ergiebt:

$$(5) \qquad \frac{a_1 - a_2}{\mu_2 - \mu_1} = \frac{b_1 - b_2}{\nu_2 - \nu_1}, \quad \text{oder:}$$

$$(6) \qquad (a_1 - a_2)(\nu_1 - \nu_2) = (b_1 - b_2)(\mu_1 - \mu_2).$$

Dies ist die notwendige und hinreichende Bedingung dafür, dafs die beiden Geraden (1) und (2) sich schneiden.

Findet die Bedingung (6) statt, so liefert jede der Gleichungen (3) und (4) die Koordinate z des Schnittpunktes, aus der man dann mittels (1) oder (2) die Koordinaten x, y findet. Mit Berücksichtigung von (5) findet man auch leicht, dafs die Verhältnisse der Multiplikatoren λ_1, λ_2, λ_3, λ_4, für welche die Identität:

$$(7) \qquad \begin{aligned} &\lambda_1(x - \mu_1 z - a_1) + \lambda_2(y - \nu_1 z - b_1) \\ &+ \lambda_3(x - \mu_2 z - a_2) + \lambda_4(y - \nu_2 z - b_2) \equiv 0 \end{aligned}$$

besteht, durch:

$$(8) \quad \lambda_1 : \lambda_2 = \nu_1 - \nu_2 : \mu_2 - \mu_1, \quad \lambda_3 = -\lambda_1, \quad \lambda_4 = -\lambda_2$$

bestimmt sind. Andrerseits führt das Bestehen der Identität (7) sofort auf die Bedingung (6).

Die Gleichung der durch die beiden sich schneidenden Geraden bestimmten Ebene lautet jetzt:

$$(9)\quad (\nu_1 - \nu_2)(x - \mu_1 z - a_1) - (\mu_1 - \mu_2)(y - \nu_1 z - b_1) = 0,$$

oder auch mit Rücksicht auf (6):

$$(10)\quad (b_1 - b_2)(x - \mu_1 z - a_1) - (a_1 - a_2)(y - \nu_1 z - b_1) = 0.$$

Sind insbesondere die beiden Geraden parallel, also $\mu_1 = \mu_2$, $\nu_1 = \nu_2$, so ist die Bedingung (6) von selbst erfüllt und die Gleichung der durch die beiden Parallelen bestimmten Ebene wird dann durch (10) dargestellt.

Aufg. 1. Untersuche, ob die beiden Geraden:

$$4x - y - 2z = 1, \quad x - 3y + 5z = 5$$

und:

$$2x + y + z = 3, \quad 7x - 2y - 8z = -6$$

sich schneiden oder nicht.

Aufg. 2. Untersuche, ob die beiden Geraden:

$$x = 5z - 2, \quad y = -z + 3 \quad \text{und} \quad x = 4z + 7, \quad y = 2z - 24$$

in einer und derselben Ebene liegen oder windschief sind. Im ersteren Falle bestimme die Gleichung der gemeinsamen Ebene.

Aufg. 3. Wie lautet die Bedingung dafür, dafs die Gerade:

$$A_1 x + B_1 y + C_1 z + D_1 = 0, \quad A_2 x + B_2 y + C_2 z + D_2 = 0$$

eine der Koordinatenachsen, etwa die z-Achse, trifft?

Aufg. 4. Löse die gleiche Aufgabe für die Gerade:

$$x = \mu z + a, \quad y = \nu z + b.$$

Aufg. 5. Zeige, dafs die durch zwei sich schneidende Geraden bestimmte Ebene nicht nur durch (9) und (10), sondern auch durch jede der Gleichungen:

$$(\nu_1 - \nu_2)(x - \mu_2 z - a_2) = (\mu_1 - \mu_2)(y - \nu_2 z - b_2)$$

und:

$$(b_1 - b_2)(x - \mu_2 z - a_2) = (a_1 - a_2)(y - \nu_2 z - b_2)$$

dargestellt werden kann.

Aufg. 6. Gieb die Gleichung der Ebene an, in welcher sich die beiden parallelen Geraden:

$$x = 3z - 1, \quad y = -7z + 4 \quad \text{und} \quad x = 3z + 8, \quad y = -7z - 11$$

befinden.

§ 39. Die Bedingung anzugeben, unter welcher eine gegebene Gerade vollständig in einer gegebenen Ebene liegt.

Ist die Gerade durch $E_1 = 0$, $E_2 = 0$, die gegebene Ebene durch $E_3 = 0$ dargestellt, so ist die Bedingung dafür, dafs die Ebene dem durch $E_1 = 0$, $E_2 = 0$ bestimmten Ebenenbüschel angehöre, an die Existenz der Identität:

$$\lambda_1 E_1 + \lambda_2 E_2 + \lambda_3 E_3 \equiv 0$$

geknüpft (§ 31).

Hier soll daher nur noch der Fall besonders behandelt werden, dafs die Gerade durch ihre Projektionsgleichungen $x = \mu z + a$, $y = \nu z + b$ gegeben sei. Die Gleichung der Ebene möge $Ax + By + Cz + D = 0$ sein. Soll nun jeder Punkt (x, y, z) der Geraden zugleich auch ein Punkt der Ebene sein, so müssen die Koordinaten $\mu z + a$, $\nu z + b$, z eines beliebigen Punktes der Geraden stets der Gleichung $Ax + By + Cz + D = 0$ genügen, welches auch der Wert von z sei, d. h. es mufs die Identität bestehen:

$$A(\mu z + a) + B(\nu z + b) + Cz + D \equiv 0. \tag{1}$$

Hierzu ist aber notwendig und hinreichend, dafs:

$$A\mu + B\nu + C = 0 \tag{2}$$

und:

$$Aa + Bb + D = 0 \tag{3}$$

sei. Die erste dieser beiden Bedingungen drückt aus, dafs die Ebene der Geraden parallel sei (§ 37 und 29), während die zweite angiebt, dafs der Punkt $(a, b, 0)$ der Geraden auch der Ebene angehöre (§ 36, Aufg. 14).

Eine andere Lösung unserer Aufgabe findet sich § 40 (Aufg. 11).

Aufg. 1. Welche der Geraden $x = 5z - 1$, $y = 2z + 3$; $x = 4z + 1$, $y = 18z + 2$; $x = 5z$, $y = -z$ liegt ganz in der Ebene $7x - 2y + 8z - 3 = 0$?

Aufg. 2. Wie lauten die Bedingungen (2) und (3), wenn die Gerade, welche ganz in der Ebene $Ax + By + Cz + D = 0$ liegen soll, eine der Koordinatenachsen ist?

Aufg. 3. Wie lauten die Bedingungen (2) und (3) dafür,

dafs die Gerade $x = \mu z + a$, $y = \nu z + b$ ganz in einer der Koordinatenebenen liege?

Aufg. 4. Drücke aus, dafs die Gerade $x = \mu z + a$, $y = \nu z + b$ in einer der Winkelhalbierenden der Koordinatenebenen liegt.

§ 40. Die Gleichungen einer Geraden zu bestimmen, welche durch zwei gegebene Punkte geht oder welche durch einen Punkt geht und eine vorgeschriebene Richtung besitzt.

Bisher haben wir die Gerade im Raume vorzugsweise als Schnittlinie zweier Ebenen bestimmt, wir können sie aber ebenso gut auch als Verbindungslinie zweier Punkte auffassen.

Seien P_1 und P_2 zwei gegebene Punkte mit den Koordinaten x_1, y_1, z_1 und x_2, y_2, z_2. Dann kann man (§ 11) die Koordinaten eines jeden Punktes der Verbindungslinie von P_1 und P_2 darstellen durch:

$$(1)\qquad x = \frac{x_1 + \lambda x_2}{1 + \lambda}, \quad y = \frac{y_1 + \lambda y_2}{1 + \lambda}, \quad z = \frac{z_1 + \lambda z_2}{1 + \lambda},$$

wenn λ das Teilverhältnis $\frac{P_1 P}{P P_2}$ bedeutet. Umgekehrt definieren für jeden Wert von λ diese Gleichungen einen ganz bestimmten Punkt der Geraden $P_1 P_2$. Da man aus jeder der Gleichungen (1) durch Auflösen denselben Wert von λ erhalten mufs, so folgt nach leichter Umformung, dafs die Doppelgleichung:

$$(2)\qquad \frac{x - x_1}{x_2 - x_1} = \frac{y - y_1}{y_2 - y_1} = \frac{z - z_1}{z_2 - z_1}$$

allemal aber auch nur dann besteht, wenn (x, y, z) einen Punkt der Geraden $P_1 P_2$ bedeutet. Diese Doppelgleichung (die man natürlich auch in $x - x_1 = \frac{x_2 - x_1}{z_2 - z_1}(z - z_1)$ und $y - y_1 = \frac{y_2 - y_1}{z_2 - z_1}(z - z_1)$ auflösen kann) repräsentiert daher in symmetrischer Form die Gleichungen der Geraden $P_1 P_2$.

In ähnlicher Form können wir die Gleichungen einer Geraden darstellen, wenn wir sie nicht durch zwei Punkte P_1 und P_2, sondern durch einen Punkt P_1 und die Richtungskosinus $\cos\alpha = \xi$, $\cos\beta = \eta$, $\cos\gamma = \zeta$ definieren. Setzt man nämlich auf der Geraden $P_1 P_2$ willkürlich eine positive Richtung fest, so sind nicht nur ξ, η, ζ, sondern auch nach Gröſse und Vorzeichen die Strecke $P_1 P_2$, die wir mit d bezeichnen wollen, eindeutig bestimmt und man hat (§ 10):

$$(3) \qquad \xi = \frac{x_2 - x_1}{d}, \quad \eta = \frac{y_2 - y_1}{d}, \quad \zeta = \frac{z_2 - z_1}{d},$$

so daſs man die Gleichung (2) auch in der Form schreiben kann:

$$(4) \qquad \frac{x - x_1}{\xi} = \frac{y - y_1}{\eta} = \frac{z - z_1}{\zeta}.$$

Dies ist die symmetrische Form für die Gleichungen einer Geraden, welche durch den Punkt (x_1, y_1, z_1) geht und die vorgeschriebene Richtung (ξ, η, ζ) besitzt.

Man erkennt jetzt auch nachträglich, daſs es für die Gleichungen einer Geraden einerlei ist, welche der beiden Richtungen von $P_1 P_2$ man als die positive wählt, denn die Gleichung (4) ändert sich nicht, wenn man ξ, η, ζ durch $-\xi$, $-\eta$, $-\zeta$ ersetzt.

Durch Vergleichen mit (4) ergiebt sich, daſs auch umgekehrt jede Gleichung von der Form:

$$\frac{x - a}{\mu} = \frac{y - b}{\nu} = \frac{z - c}{\varrho}$$

eine Gerade repräsentirt, die durch den Punkt (a, b, c) geht und deren Richtungskosinus proportional μ, ν, ϱ sind. Man erhält daher die Richtungskosinus selbst, wenn man μ, ν, ϱ durch $\sqrt{\mu^2 + \nu^2 + \varrho^2}$ dividiert.

Die durch (4) gegebene Darstellung der Gleichungen einer Geraden ist wegen ihrer Symmetrie und ihrer Einfachheit besonders zu beachten. Sie enthält überdies, in eine Gleichung vereinigt, die drei Projektionsgleichungen der durch (x_1, y_1, z_1) und (ξ, η, ζ) definierten Geraden. Daſs in der That die früheren Projektionsgleichungen:

$$x = \mu z + a, \quad y = \nu z + b$$

in unsymmetrischer Form nur ein spezieller Fall der neuen Darstellung sind, erkennt man sofort, wenn man sie in der Form schreibt:

$$\frac{x - a}{\mu} = \frac{y - b}{\nu} = \frac{z}{1},$$

in der dann deutlich zum Ausdruck gebracht ist, dafs die Gerade durch den Punkt $(a, b, 0)$ geht und die Richtungskosinus:

$$\frac{\mu}{\sqrt{\mu^2+\nu^2+1}}, \quad \frac{\nu}{\sqrt{\mu^2+\nu^2+1}}, \quad \frac{1}{\sqrt{\mu^2+\nu^2+1}}$$

besitzt.

Die Gleichung (4) läfst sich noch auf eine andere Form bringen, die vielfach mit Vorteil benutzt wird. Da nämlich zufolge der Gleichungen (3) jeder der Ausdrücke:

$$\frac{x-x_1}{\xi}, \quad \frac{y-y_1}{\eta}, \quad \frac{z-z_1}{\zeta}$$

nach Gröfse und Richtung die Strecke $P_1 P$, die wir mit l bezeichnen wollen, darstellt, so erhält man für jeden Punkt (x, y, z) unserer Geraden, aber auch nur für einen solchen, die Gleichungen:

$$(5) \qquad x = x_1 + l\xi, \quad y = y_1 + l\eta, \quad z = z_1 + l\zeta.$$

Hierdurch sind x, y, z als abhängig von einem veränderlichen Parameter l (I, § 29) dargestellt. Läfst man l alle Werte von $-\infty$ bis $+\infty$ durchlaufen, so durchläuft der Punkt (x, y, z) die durch (x_1, y_1, z_1), (ξ, η, ζ) definierte Gerade und umgekehrt. In diesem Sinne sind also die Gleichungen (5) den Gleichungen (1) analog, in welchen x, y, z durch den veränderlichen Parameter λ ausgedrückt sind, unter der Annahme, dafs die Gerade durch zwei Punkte definiert sei.

Aufg. 1. Zeige, dafs die Gleichungen einer Geraden, welche durch den Anfangspunkt geht und die Richtung (ξ, η, ζ) besitzt, lauten:

$$\frac{x}{\xi} = \frac{y}{\eta} = \frac{z}{\zeta}.$$

(Vergl. § 12, Aufg. 5.)

Aufg. 2. Zeige, dafs die Gleichungen einer Geraden, welche den Anfangspunkt mit dem Punkte (x_1, y_1, z_1) verbindet, lauten:

$$\frac{x}{x_1} = \frac{y}{y_1} = \frac{z}{z_1}.$$

Zeige dies direkt geometrisch.

Aufg. 3. Gieb die Gleichungen der Verbindungslinie der Punkte $(1, 5, 2)$ und $(0, -1, -5)$ an. Untersuche, ob auf dieser Geraden die Punkte (2, 1, — 4), (0, 0, 0), (3, 0, — 1), (2, 11, 9) liegen.

Aufg. 4. In welchem Punkte trifft die Gerade $P_1 P_2$ die Ebene $Ax + By + Cz + D = 0$? Wende zur Ermittlung die Formeln (1) an und bestimme das Teilverhältnis λ so, dafs x, y, z der Gleichung der Ebene genügen. Man erhält dann λ in Form eines Bruches. Welche geometrische Bedeutung würde das Verschwinden des Zählers oder des Nenners dieses Bruches haben? Was würde das Verschwinden von Zähler und Nenner bedeuten? (§ 26, Aufg. 7.)

Aufg. 5. Welche Teilverhältnisse kommen den Schnittpunkten der Geraden $P_1 P_2$ mit den Koordinatenebenen zu?

Aufg. 6. Bestimme die Teilverhältnisse und die Koordinaten der beiden Schnittpunkte der Verbindungslinie (2, 5, 7) und (— 1, 11, 4) mit den beiden Halbierungsebenen der Winkel der xy-Ebene und der yz-Ebene.

Aufg. 7. Bestimme den Winkel, welchen die Verbindungslinie der Punkte (5, 0, — 2), (1, 4, 7) mit derjenigen der Punkte (0, 11, 5), (— 8, 17, 2) bildet, unter der Voraussetzung, dafs auf beiden Geraden die positive Richtung von dem ersten Punkte nach dem zweiten hin gehe.

Aufg. 8. Wenn sich in Aufg. 4 für λ der Wert — 1 ergiebt, so heifst dies, die Gerade $P_1 P_2$ ist der Ebene parallel. Leite daraus das in § 28 und § 29 entwickelte Kriterium:

$$A\xi + B\eta + C\zeta = 0$$

ab.

Aufg. 9. Zeige, dafs durch Gl. (4) des § 29 zugleich folgende zwei Aufgaben gelöst sind: 1) Die Gleichung der Ebene zu finden, welche durch die beiden sich schneidenden Geraden:

$$\frac{x - x_0}{\xi_1} = \frac{y - y_0}{\eta_1} = \frac{z - z_0}{\zeta_1} \quad \text{und} \quad \frac{x - x_0}{\xi_2} = \frac{y - y_0}{\eta_2} = \frac{z - z_0}{\zeta_2}$$

bestimmt ist; 2) die Gleichung der Ebene zu bestimmen, welche durch die Gerade $\frac{x - x_0}{\xi_1} = \frac{y - y_0}{\eta_1} = \frac{z - z_0}{z_1}$ geht und zu der Ebene $x\xi_2 + y\eta_2 + z\zeta_2 - \delta = 0$ normal ist. (§ 29, Aufg. 5 und 7.)

Aufg. 10. Die durch die beiden parallelen Geraden:

$$\frac{x-x_1}{\xi}=\frac{y-y_1}{\eta}=\frac{z-z_1}{\zeta}, \quad \frac{x-x_2}{\xi}=\frac{y-y_2}{\eta}=\frac{z-z_2}{\zeta}$$

bestimmte Ebene lautet:

$$\begin{aligned}&(x-x_1)((y_2-y_1)\zeta-(z_2-z_1)\eta)\\ &+(y-y_1)((z_2-z_1)\xi-(x_2-x_1)\zeta)\\ &+(z-z_1)((x_2-x_1)\eta-(y_2-y_1)\xi)=0.\end{aligned}$$

(Vergl. § 29, Gl. 4 und Aufg. 7.)

Aufg. 11. In welchem Punkte trifft die durch (x_1, y_1, z_1), (ξ, η, ζ) definierte Gerade die Ebene $Ax+By+Cz+D=0$? Wende die Gleichungen (5) an und diskutiere, wie in den Aufgaben 4 und 8, alle denkbaren Fälle. Beantworte namentlich die Fragen: Wann ist die Gerade der Ebene parallel ($l=\infty$) und wann liegt die Gerade ganz in der Ebene (l unbestimmt)? Beachte die Gleichungen (2) und (3) von § 39 und konstatiere die Übereinstimmung derselben mit dem gefundenen Kriterium.

Aufg. 12. Löse dieselbe Aufgabe unter der speziellen Voraussetzung, die gegebene Ebene sei eine der Koordinatenebenen.

Aufg. 13. Zeige, dafs die Gleichungen der Winkelhalbierenden der beiden in derselben Ebene befindlichen Geraden:

$$\frac{x-x_0}{\xi_1}=\frac{y-y_0}{\eta_1}=\frac{z-z_0}{\zeta_1} \quad \text{und} \quad \frac{x-x_0}{\xi_2}=\frac{y-y_0}{\eta_2}=\frac{z-z_0}{\zeta_2}$$

lauten:

$$\frac{x-x_0}{\xi_1+\xi_2}=\frac{y-y_0}{\eta_1+\eta_2}=\frac{z-z_0}{\zeta_1+\zeta_2} \quad \text{und} \quad \frac{x-x_0}{\xi_1-\xi_2}=\frac{y-y_0}{\eta_1-\eta_2}=\frac{z-z_0}{\zeta_1-\zeta_2}.$$

Bestimme die wahren Werte der Richtungskosinus dieser Winkelhalbierenden in rationaler Form (§ 12, Gl. 2).

Aufg. 14. Die Gleichung der Geraden zu bestimmen, die durch $(1, 2, -3)$ geht und deren Richtungskosinus sich wie $4:3:-5$ verhalten. Liegt der Punkt $(3, -1, 7)$ auf der Geraden? Welches sind die wahren Werte der Richtungskosinus?

Aufg. 15. In welchem Punkte trifft die Gerade:

$$\frac{x-2}{3}=\frac{y+5}{1}=\frac{z-3}{2}$$

die Ebene $3x+5y-z=8$? Kann man die Gleichungen (5)

benutzen, ohne vorher die wahren Werte der Richtungskosinus zu berechnen?

Löse die gleiche Aufgabe für die durch den Anfangspunkt gezogene Parallele der gegebenen Geraden.

Aufg. 16. Welches ist die Entfernung des Anfangspunktes von der Geraden $\frac{x - x_1}{\xi} = \frac{y - y_1}{\eta} = \frac{z - z_1}{\zeta}$? Benutze die Formel $d = r_1 \sin \varphi$, wenn d die gesuchte Entfernung, $r_1 = OP_1$ und φ der von r_1 und der gegebenen Geraden eingeschlossene Winkel ist. (Vergl. § 12, Aufg. 5.)

Aufg. 17. Der Winkel φ, welchen die Gerade:

$$\frac{x - x_1}{\mu} = \frac{y - y_1}{\nu} = \frac{z - z_1}{\varrho}$$

mit der Ebene $Ax + By + Cz + D = 0$ (resp. mit der Normalen derselben) bildet, wird aus:

$$\cos \varphi = \frac{A\mu + B\nu + C\varrho}{\sqrt{(A^2 + B^2 + C^2)(\mu^2 + \nu^2 + \varrho^2)}}$$

berechnet (§ 28, Aufg. 5). Gieb auch $\sin \varphi$ an und zeige, daſs die durch (x_1, y_1, z_1) gehende Normale der Ebene die Gleichung $\frac{x - x_1}{A} = \frac{y - y_1}{B} = \frac{z - z_1}{C}$ besitzt.

Aufg. 18. Zeige, daſs die durch den Punkt (x_0, y_0, z_0) zu den beiden Ebenen $A_1x + B_1y + C_1z + D_1 = 0$ und $A_2x + B_2y + C_2z + D_2 = 0$ gezogene Parallele die Gleichung besitzt $\frac{x - x_0}{B_1C_2 - B_2C_1} = \frac{y - y_0}{C_1A_2 - C_2A_1} = \frac{z - z_0}{A_1B_2 - A_2B_1}$ (§ 37).

Aufg. 19. Unter welchen Winkeln trifft die Gerade $\frac{x + 11}{3} = \frac{2 - y}{5} = \frac{z + 5}{-1}$ die Koordinatenebenen? Oder die Winkelhalbierenden $x \pm y = 0$?

Aufg. 20. Bestimme den Schnittpunkt der Geraden $\frac{x - x_1}{\xi} = \frac{y - y_1}{\eta} = \frac{z - z_1}{\zeta}$ mit ihrer durch den Punkt (x_0, y_0, z_0) gehenden Normalebene.

Leite zu diesem Zwecke die Gleichung der Normalebene ab und verfahre dann wie in Aufg. 11.

Aufg. 21. Bestimme mit Hilfe der vorhergehenden Aufgabe die Gleichung der Normalen, welche man von (x_0, y_0, z_0) auf die Gerade fällen kann.

Aufg. 22. Zeige, daſs die Bedingung dafür, daſs die Geraden:

$$\frac{x-x_1}{\xi_1}=\frac{y-y_1}{\eta_1}=\frac{z-z_1}{\zeta_1} \quad \text{und} \quad \frac{x-x_2}{\xi_2}=\frac{y-y_2}{\eta_2}=\frac{z-z_2}{\zeta_2}$$

sich schneiden, lautet:

$$(x_1-x_2)(\eta_1\zeta_2-\eta_2\zeta_1)+(y_1-y_2)(\zeta_1\xi_2-\zeta_2\xi_1) \\ +(z_1-z_2)(\xi_1\eta_2-\xi_2\eta_1)=0.$$

Benutze zum Beweise entweder die Gleichungen (5) und untersuche, unter welcher Bedingung der Punkt:

$$(x_1+l_1\xi_1,\quad y_1+l_1\eta_1,\quad z_1+l_1\zeta_1)$$

zugleich ein Punkt:

$$(x_2+l_2\xi_2,\quad y_2+l_2\eta_2,\quad z_2+l_2\zeta_2)$$

sein kann, oder aber beachte die wiederholt benutzte wichtige Gleichung (4) in § 29, welche das Kriterium ohne jede Rechnung direkt liefert.

Aufg. 23. Gegeben sei das Tetraeder (3, 2, — 6), (1, — 4, 1), (5, 1, — 6), (— 1, 2, 2). Bestimme die Gleichung der durch die Spitze P_1 gehenden Höhe, sowie die Gleichungen der drei Ebenen, welche resp. durch P_2, P_3, P_4 und diese Höhe gehen. Beachte beim Resultate § 31.

Aufg. 24. Zeige, daſs durch Aufg. 10 zugleich die Aufgabe gelöst ist, die Gleichung der Ebene anzugeben, welche den Punkt (x_1, y_1, z_1) mit der Geraden:

$$\frac{x-x_2}{\xi}=\frac{y-y_2}{\eta}=\frac{z-z_2}{\zeta}$$

verbindet.

Aufg. 25. Bestimme die Gleichung der Ebene, welche durch (2, 5, — 3) geht, der Verbindungslinie von (1, 4, — 3) mit (2, — 6, 7) parallel ist und auf der Ebene $5x-2y+3z-8=0$ senkrecht steht. Fälle das Lot von (2, 5, — 3) auf die gegebene Ebene, bestimme seine Gleichung und zeige, daſs es ganz in der gesuchten Ebene liegt.

Aufg. 26. Zeige, daſs die Gleichungen (1) und (2) auch bei schiefwinkligen Koordinaten gelten.

§ 41. Der kürzeste Abstand zweier windschiefer Geraden.

Die beiden Geraden seien durch die Gleichungen gegeben:

$$(1)\qquad \frac{x-x_1}{\xi_1}=\frac{y-y_1}{\eta_1}=\frac{z-z_1}{\zeta_1},$$

$$(2)\qquad \frac{x-x_2}{\xi_2}=\frac{y-y_2}{\eta_2}=\frac{z-z_2}{\zeta_2}.$$

Man lege durch jede der beiden Geraden eine Ebene parallel zu der anderen. Die Gleichungen dieser parallelen Ebenen lauten (§ 29, Gl. 4):

$$(3)\qquad (x-x_1)(\eta_1\zeta_2-\eta_2\zeta_1)+(y-y_1)(\zeta_1\xi_2-\zeta_2\xi_1) + (z-z_1)(\xi_1\eta_2-\xi_2\eta_1)=0,$$

$$(4)\qquad (x-x_2)(\eta_1\zeta_2-\eta_2\zeta_1)+(y-y_2)(\zeta_1\xi_2-\zeta_2\xi_1) + (z-z_2)(\xi_1\eta_2-\xi_2\eta_1)=0.$$

Der senkrechte Abstand d der beiden Ebenen ist zugleich der gesuchte kürzeste Abstand der gegebenen Geraden. Man erhält ihn am einfachsten, wenn man in die auf die Normalform gebrachte Gleichung (4) die Koordinaten x_1, y_1, z_1, oder wenn man in die auf die Normalform gebrachte Gleichung (3) die Koordinaten x_2, y_2, z_2 für x, y, z einführt (§ 26). In beiden Fällen erhält man unter Berücksichtigung der Gleichung:

$$(\eta_1\zeta_2-\eta_2\zeta_1)^2+(\zeta_1\xi_2-\zeta_2\xi_1)^2+(\xi_1\eta_2-\xi_2\eta_1)^2=\sin^2\varphi,$$

wo φ den Winkel der beiden Geraden bedeutet, für den kürzesten Abstand d, vom Vorzeichen abgesehen, die Formel:

$$(5)\qquad d\sin\varphi=(x_1-x_2)(\eta_1\zeta_2-\eta_2\zeta_1)+(y_1-y_2)(\zeta_1\xi_2-\zeta_2\xi_1) + (z_1-z_2)(\xi_1\eta_2-\xi_2\eta_1).$$

Der Lage nach wird der kürzeste Abstand bestimmt durch die Schnittlinie der beiden Ebenen, welche durch die gegebenen Geraden gehen und auf den Parallelebenen (3) und (4) senkrecht stehen. Die Gleichungen dieser Normalebenen erhalten wir aber, wenn wir in der Fundamentalgleichung (4) des § 29 das eine Mal ξ_2, η_2, ζ_2, das andere Mal ξ_1, η_1, ζ_1 durch $\eta_1\zeta_2-\eta_2\zeta_1$, $\zeta_1\xi_2-\zeta_2\xi_1$, $\xi_1\eta_2-\xi_2\eta_1$ ersetzen. So ergeben sich nach leichter Umformung die Gleichungen der kürzesten Entfernung in der Form:

$$(6)\quad (x - x_1)(\xi_1 \cos\varphi - \xi_2) + (y - y_1)(\eta_1 \cos\varphi - \eta_2) + (z - z_1)(\zeta_1 \cos\varphi - \zeta_2) = 0,$$

$$(7)\quad (x - x_2)(\xi_2 \cos\varphi - \xi_1) + (y - y_2)(\eta_2 \cos\varphi - \eta_1) + (z - z_2)(\zeta_2 \cos\varphi - \zeta_1) = 0.$$

Aufg. 1. Man kann die Gleichung (5) auch mit Hilfe der absoluten Glieder der auf die Normalform gebrachten Gleichungen (3) und (4) ableiten. Dabei darf aber folgender Umstand, der namentlich bei numerischen Rechnungen leicht zu Fehlern führen kann, nicht übersehen werden. Die Gleichungen (3) und (4) werden durch Division mit $\sin\varphi$ auf die Normalform gebracht, wo überdies noch dem Divisor $\sin\varphi$ ein ganz bestimmtes, von dem absoluten Gliede der betreffenden Gleichung abhängiges Vorzeichen zu geben ist. Ist nun dieses Vorzeichen für beide Gleichungen (3) und (4) dasselbe, so bedeutet dies, dafs die vom Anfangspunkte O auf die beiden Ebenen gefällten Senkrechten δ_1 und δ_2 die gleiche Richtung haben. In diesem Falle wird d durch die Differenz $\delta_1 - \delta_2$ dargestellt.

Hat man dagegen, um (3) und (4) auf die Normalform zu bringen, bei der einen Gleichung dem Divisor $\sin\varphi$ das entgegengesetzte Vorzeichen zu geben wie bei der andern, so heifst dies, dafs die von O aus gemessenen Abstände δ_1 und δ_2 entgegengesetzt gerichtet sind. In diesem Falle befindet sich also der Anfangspunkt O zwischen den beiden Ebenen und d wird daher durch die Summe $\delta_1 + \delta_2$ dargestellt.

Man erkennt leicht, dafs man in beiden Fällen zu der Formel (5) geführt wird, die man aber bei Nichtbeachtung der angegebenen Verhältnisse, namentlich bei numerischen Rechnungen, unter Umständen verfehlen würde.

Aufg. 2. Da die Normalenrichtungen der Ebenen (6) und (7) und die Richtungen (ξ_1, η_1, ζ_1), (ξ_2, η_2, ζ_2) einer und derselben Ebene parallel sind, so kann man die Gleichungen (6) und (7) auch ganz direkt mit Hilfe der Gleichungen (6), § 14, hinschreiben.

Aufg. 3. Beachte, dafs das Verschwinden der rechten Seite der Gleichung (5) die notwendige und hinreichende Bedingung dafür ist, dafs die gegebenen Geraden sich schneiden. Man gelangt so zu dem früher (§ 40, Aufg. 22) entwickelten Kriterium.

Aufg. 4. Beweise, daſs die Länge des kürzesten Abstandes der beiden Geraden $x = \mu_1 z + a_1$, $y = \nu_1 z + b_1$ und $x = \mu_2 z + a_2$, $y = \nu_2 z + b_2$ gleich ist:

$$d = \frac{(a_1 - a_2)(\nu_1 - \nu_2) - (b_1 - b_2)(\mu_1 - \mu_2)}{\sqrt{(\mu_1 - \mu_2)^2 + (\nu_1 - \nu_2)^2 + (\mu_1 \nu_2 - \mu_2 \nu_1)^2}}.$$

Was würde das Verschwinden des Zählers bedeuten? (§ 38.)

Aufg. 5. Bestimme die Länge und die Gleichungen des kürzesten Abstandes der Geraden $\frac{x - x_1}{\xi_1} = \frac{y - y_1}{\eta_1} = \frac{z - z_1}{\zeta_1}$ von einer der Koordinatenachsen, etwa der x-Achse.

Aufg. 6. Bestimme die Länge und die Gleichungen des kürzesten Abstandes der Geraden $\frac{x - x_1}{\xi_1} = \frac{y - y_1}{\eta_1} = \frac{z - z_1}{\zeta_1}$ von der Geraden $x = y = z$. (Vergl. Aufg. 7.)

Aufg. 7. In den Gleichungen (1) und (2) des Textes war vorausgesetzt, daſs ξ_1, η_1, ζ_1 und ξ_2, η_2, ζ_2 die wahren Werte der Richtungskosinus seien. Wie gestalten sich die Untersuchungen für die beiden Geraden:

$$\frac{x - x_1}{\mu_1} = \frac{y - y_1}{\nu_1} = \frac{z - z_1}{\varrho_1}, \quad \frac{x - x_2}{\mu_2} = \frac{y - y_2}{\nu_2} = \frac{z - z_2}{\varrho_2},$$

wenn μ_1, ν_1, ϱ_1; μ_2, ν_2, ϱ_2 nur proportional den betreffenden Richtungskosinus sind?

Aufg. 8. Bestimme, nach Gröſse und Lage, den kürzesten Abstand der beiden Geraden $x = a$, $y = b$ und $x = y = z$.

Aufg. 9. Gegeben sei das Tetraeder $(3, 2, -4)$, $(1, -4, 5)$, $(6, 5, 9)$, $(2, -3, 1)$. Lege durch jede der beiden Kanten P_1P_2 und P_3P_4 eine Ebene parallel der andern. Bestimme die Gleichungen dieser Ebenen und gieb die Länge, die Richtungskosinus und die Gleichungen des kürzesten Abstandes der beiden Kanten P_1P_2 und P_3P_4 an.

Aufg. 10. Gieb die Länge und die Richtung des kürzesten Abstandes der beiden Parallelen:

$$\frac{x - x_1}{\xi} = \frac{y - y_1}{\eta} = \frac{z - z_1}{\zeta} \quad \text{und} \quad \frac{x - x_2}{\xi} = \frac{y - y_2}{\eta} = \frac{z - z_2}{\zeta}$$

an. (Vergl. § 14, Aufg. 12.)

Aufg. 11. Wie modifizieren sich die Gleichungen des Textes, wenn die beiden gegebenen windschiefen Geraden zu einander normal sind?

Fünftes Kapitel.

Die Kugel.

§ 42. Die Gleichung der Kugel.

Die Kugel ist der Ort aller Punkte, welche von einem festen Punkte M den gleichen Abstand r haben.

Der gegebene feste Punkt heifst der Mittelpunkt, der konstante Abstand r der Radius der Kugel. Bezeichnet man mit a, b, c die Koordinaten des Mittelpunktes, mit x, y, z diejenigen eines beliebigen Punktes P der Kugel, so ist nach Definition:

(1) $$(x-a)^2+(y-b)^2+(z-c)^2=r^2.$$

Für alle Punkte (x, y, z) innerhalb der Kugel ist die linke Seite dieser Gleichung kleiner, für alle Punkte aufserhalb der Kugel gröfser als r^2 (§ 10, Gl. 4). Die Gleichung (1) wird daher allemal aber auch nur dann erfüllt, wenn x, y, z die Koordinaten eines Punktes der Kugel bedeuten; wir nennen sie daher die Gleichung der Kugel.

Durch besondere Wahl des Mittelpunktes erhält man spezielle Kugelgleichungen, unter denen folgende hervorgehoben werden mögen.

Es bedeutet:

(2) $$(x-a)^2+(y-b)^2+z^2=r^2$$

die Gleichung einer Kugel, deren Mittelpunkt in der xy-Ebene liegt;

(3) $$(x-a)^2+y^2+z^2=r^2$$

die Gleichung einer Kugel, deren Mittelpunkt sich auf der x-Achse befindet;

(4) $$x^2+y^2+z^2=2rx$$

die Gleichung einer Kugel, deren Mittelpunkt auf der x-Achse liegt und welche durch den Anfangspunkt geht;

(5) $$x^2 + y^2 + z^2 = 2ax + 2by + 2cz$$

die Gleichung einer beliebigen durch den Anfangspunkt gehenden Kugel;

(6) $$x^2 + y^2 + z^2 = r^2$$

die Gleichung einer Kugel, deren Mittelpunkt der Anfangspunkt ist.

Da die Gleichung (1) durch Multiplikation mit einem konstanten Faktor A_0 in ihrer Bedeutung nicht geändert wird, so folgt:

Die allgemeine Gleichung einer Kugel ist eine in Bezug auf x, y, z quadratische Gleichung, in welcher die Glieder mit yz, zx, xy fehlen und die Glieder mit x^2, y^2, z^2 denselben Koeffizienten besitzen, sie ist also von der Form:

(7) $$A_0(x^2 + y^2 + z^2) + Ax + By + Cz + D = 0.$$

Umgekehrt stellt jede Gleichung dieser Form die Gleichung einer Kugel dar, wenn sie überhaupt eine geometrische Bedeutung hat.

Um die Richtigkeit des Schlusssatzes einzusehen, braucht man nur Gleichung (7) durch Division mit dem von Null verschiedenen Faktor A_0 auf die Form zu bringen:

(8) $$\left(x + \frac{A}{2A_0}\right)^2 + \left(y + \frac{B}{2A_0}\right)^2 + \left(z + \frac{C}{2A_0}\right)^2 = \frac{A^2}{4A_0^2} + \frac{B^2}{4A_0^2} + \frac{C^2}{4A_0^2} - \frac{D}{A_0}.$$

Diese Gleichung und folglich auch (7) stellt eine Kugel dar, deren Mittelpunkt die Koordinaten:

$$a = -\frac{A}{2A_0}, \quad b = -\frac{B}{2A_0}, \quad c = -\frac{C}{2A_0}$$

hat und deren Radius:

$$r = \frac{\sqrt{A^2 + B^2 + C^2 - 4A_0 D}}{2A_0}$$

ist. Nur für den Fall $A^2 + B^2 + C^2 - 4A_0D < 0$ wird r imaginär; der Gleichung (8) und folglich auch der Gleichung (7) kann dann durch kein reelles Wertetripel x, y, z genügt werden.

Da die Gleichung (7) durch Division mit A_0 stets auf die Form:

(9) $$x^2 + y^2 + z^2 + Ax + By + Cz + D = 0$$

gebracht werden kann, so erkennt man, dafs die allgemeine Kugelgleichung vier Konstanten enthält und demnach durch vier in Bezug auf A, B, C, D lineare Bedingungen eindeutig bestimmt werden kann. Eine Kugel ist daher z. B. durch vier Punkte im allgemeinen vollständig definiert.

Aufg. 1. Gieb entsprechend den Gleichungen (2) bis (6) alle Möglichkeiten für die Lage des Mittelpunktes einer Kugel in Bezug auf das Koordinatensystem an und schreibe jedesmal die Gleichung der Kugel auf.

Aufg. 2. Eine Kugel sei durch den Mittelpunkt $(5, -1, -3)$ und den Radius $r = 10$ gegeben. Untersuche, ob die Punkte $(1, 2, -3)$, $(0, 0, 0)$, $(5, -1, 7)$, $(0, 1, 0)$ innerhalb, auf oder aufserhalb der Kugel liegen.

Aufg. 3. In welchen Punkten trifft die z-Achse die Kugel $(x - a)^2 + (y - b)^2 + (z - c)^2 = r^2$? Zeige, dafs das Produkt der beiden auf der z-Achse gebildeten (vom Anfangspunkte aus gerechneten) Abschnitte gleich $a^2 + b^2 + c^2 - r^2$ ist. Welche Folgerungen ergeben sich hieraus für die Richtungen dieser zwei Abschnitte?

Aufg. 4. Bestimme die Schnittpunkte der Kugel:

$$x^2 + y^2 + z^2 + Ax + By + Cz + D = 0$$

mit den Achsen und zeige, dafs das Produkt der Achsenabschnitte für jede der drei Achsen dasselbe ist.

Aufg. 5. Es seien l_1, l_2; m_1, m_2; n_1, n_2 sechs Zahlen, welche der Relation $l_1 l_2 = m_1 m_2 = n_1 n_2$ genügen. Bestimme die Gleichung der Kugel mit den Achsenabschnitten l_1, l_2; m_1, m_2; n_1, n_2 und gieb die geometrische Bedeutung der Koeffizienten der Gleichung $x^2 + y^2 + z^2 + Ax + By + Cz + D = 0$ an. (Vergl. Gl. 8.)

Aufg. 6. Gieb den Mittelpunkt und den Radius der Kugel $3(x^2 + y^2 + z^2) - 7x + 2y + 11z = 1$ an.

Aufg. 7. Zeige, dafs die durch Gleichung (6) dargestellte Kugel symmetrisch ist in Bezug auf die Koordinatebenen, die Achsen und den Anfangspunkt.

Aufg. 8. Löse Gleichung (6) nach x, y oder z auf und diskutiere die entstehenden Formeln, namentlich auch in Bezug auf die Realität der Koordinate, nach welcher aufgelöst wurde.

Aufg. 9. Zeige, dafs alle Gleichungen:

$$A_0(x^2 + y^2 + z^2) + Ax + By + Cz + D = 0,$$

welche sich nur in dem konstanten Gliede D unterscheiden, konzentrische Kugeln darstellen.

Aufg. 10. Durch den Anfangspunkt und die Punkte (5, — 1, 3), (2, 7, — 4), (0, 3, 0) ist ein Tetraeder bestimmt. Wie heifst die Gleichung der umschriebenen Kugel, welches ist ihr Mittelpunkt, welches ihr Radius?

Aufg. 11. Die Gleichung einer Kugel mit dem Radius r lautet in Bezug auf jedes beliebige durch den Mittelpunkt gelegte rechtwinklige Koordinatensystem $x^2 + y^2 + z^2 = r^2$. Leite diesen geometrisch evidenten Satz ab durch Übergang von einem rechtwinkligen Koordinatensystem zu einem andern mit demselben Anfangspunkte (§ 22, Aufg. 4).

Aufg. 12. Beachte, dafs jeder Punkt der Kugel:

$$x^2 + y^2 + z^2 = r^2$$

sowohl durch die Formeln $x = r\cos\alpha$, $y = r\cos\beta$, $z = r\cos\gamma$ $(\cos^2\alpha + \cos^2\beta + \cos^2\gamma = 1)$, als auch durch $x = r\cos\varphi\cos\psi$, $y = r\cos\varphi\sin\psi$, $z = r\sin\varphi$ dargestellt werden kann (§ 9 und § 21).

§ 43. Die Kugel und die Ebene. Die Gleichungen des Kreises im Raume.

Um den Schnitt einer beliebigen Ebene mit einer Kugel zu bestimmen, wählen wir den Mittelpunkt der letzteren zum Anfangspunkte und setzen die z-Achse als normal zu der Ebene voraus (§ 42, Aufg. 11). Die Kugel und die Ebene, deren Abstand vom Mittelpunkte durch δ bezeichnet sein möge, haben dann die Gleichungen:

$$(1) \qquad x^2 + y^2 + z^2 = r^2,$$

$$(2) \qquad z = \delta,$$

woraus sich:

$$(3) \qquad x^2 + y^2 = r^2 - \delta^2$$

ergiebt als Gleichung der Projektion des gesuchten Schnittes auf die xy-Ebene. Diese Gleichung stellt für $\delta < r$ einen Kreis dar, der mit dem Radius $\sqrt{r^2 - \delta^2}$ um den Anfangspunkt beschrieben ist. Folglich ist auch der mit seiner Projektion kongruente Schnitt der Ebene $z = \delta$ mit der Kugel $x^2 + y^2 + z^2 = r^2$ ein Kreis, der mit dem Radius $\sqrt{r^2 - \delta^2}$ um den Fuſspunkt des vom Mittelpunkte auf die Ebene gefällten Lotes beschrieben ist. Für $\delta = 0$ geht die Ebene durch den Mittelpunkt, ihr Schnitt mit der Kugel ist dann ein gröſster Kreis, für $\delta = r$ reduziert sich der Schnitt auf einen Kreis mit dem Radius Null, d. h. auf einen Punkt. In diesem Falle sagt man, die Ebene berühre den Kreis (siehe § 45). Für $\delta > r$ kann Gleichung (3) durch kein reelles Wertepaar x, y befriedigt werden, die Ebene hat keinen reellen Punkt mit der Kugel gemein.

Da diese Resultate durchaus unabhängig von dem gewählten Koordinatensystem sind, so folgt, daſs jede Ebene:

$$(4) \qquad Ax + By + Cz + D = 0$$

die beliebig gegebene Kugel:

$$(5) \qquad (x - a)^2 + (y - b)^2 + (z - c)^2 - r^2 = 0$$

in einer Kreislinie schneidet, in einem Punkte berührt oder gar nicht schneidet, je nachdem ihr Abstand vom Mittelpunkte der Kugel kleiner, gleich oder gröſser ist als der Radius.

Die beiden Gleichungen (4) und (5) werden gleichzeitig allemal aber auch nur dann erfüllt, wenn x, y, z die Koordinaten eines Punktes der Kreislinie bedeuten, welche die Ebene (4) mit der Kugel (5) bestimmt. Man nennt sie daher die Gleichungen dieser Kreislinie. Da umgekehrt jeder Kreis im Raume als Schnitt einer Ebene mit einer Kugel aufgefaſst werden kann, so folgt, daſs jede Kreislinie im Raume durch zwei Gleichungen von der Form $Ax + By + Cz + D = 0$ und $(x-a)^2 + (y-b)^2 + (z-c)^2 - r^2 = 0$ dargestellt werden kann.

Aufg. 1. Bestimme den Abstand der Ebene:

$$Ax + By + Cz + D = 0$$

von dem Mittelpunkte der Kugel:

$$(x-a)^2+(y-b)^2+(z-c)^2=r^2$$

und sprich die Bedingung aus, unter welcher die Ebene die Kugel schneidet, berührt oder nicht schneidet. Bestimme im Falle des Schneidens den Radius des Kreises.

Aufg. 2. Schneidet die Ebene $3x-7y+z=4$ die Kugel $2(x^2+y^2+z^2)-11x+5y+4z=3$?

Aufg. 3. Bestimme die Projektionen des Schnittes der Ebene $Ax+By+D=0$, welche zur xy-Ebene senkrecht steht, mit der Kugel $x^2+y^2+z^2=r^2$. Zeige, dafs die Projektionen auf die xz-Ebene und auf die yz-Ebene Ellipsen sind. Bestimme die Lage und die Dimensionen derselben.

Aufg. 4. Beachte, dafs die Gleichungen der durch den Mittelpunkt der Kugel $(x-a)^2+(y-b)^2+(z-c)^2=r^2$ gehenden Normalen der Ebene $Ax+By+Cz+D=0$ lauten $\frac{x-a}{A}=\frac{y-b}{B}=\frac{z-c}{C}$ oder auch $x=a+lA$, $y=b+lB$, $z=c+lC$. Bestimme daraus die Koordinaten des Mittelpunktes des Schnittkreises. Gieb auch die Koordinaten der beiden Punkte an, in welchen die Normale die Kugel trifft.

Aufg. 5. Unter Benutzung der Abkürzungen:

$$K=(x-a)^2+(y-b)^2+(z-c)^2-r^2$$

und:

$$E=Ax+By+Cz+D=0$$

seien $K=0$ und $E=0$ die Gleichung einer Kugel und einer Ebene. Da für jeden Punkt des Schnittkreises, und nur für solche, die Gleichungen $K=0$, $E=0$ gleichzeitig bestehen, so gilt dasselbe auch von den beiden Gleichungen $K+\lambda E=0$, $E=0$, wenn λ einen beliebigen Parameter bezeichnet, denn das zweite Gleichungspaar ist nur eine Folge des ersten und umgekehrt. Es können daher ebenso gut $K+\lambda E=0$ und $E=0$ als die Gleichungen des Schnittkreises bezeichnet werden. Zeige nun (§ 42), dafs $K+\lambda E=0$ die Gleichung einer Kugel ist, welche durch den Kreis $K=0$, $E=0$ hindurchgeht und deren Mittelpunkt (man bestimme die Koordinaten desselben) also auf der in Aufg. 4 besprochenen Normalen liegt. Zeige überdies, dafs $K+\lambda E=0$ alle diese Kugeln darstellt, wenn man λ alle Werte von $-\infty$ bis $+\infty$ beilegt. Dadurch wird die in der Definition der Gleichungen eines Kreises im Raume enthaltene Umbestimmtheit beseitigt.

Aufg. 6. Gieb die Gleichung der Kugelschaar an, welche durch den Schnittkreis der Kugel:

$$(x-a)^2+(y-b)^2+(z-c)^2-r^2=0$$

und der xy-Ebene bestimmt ist.

Aufg. 7. Untersuche, unter welcher Bedingung sich unter dieser Schaar Kugeln befinden, welche die yz-Ebene oder die zx-Ebene berühren. Gieb die erforderlichen Werte des Parameters λ an.

Aufg. 8. Man bestimme die Gleichung der Kugel, welche durch den Kreis $3(x^2+y^2+z^2)-x+4y-7z=11$, $4x-5y+z=1$ und durch den Anfangspunkt hindurchgeht.

Aufg. 9. In welcher Beziehung steht die durch den Anfangspunkt gehende Kugel $x^2+y^2+z^2+Ax+By+Cz=0$ zu der Ebene $Ax+By+Cz=0$? (Suche die gemeinsamen Punkte von Ebene und Kugel.)

Aufg. 10. Durch welche Gleichung lassen sich alle Kugeln darstellen, welche die drei Koordinatenebenen gleichzeitig berühren?

Aufg. 11. Beachte, dafs die bisher untersuchten Linien im Raume, die Gerade und der Kreis, jedesmal durch zwei Gleichungen dargestellt werden.

Aufg. 12. Beweise, dafs durch jede Gerade des Raumes zwei Ebenen gehen, welche eine gegebene Kugel berühren. Die Ebenen können reell und verschieden, reell und zusammenfallend oder imaginär sein. Zum Beweise schreibe man einfach die Bedingung dafür auf, dafs die Ebene $E_1+\lambda E_2=0$ des durch $E_1=0$, $E_2=0$ bestimmten Ebenenbüschels die Kugel $x^2+y^2+z^2=r^2$ berühre. Man erhält alsdann eine in λ quadratische Gleichung, wodurch der Satz bewiesen ist.

Aufg. 13. Bestimme die Gleichungen der beiden Ebenen, welche durch die x-Achse gehen und die Kugel:

$$(x-2)^2+(y-5)^2+(z-8)^2=4$$

berühren.

Aufg. 14. Der Punkt (x_1, y_1, z_1) liege aufserhalb der Kugel $x^2+y^2+z^2=r^2$. Drücke die Bedingung dafür aus, dafs die durch den Punkt (x_1, y_1, z_1) gehende Ebene:

$$A(x - x_1) + B(y - y_1) + C(z - z_1) = 0$$

die Kugel berühre. Führe in die Bedingung für A, B, C die Koordinaten x, y, z des Berührungspunktes ein, wodurch die Bedingung in $xx_1 + yy_1 + zz_1 = r^2$ übergeht. Schliefse daraus, dafs die sämtlichen durch (x_1, y_1, z_1) gehenden Berührungsebenen die Kugel längs des Kreises berühren, dessen Gleichungen $x^2 + y^2 + z^2 = r^2$ und $xx_1 + yy_1 + zz_1 = r^2$ sind. Beachte, dafs die Verbindungslinie des Anfangspunktes mit dem Punkte (x_1, y_1, z_1) senkrecht steht auf der Ebene:

$$xx_1 + yy_1 + zz_1 = r^2$$

des Kreises. (Siehe übrigens § 44.)

§ 44. Die Kugel und die Gerade. Tangenten und Tangentenkegel.

Um die Schnittpunkte der Geraden P_1P_2 mit der Kugel $x^2 + y^2 + z^2 = r^2$ zu finden, erinnern wir uns, dafs ein jeder Punkt P der Geraden durch die Koordinaten:

$$(1) \qquad x = \frac{x_1 + \lambda x_2}{1 + \lambda}, \quad y = \frac{y_1 + \lambda y_2}{1 + \lambda}, \quad z = \frac{z_1 + \lambda z_2}{1 + \lambda}$$

dargestellt werden kann. Soll nun P auch ein Punkt der Kugel sein, so müssen seine Koordinaten der Gleichung:

$$x^2 + y^2 + z^2 = r^2$$

genügen. Dies führt zu einer in Bezug auf das Teilverhältnis λ quadratischen Gleichung, welche geordnet lautet:

$$(2) \quad \lambda^2(x_2^2 + y_2^2 + z_2^2 - r^2) + 2\lambda(x_1x_2 + y_1y_2 + z_1z_2 - r^2) + (x_1^2 + y_1^2 + z_1^2 - r^2) = 0.$$

Daraus folgt aber, dafs jede Gerade P_1P_2 die Kugel in zwei Punkten schneidet, welche reell und verschieden, reell und zusammenfallend oder imaginär sein können. Sind die Wurzeln λ_1 und λ_2 der quadratischen Gleichung reell, so erhält man die Koordinaten der gesuchten Schnittpunkte, indem man in den Gleichungen (1) an die Stelle von λ erst λ_1 und dann λ_2 setzt.

Die Realität der beiden Wurzeln λ_1 und λ_2 ist nun abhängig von dem Vorzeichen der Diskriminante der quadratischen Gleichung, d. h. von:

(3) $$\Delta = (x_1 x_2 + y_1 y_2 + z_1 z_2 - r^2)^2 \\ - (x_1^2 + y_1^2 + z_1^2 - r^2)(x_2^2 + y_2^2 + z_2^2 - r^2).$$

Durch Ausrechnen lässt sich Δ leicht auf die Form bringen:

(4) $$\Delta = r^2 d^2 - 4J^2,$$

wenn man zur Abkürzung setzt:

(5) $$d^2 = (x_1 - x_2)^2 + (y_1 - y_2)^2 + (z_1 - z_2)^2$$

und:

(6) $$4J^2 = (y_1 z_2 - y_2 z_1)^2 + (z_1 x_2 - z_2 x_1)^2 + (x_1 y_2 - x_2 y_1)^2.$$

Dann ist aber d nichts anderes als die Länge der Strecke $P_1 P_2$ und J der Inhalt des Dreiecks, welches der Anfangspunkt mit dieser Strecke $P_1 P_2$ bestimmt. Bezeichnet man die Länge der Senkrechten vom Anfangspunkte auf die Gerade $P_1 P_2$ mit δ, so ist $J = \frac{1}{2} d\delta$, $4J^2 = d^2\delta^2$ d. h. es ist $\Delta \gtreqless 0$, je nachdem $r \gtreqless \delta$ ist und man kommt zu dem geometrisch evidenten Resultate:

Jede Gerade $P_1 P_2$ schneidet die Kugel in zwei Punkten, welche reell und verschieden, reell und zusammenfallend oder imaginär sind, je nachdem der Abstand der Geraden vom Mittelpunkte kleiner, gleich oder grösser ist als der Radius.

Fallen die beiden Schnittpunkte zusammen, hat man also $\Delta = 0$, $\lambda_1 = \lambda_2$, so nennt man die Gerade $P_1 P_2$ eine Tangente der Kugel.

Die notwendige und hinreichende Bedingung dafür, dass die Gerade $P_1 P_2$ eine Tangente der Kugel $x^2 + y^2 + z^2 = r^2$ sei, lautet demnach:

(7) $$(x_1 x_2 + y_1 y_2 + z_1 z_2 - r^2)^2 \\ = (x_1^2 + y_1^2 + z_1^2 - r^2)(x_2^2 + y_2^2 + z_2^2 - r^2).$$

Es sei jetzt P_1 ein fester Punkt ausserhalb der Kugel, P_2 dagegen soll veränderlich und nur der Bedingung unterworfen sein, dass $P_1 P_2$ die Kugel berühre. Schreiben wir P, x, y, z statt P_2, x_2, y_2, z_2, so sind die Koordinaten von P nur der Bedingung unterworfen:

(8) $$(x x_1 + y y_1 + z z_1 - r^2)^2 \\ = (x^2 + y^2 + z^2 - r^2)(x_1^2 + y_1^2 + z_1^2 - r^2).$$

Diese Gleichung wird allemal aber auch nur dann erfüllt, wenn der Punkt (x, y, z) auf einer der Tangenten liegt, welche man von P_1 aus an die Kugel legen kann. Da jede Fläche, welche durch die Bewegung einer durch einen festen Punkt gehenden Geraden erzeugt wird, ein Kegel genannt wird, so bezeichnen wir die von den sämtlichen durch P_1 gehenden Kugeltangenten erzeugte Fläche als den zu P_1 gehörigen Tangentenkegel der Kugel. Die Gleichung (8) ist die Gleichung dieses Tangentenkegels.

Aus der Form der Gleichung (8) geht unmittelbar hervor, dafs sämtliche Punkte des Kreises, welchen die Ebene:

$$(9) \qquad xx_1 + yy_1 + zz_1 - r^2 = 0$$

aus der Kugel:

$$(10) \qquad x^2 + y^2 + z^2 - r^2 = 0$$

herausschneidet, auch Punkte des Tangentenkegels sind, und ebenso, dass alle Punkte, welche die Ebene (9) mit dem Tangentenkegel gemein hat, auch auf der Kugel liegen müssen. Der Tangentenkegel berührt also die Kugel längs des durch die Gleichungen (9) und (10) dargestellten Kreises. Die Form der Gleichung (9) zeigt überdies, dafs die Verbindungslinie des Punktes P_1 mit dem Anfangspunkte die durch den Mittelpunkt des Kreises gehende Normale der Kreisebene ist. Der Tangentenkegel (8) ist daher ein gerader Kreiskegel, wie geometrisch sofort einleuchtet.

Aufg. 1. Untersuche, ob die Verbindungslinie der Punkte $(5, 2, -1)$, $(4, -2, 7)$ die Kugel $x^2 + y^2 + z^2 = 25$ schneidet und bestimme eventuell die Koordinaten der Schnittpunkte.

Aufg. 2. Schreibe die Gleichung des Tangentenkegels auf, welchen der Punkt $(a, 0, 0)$ der x-Achse mit der Kugel $x^2 + y^2 + z^2 = r^2$ bestimmt.

Aufg. 3. Leite durch Koordinatentransformation die Resultate des Textes für die Kugel:

$$(x - a)^2 + (y - b)^2 + (z - c)^2 = r^2$$

und die Gerade $P_1 P_2$ ab. Wie heifst insbesondere die Gleichung des zu P_1 gehörigen Tangentenkegels?

Aufg. 4. Unter welcher Bedingung berührt die Gerade $x = y = z$ die Kugel $(x - a)^2 + (y - b)^2 + (z - c)^2 = r^2$?

Aufg. 5. Wie heifst die Gleichung des Tangentenkegels, welchen der Anfangspunkt mit der Kugel:

$$(x-a)^2+(y-b)^2+(z-c)^2=r^2$$

bestimmt?

Aufg. 6. Beachte, dass die Gleichung (8), wie auch die in Aufg. 3 abgeleitete allgemeine Gleichung des Tangentenkegels eine in Bezug auf x, y, z quadratische Gleichung ist. Vergleiche sie mit der Kugelgleichung.

Aufg. 7. Bestimme in gleicher Weise wie im Texte die Schnittpunkte der Kugel $x^2+y^2+z^2=r^2$ mit der durch einen Punkt und die Richtung gegebenen Geraden $x=x_1+l\xi$, $y=y_1+l\eta$, $z=z_1+l\zeta$ (§ 40). Man erhält die in l quadratische Gleichung:

$$l^2+2l(x_1\xi+y_1\eta+z_1\zeta)+x_1^2+y_1^2+z_1^2-r^2=0,$$

welche sich in ähnlicher Weise diskutieren läfst wie die Gleichung (2) des Textes. Für die Koordinaten des Mittelpunktes der auf der Geraden abgeschnittenen Sehne der Kugel erhält man $x=x_1+l_m\xi$, $y=y_1+l_m\eta$, $z=z_1+l_m\zeta$, wenn l_m das arithmetische Mittel aus den Wurzeln der quadratischen Gleichung ist. Dann folgt aber $l_m=-(x_1\xi+y_1\eta+z_1\zeta)$. Setzt man diesen Wert in die drei Gleichungen für x, y, z ein und multipliziert dann resp. mit ξ, η, ζ, so erhält man durch Addition die Gleichung $x\xi+y\eta+z\zeta=0$, in welcher x_1, y_1, z_1 nicht mehr vorkommen und welche die Gleichung einer durch den Anfangspunkt gehenden Ebene, einer Diametralebene, darstellt. Man erhält so den Satz: Der Ort der Mittelpunkte paralleler Kugelsehnen ist die zu der gegebenen Richtung der Sehnen normale Diametralebene der Kugel. (Siehe § 46.)

Aufg. 8. Man setze in der Gleichung (8) des zu P_1 gehörigen Berührungskegels $x_1=\varrho\xi$, $y_1=\varrho\eta$, $z_1=\varrho\zeta$ um auszudrücken, dafs P_1 sich auf einem durch den Anfangspunkt gehenden Durchmesser mit der Richtung (ξ, η, ζ) befinde. Dann kann man Gleichung (8) schreiben:

$$\left(x\xi+y\eta+z\zeta-\frac{r^2}{\varrho^2}\right)^2=(x^2+y^2+z^2-r^2)\left(1-\frac{r^2}{\varrho^2}\right).$$

Läfst man jetzt P_1 auf dem bezeichneten Durchmesser ins

Unendliche rücken, so geht der Tangentenkegel in einen Tangentencylinder über mit der Gleichung:

$$(x\xi + y\eta + z\zeta)^2 = x^2 + y^2 + z^2 - r^2.$$

Derselbe berührt die Kugel längs des gröfsten Kreises, welchen die zu der Richtung (ξ, η, ζ) normale Diametralebene (Aufg. 7) aus der Kugel herausschneidet.

Aufg. 9. Welches ist die geometrische Bedeutung eines jeden der beiden Ausdrücke $x\xi + y\eta + z\zeta$ und $x^2 + y^2 + z^2 - r^2$? (§ 24.) Auf Grund dieser Bedeutung läfst sich die Gleichung des Tangentencylinders direkt hinschreiben.

Aufg. 10. Gieb mit Rücksicht auf die vorhergehende Aufgabe, also ohne Koordinatentransformation, die Gleichung des zu der Richtung (ξ, η, ζ) gehörigen Tangentencylinders der Kugel $(x - a)^2 + (y - b)^2 + (z - c)^2 = r^2$ an.

Aufg. 11. Auch die Gleichungen (8) und (9) können als die Gleichungen des durch (9) und (10) dargestellten Kreises bezeichnet werden.

Aufg. 12. Der Tangentenkegel (8) wird eingehüllt von allen Berührungsebenen, welche man von P_1 aus an die Kugel legen kann (§ 43, Aufg. 14).

§ 45. Die Tangentialebene in einem Punkte der Kugel.

Wir bestimmen jetzt die Schnittpunkte einer Geraden $P_1 P_2$ mit der Kugel:

$$(1) \qquad x^2 + y^2 + z^2 = r^2$$

unter der Voraussetzung, dass P_1 ein Punkt der Kugel sei. Wegen $x_1^2 + y_1^2 + z_1^2 - r^2 = 0$ reduziert sich dann die in Bezug auf λ quadratische Gleichung (2) des § 44 auf:

$$(2) \qquad \lambda^2(x_2^2 + y_2^2 + z_2^2 - r^2) + 2\lambda(x_1 x_2 + y_1 y_2 + z_1 z_2 - r^2) = 0.$$

Die eine Wurzel $\lambda_1 = 0$ dieser Gleichung führt, wie sich von selbst versteht, zu dem Punkte P_1 als erstem Schnittpunkte. Für das dem zweiten Schnittpunkte entsprechende Teilverhältnis λ_2 erhält man dann:

$$(3) \qquad \lambda_2 = -2\frac{x_1 x_2 + y_1 y_2 + z_1 z_2 - r^2}{x_2^2 + y_2^2 + z_2^2 - r^2}.$$

Fällt der zweite Schnittpunkt mit dem ersten zusammen, d. h

ist $P_1 P_2$ eine Tangente der Kugel im Punkte P_1, so ist $\lambda_2 = 0$ und umgekehrt. Daraus folgt aber:

Damit der von dem Punkte P_1 der Kugel nach dem Punkte P_2 gezogene Strahl eine Tangente der Kugel im Punkte P_1 sei, ist notwendig und hinreichend, dass die Relation:

(4) $$x_1 x_2 + y_1 y_2 + z_1 z_2 - r^2 = 0$$

bestehe.

Durch jeden Punkt P_1 der Kugel gehen demnach unendlich viele Tangenten. Schreiben wir P, x, y, z statt P_2, x_2, y_2, z_2, so ergiebt sich, dass die Gleichung:

(5) $$x x_1 + y y_1 + z z_1 = r^2$$

allemal aber auch nur dann erfüllt wird, wenn der Punkt (x, y, z) auf einer der durch P_1 gehenden Tangenten der Kugel liegt. Da aber die Gleichung (5) eine durch P_1 gehende Ebene darstellt, so folgt:

Die unzählig vielen Tangenten, welche man in einem Punkte P_1 der Kugel an diese ziehen kann, erfüllen eine Ebene, die Tangentialebene der Kugel im Punkte P_1. Ihre Gleichung lautet $x x_1 + y y_1 + z z_1 = r^2$.

Eine einfache Parallelverschiebung der Achsen lehrt, dass:

(6) $$(x-a)(x_1-a) + (y-b)(y_1-b) + (z-c)(z_1-c) = r^2$$

die Gleichung der Tangentialebene der Kugel:

$$(x-a)^2 + (y-b)^2 + (z-c)^2 = r^2$$

im Punkte (x_1, y_1, z_1) darstellt.

Aufg. 1. Aus § 44 kann man die Gleichung der Tangentialebene auch folgendermafsen gewinnen. Läfst man in der Gleichung (8) des Tangentialkegels den Punkt P_1 auf die Kugel rücken, so verschwindet die rechte Seite, die Gleichung geht in $x x_1 + y y_1 + z z_1 = r^2$ über und lässt also die Tangentialebene als eine Ausartung des Tangentenkegels erscheinen. Beachte übrigens, dass dieser Weg zu der doppelt gezählten Tangentialebene führt. Erkläre dies analytisch und geometrisch.

Aufg. 2. Die Gleichung der Tangentialebene der Kugel im Punkte P_1 kann auch direkt hingeschrieben werden als die

Gleichung einer im Punkte P_1 auf dem zugehörigen Radius OP_1 senkrecht stehenden Ebene (§ 43). Diese Definition der Tangentialebene ist aber nur für die Kugel gültig, während das Verfahren des Textes für jede Fläche die Tangentialebene liefert (I, § 34).

Aufg. 3. Bestimme die Schnittpunkte der durch den Anfangspunkt gehenden Geraden $x = \varrho\xi$, $y = \varrho\eta$, $z = \varrho\zeta$ mit der ebenfalls durch den Anfangspunkt gehenden Kugel

$$x^2 + y^2 + z^2 + Ax + By + Cz = 0.$$

Die Bedingung für das Zusammenfallen der Schnittpunkte führt zu der Gleichung $Ax + By + Cz = 0$ als Gleichung der Tangentialebene der Kugel in O. (§ 43, Aufg. 9 wurde das gleiche Resultat auf anderem Wege gewonnen.)

Aufg. 4. Bestimme die Achsenabschnitte der Tangentialebene im Punkte (x_1, y_1, z_1).

Aufg. 5. Zeige, dafs die Tangentialebenen aller Kugelpunkte mit derselben Abscisse x_1 (alle diese Punkte liegen auf dem Kreise mit den Gleichungen $x^2 + y^2 + z^2 = r^2$, $x = x_1$) sich in demselben Punkte der x-Achse schneiden, welcher zu den Punkten $x = -r$, $x = x_1$, $x = +r$ harmonisch liegt (I, § 34, Aufg. 4).

Aufg. 6. Die Ebene $Ax + By + Cz + D = 0$ sei eine Tangentialebene der Kugel $x^2 + y^2 + z^2 = r^2$. Wie heifsen die Koordinaten des Berührungspunktes? Welche Relation besteht zwischen A, B, C, D und r?

Aufg. 7. Man soll den Berührungspunkt einer durch einen aufserhalb der Kugel befindlichen Punkt (x', y', z') gehenden Tangentialebene finden. Sei (x_1, y_1, z_1) der Berührungspunkt, also $xx_1 + yy_1 + zz_1 = r^2$ die zugehörige Tangentialebene, so mufs sein $x'x_1 + y'y_1 + z'z_1 = r^2$. Diese Gleichung drückt aber einfach aus, dafs der Punkt (x_1, y_1, z_1) auf der Ebene $xx' + yy' + zz' = r^2$ liege, also ein Punkt des Kreises sei, den diese aus der Kugel herausschneidet. Umgekehrt erkennt man, dafs die Tangentialebene eines jeden dieser Punkte durch (x', y', z') hindurchgeht. Denn bedeutet (x_1, y_1, z_1) einen solchen, so ist $x_1x' + y_1y' + z_1z' = r^2$. Diese Gleichung sagt aber auch aus, dass die Tangentialebene $xx_1 + yy_1 + zz_1 = r^2$ durch (x', y', z') hindurchgehe (§ 44, Aufg. 12; § 43, Aufg. 14).

Aufg. 8. Zeige, dafs die Tangentialebenen in den Endpunkten eines Durchmessers der Kugel $x^2 + y^2 + z^2 = r^2$ einander parallel sind. Bringe dies in Zusammenhang mit Aufgabe 8, § 44.

§ 46. Pol und Polarebene. Reziproke Polaren.

Es möge wieder die Kugel:

$$(1) \qquad x^2 + y^2 + z^2 = r^2$$

durch die Verbindungslinie zweier beliebig gewählter Punkte P_1 und P_2 geschnitten werden. Die Teilverhältnisse λ_1 und λ_2 der beiden Schnittpunkte ergeben sich dann (§ 44) aus der quadratischen Gleichung:

$$(2) \qquad \lambda^2(x_2^2 + y_2^2 + z_2^2 - r^2) + 2\lambda(x_1 x_2 + y_1 y_2 + z_1 z_2 - r^2) + (x_1^2 + y_1^2 + z_1^2 - r^2) = 0.$$

Liegen jetzt zufällig P_1 und P_2 so, dass:

$$x_1 x_2 + y_1 y_2 + z_1 z_2 - r^2 = 0$$

ist, so hat man $\lambda_1 = -\lambda_2$, d. h. P_1, P_2, und die beiden Schnittpunkte S_1, S_2 bilden eine harmonische Gruppe und umgekehrt. Zieht man daher durch den festen Punkt P_1 alle möglichen Strahlen und bestimmt jedesmal zu P_1 und den beiden Schnittpunkten S_1 und S_2 den vierten harmonischen, P_1 zugeordneten Punkt P_2, so müssen die Koordinaten von P_2 allemal der Gleichung:

$$(3) \qquad x x_1 + y y_1 + z z_1 - r^2 = 0$$

genügen, und umgekehrt liegt jeder Punkt, dessen Koordinaten die Gleichung (3) befriedigen, so, dass seine Verbindungslinie mit P_1 durch die Kugel harmonisch geteilt wird, falls sie dieselbe überhaupt in reellen Punkten trifft. Da aber (3) eine Ebene darstellt, so hat man den Satz:

Zieht man von einem beliebigen Punkte P_1 alle möglichen Strahlen nach einer Kugel und bestimmt jedesmal zu den beiden Schnittpunkten und dem Punkte P_1 als zugeordnetem den vierten harmonischen Punkt, so ist der Ort desselben eine Ebene.

Man nennt diese Ebene die Polarebene des gegebenen Punktes, diesen den Pol der Ebene.

Ohne Weiteres ergeben sich folgende Sätze (vergl. I, § 49 und 50):

Liegt P_1 innerhalb der Kugel, so liegen die vierten harmonischen Punkte alle aufserhalb, die Polarebene schneidet die Kugel nicht.

Liegt P_1 aufserhalb der Kugel, so erhält man für jeden Strahl, der die Kugel in reellen Punkten trifft, einen innerhalb gelegenen harmonischen Punkt. Die Polarebene schneidet alsdann die Kugel und zwar in dem wiederholt besprochenen Kreise, längs dessen der Tangentenkegel des Punktes P_1 die Kugel berührt.

Liegt P_1 auf der Kugel, so stellt (3) die Gleichung der Tangentialebene von P_1 dar, d. h. die Tangentialebene einer Kugel ist die Polarebene ihres Berührungspunktes, dieser der Pol seiner Tangentialebene.

Setzt man in (3) $x_1 = \varrho\xi$, $y_1 = \varrho\eta$, $z_1 = \varrho\zeta$, so erhält man für $\varrho = \infty$ als Polarebene von P_1:

(4) $$x\xi + y\eta + z\zeta = 0,$$ d. h.:

Die Polarebene eines unendlich fernen Punktes ist die zu seiner Richtung (ξ, η, ζ) normale Diametralebene.

Liegt der Punkt P_2 auf der Polarebene von P_1, so gilt:

(5) $$x_1 x_2 + y_1 y_2 + z_1 z_2 = r^2.$$

Da diese Gleichung aber auch aussagt, dass P_1 auf der Polarebene von P_2 liegt, so gilt der Satz:

Bewegt sich ein Punkt auf einer Ebene, so dreht sich seine Polarebene um den Pol der Ebene und umgekehrt, dreht sich eine Ebene um einen Punkt, so bewegt sich ihr Pol auf der Polarebene des Punktes.

Da der Pol einer Diametralebene der unendlich ferne Punkt des zu der Ebene normalen Durchmessers ist, und da alle Diametralebenen durch den Mittelpunkt gehen, so müssen wir die unendlich fernen Punkte des Raumes als auf einer Ebene befindlich voraussetzen. Diese unendlich ferne Ebene des Raumes ist dann als die Polarebene des Mittelpunktes zu bezeichnen.

Es seien P_1 und P_2 zwei beliebige Punkte,

$$xx_1 + yy_1 + zz_1 - r^2 = 0 \text{ und } xx_2 + yy_2 + zz_2 - r^2 = 0$$

oder abgekürzt geschrieben $E_1 = 0$ und $E_2 = 0$ ihre Polarebenen. Bestimmt man einen beliebigen Punkt P der Verbindungslinie $P_1 P_2$ durch sein Teilverhältnis $\lambda = \frac{P_1 P}{P P_2}$, so ist die Gleichung seiner Polaren:

(6) $$x \frac{x_1 + \lambda x_2}{1 + \lambda} + y \frac{y_1 + \lambda y_2}{1 + \lambda} + z \frac{z_1 + \lambda z_2}{1 + \lambda} - r^2 = 0,$$

oder:

(7) $$xx_1 + yy_1 + zz_1 - r^2 + \lambda(xx_2 + yy_2 + zz_2 - r^2) = 0,$$

oder kürzer:

(8) $$E_1 + \lambda E_2 = 0, \quad \text{d. h.:}$$

Durchläuft ein Punkt P eine gerade Linie $P_1 P_2$, so dreht sich seine Polarebene um eine Gerade, den Schnitt der Polarebenen von P_1 und P_2.

Nach dem früheren ist klar, dafs wenn umgekehrt ein Punkt die Gerade $E_1 = 0$, $E_2 = 0$ durchläuft, seine Polarebene sich um die Gerade $P_1 P_2$ drehen mufs. Das Verhalten der beiden Geraden $P_1 P_2$ und $E_1 = 0$, $E_2 = 0$ ist also ein gegenseitiges; man nennt sie konjugierte oder reziproke Polaren der Kugel. Jede beliebige Gerade im Raume besitzt also in Bezug auf eine gegebene Kugel stets eine ganz bestimmte reciproke Polare. Da die Richtungskosinus von $P_1 P_2$ proportional zu $x_1 - x_2$, $y_1 - y_2$, $z_1 - z_2$, diejenigen der Geraden $E_1 = 0$, $E_2 = 0$ proportional zu $y_1 z_2 - y_2 z_1$, $z_1 x_2 - z_2 x_1$, $x_1 y_2 - x_2 y_1$ sind (§ 37), so findet man:

Reziproke Polaren sind zu einander normal.

Daraus ergiebt sich leicht eine Konstruktion der reziproken Polaren einer gegebenen Geraden. Wenn die zu der Geraden normale Diametralebene der Kugel die Gerade im Punkte P, die Kugel im gröfsten Kreise K schneidet, so stellt sich die reziproke Polare der gegebenen Geraden dar als die in dieser Diametralebene liegende Polare des Punktes P in Bezug auf den Kreis K. Es folgt daraus, dafs reziproke Polaren im allgemeinen windschiefe Geraden sind, von denen stets die eine die Kugel schneidet, während die andere ganz aufserhalb der Kugel liegt. Wird die eine Polare zur Tangente, so ist die andere die in der zugehörigen Tangentialebene liegende normale Tangente. Nur in diesem Falle also findet ein Schneiden der reziproken Polaren statt.

Da der Pol einer Tangentialebene ihr Berührungspunkt ist und da andererseits der Pol einer jeden durch eine gegebene Gerade gehenden Ebene auf der reziproken Polaren liegt, so folgt:

Die eine der beiden reziproken Polaren ist die Verbindungslinie der Berührungspunkte der beiden Tangentialebenen, die man aus der anderen an die Kugel legen kann.

Da jede Gerade zwei (reelle oder imaginäre) Punkte mit der Kugel gemein hat, so ist damit zugleich gezeigt, dafs durch jede Gerade zwei (reelle oder imaginäre) Tangentialebenen an die Kugel gelegt werden können (§ 43, Aufg. 12).

Aufg. 1. Die Polarebene des Punktes (x_1, y_1, z_1) in Bezug auf die Kugel $(x-a)^2+(y-b)^2+(z-c)^2-r^2=0$ lautet $(x-a)(x_1-a)+(y-b)(y_1-b)+(z-c)(z_1-c)=r^2$. Wie lautet die Polarebene desselben Punktes in Bezug auf $A_0(x^2+y^2+z^2)+Ax+By+Cz+D=0$? Welches ist die Polarebene des Anfangspunktes in Bezug auf diese Kugel?

Aufg. 2. Zeige, dafs die Koordinaten des Poles der Ebene $Ax+By+Cz+D=0$ in Bezug auf die Kugel $x^2+y^2+z^2=r^2$ gleich $-\frac{A}{D}r^2, -\frac{B}{D}r^2, -\frac{C}{D}r^2$ sind.

Aufg. 3. Bestimme die Koordinaten des Poles der Ebene $Ax+By+Cz+D=0$ in Bezug auf:

$$(x-a)^2+(y-b)^2+(z-c)^2=r^2.$$

Aufg. 4. Man überzeuge sich, dafs die auf Pol und Polarebene bezüglichen Sätze von dem zu Grunde gelegten Koordinatensysteme unabhängig sind.

Aufg. 5. Betrachte die Theorie des Tangentialkegels und des Tangentialcylinders vom Standpunkte der Polarentheorie aus. Verfolge die verschiedenen Lagen der Polarebene und des zugehörigen Tangentialkegels, wenn der Pol einen Durchmesser durchläuft, insbesondere wenn er auf diesem Durchmesser ins Unendliche rückt. Bringe die in § 43 (Aufg. 14), § 44 (Aufg. 7, 8, 12), § 45 (Aufg. 7, 8) abgeleiteten Resultate mit der Polarentheorie in Zusammenhang.

Aufg. 6. Drei beliebige Tangentialebenen der Kugel schneiden sich stets in einem Punkte desjenigen Durchmessers, welcher zu der Ebene ihrer Berührungspunkte normal ist.

Aufg. 7. Wenn man durch einen beliebigen Punkt P des Raumes einen Strahl zieht, der die Kugel in S_1 und S_2 trifft, so schneiden sich die Tangentialebenen von S_1 und S_2 in einer Geraden, welche in der Polarebene von P liegt.

Aufg. 8. Die reziproke Polare der Geraden $x = x_1 + l\xi$, $y = y_1 + l\eta$, $z = z_1 + l\zeta$ in Bezug auf die Kugel:

$$x^2 + y^2 + z^2 = r^2$$

kann durch die Gleichungen:

$$xx_1 + yy_1 + zz_1 = r^2 \text{ und } x\xi + y\eta + z\zeta = 0$$

dargestellt werden, von denen die erste die Polarebene des Punktes (x_1, y_1, z_1), die zweite die Polarebene des unendlich fernen Punktes der gegebenen Geraden repräsentirt (§ 44, Aufg. 7 und 8).

Aufg. 9. Wie heifsen die entsprechenden Gleichungen der reziproken Polaren der Geraden $x = x_1 + l\xi$, $y = y_1 + l\eta$, $z = z_1 + l\zeta$ in Bezug auf die Kugel:

$$(x - a)^2 + (y - b)^2 + (z - c)^2 = r^2?$$

Aufg. 10. Bestimme mit Rücksicht auf die beiden vorhergehenden Aufgaben die Gleichungen der reziproken Polaren der Koordinatenachsen in Bezug auf die Kugel:

$$(x - a)^2 + (y - b)^2 + (z - c)^2 = r^2.$$

Aufg. 11. Zeige, dafs die reziproke Polare eines Durchmessers der Kugel die unendlich ferne Gerade der zu dem Durchmesser normalen Diametralebene ist. (Vergl. auch § 45, Aufg. 8.)

Aufg. 12. Zeige durch die Rechnung, dafs die Polarebenen der sämtlichen Punkte der x-Achse in Bezug auf die Kugel $x^2 + y^2 + z^2 = 2rz$ durch die y-Achse gehen und umgekehrt, dafs also die x-Achse und die y-Achse reziproke Polaren in Bezug auf diese spezielle Kugel sind.

Aufg. 13. Beachte, dass die sämtlichen durch einen Punkt der Kugel gehenden Tangenten sich zu Paaren reziproker Polaren ordnen lassen.

Aufg. 14. Verfolge das Ebenenbüschel der Polarebenen der sämtlichen Punkte einer Tangente der Kugel. Beachte insbesondere den Berührungspunkt und den unendlich fernen Punkt der Tangente.

Aufg. 15. Die reciproken Polaren der sämtlichen durch einen Punkt des Raumes gehenden Geraden (eines Strahlenbündels) erfüllen eine Ebene, die Polarebene jenes Punktes. Sprich diesen unmittelbar aus der Definition reziproker Polaren sich ergebenden Satz auch folgendermafsen aus: Liegt eine Gerade in einer bestimmten Ebene (oder geht durch einen bestimmten Punkt), so geht die reziproke Polare durch den Pol der Ebene (oder liegt in der Polarebene des Punktes).

Aufg. 16. Dreht sich eine Gerade in einer Ebene E um einen Punkt P (beschreibt sie ein Strahlenbüschel), so dreht sich ihre reziproke Polare in der Polarebene von P um den Pol von E (beschreibt also ebenfalls ein Strahlenbüschel).

Aufg. 17. Suche durch mannigfache Spezialisierungen des in Aufg. 16 enthaltenen Satzes eine möglichst vollständige Einsicht in die Art der Gruppierung der reziproken Polaren zu gewinnen. Setze z. B. den Scheitel des Strahlenbüschels als einen Punkt P der Kugel und die Ebene desselben als eine durch P gehende Diametralebene voraus. Das konjugierte Strahlenbüschel liegt dann in der Tangentialebene von P und besteht aus den sämtlichen Parallelen dieser Ebene, welche normal zu der Diametralebene sind. Beachte insbesondere in dem ersten Strahlenbüschel die Tangente und den Durchmesser der Kugel und gieb die reziproken Polaren an.

Aufg. 18. Bestimme das konjugierte Strahlenbüschel zu demjenigen, dessen Ebene eine Diametralebene und dessen Scheitel der Mittelpunkt der Kugel ist (Aufg. 11).

Aufg. 19. Durch die sämtlichen einer bestimmten Richtung parallelen Geraden einer Diametralebene ist ein Strahlenbüschel gegeben. Welches ist das konjugierte?

§ 47. Die Potenz eines Punktes in Bezug auf eine Kugel.

Legt man durch einen Punkt P_1 des Raumes einen beliebigen Strahl:

(1) $$x = x_1 + l\xi, \quad y = y_1 + l\eta, \quad z = z_1 + l\zeta$$

nach der Kugel:

(2) $$x^2 + y^2 + z^2 - r^2 = 0,$$

so erhält man die Entfernungen des Punktes P_1 von den beiden Schnittpunkten, nämlich $P_1S_1 = l_1$, $P_1S_2 = l_2$, als die Wurzeln der quadratischen Gleichung:

(3) $$l^2 + 2l(x_1\xi + y_1\eta + z_1\zeta) + x_1^2 + y_1^2 + z_1^2 - r^2 = 0$$

(§ 44, Aufg. 7). Da aber das Produkt der beiden Wurzeln, nämlich:

(4) $$l_1 l_2 = x_1^2 + y_1^2 + z_1^2 - r^2$$

nur von der Lage des Punktes P_1, nicht aber von der Richtung (ξ, η, ζ) des durch P_1 gelegten Strahles abhängt, so erhält man den Satz:

Zieht man von einem beliebigen Punkte Strahlen nach einer Kugel, von denen jeder die Kugel in zwei zusammengehörigen Punkten trifft, so ist das Produkt der Entfernungen zweier zusammengehöriger Schnittpunkte von dem gegebenen Punkte für alle Strahlen konstant.

Dieses konstante Produkt wird die Potenz des gegebenen Punktes in Bezug auf die Kugel genannt. Die Potenz $x_1^2 + y_1^2 + z_1^2 - r^2$ von P_1 ist positiv, Null, oder negativ, je nachdem P_1 aufserhalb der Kugel, auf der Kugel oder innerhalb der Kugel sich befindet. Liegt P_1 aufserhalb der Kugel, so kann man unzählig viele Tangenten von P_1 an die Kugel legen, welche den zu P_1 gehörigen Tangentialkegel bilden. Die Potenz von P_1 ist gleich dem Quadrate der Länge einer jeden dieser Tangenten (§ 44, Aufg. 9).

Eine einfache Parallelverschiebung der Achsen lehrt, dafs die Potenz des Punktes P_1 in Bezug auf die Kugel:

(5) $$(x - a)^2 + (y - b)^2 + (z - c)^2 - r^2 = 0$$

gleich ist:

$$(6)\qquad (x_1 - a)^2 + (y_1 - b)^2 + (z_1 - c)^2 - r^2.$$

Es seien jetzt zwei Kugeln durch ihre Gleichungen:

$$(7)\qquad (x - a_1)^2 + (y - b_1)^2 + (z - c_1)^2 - r_1^2 = 0$$

$$(8)\qquad (x - a_2)^2 + (y - b_2)^2 + (z - c_2)^2 - r_2^2 = 0$$

gegeben. Bezeichnet man zur Abkürzung die linken Seiten dieser Gleichungen mit K_1 und K_2 und versteht unter (x, y, z) einen ganz beliebigen Punkt des Raumes, so bedeuten K_1 und K_2 die Potenzen von (x, y, z) in Bezug auf die Kugeln (7) und (8). Die Gleichung $K_1 - K_2 = 0$ oder ausführlicher:

$$(9)\qquad \begin{aligned} &2x(a_2 - a_1) + 2y(b_2 - b_1) + 2z(c_2 - c_1) \\ &+ (a_1^2 + b_1^2 + c_1^2 - r_1^2) - (a_2^2 + b_2^2 + c_2^2 - r_2^2) = 0 \end{aligned}$$

stellt daher den Ort der Punkte dar, welche in Bezug auf die Kugeln $K_1 = 0$, $K_2 = 0$ gleiche Potenzen haben.

Dieser Ort ist aber, da Gleichung (9) in Bezug auf x, y, z linear ist, eine Ebene. Man nennt sie die Potenzebene der beiden Kugeln. Sie ist zugleich der Ort der Punkte, von denen aus man an die beiden Kugeln gleichlange Tangenten legen kann. Aus der Form der Gleichung (9) ergiebt sich ferner, dafs die Potenzebene normal ist zu der Verbindungslinie der Mittelpunkte, der Zentrallinie beider Kugeln.

Von den drei Gleichungen:

$$K_1 = 0,\ K_2 = 0,\ K_1 - K_2 = 0$$

kann jede als eine Folge der beiden andern angesehen werden. Gemeinsame Punkte der beiden Kugeln sind daher auch Punkte der Potenzebene, und jeder Punkt, den die Potenzebene mit einer der beiden Kugeln gemein hat, mufs auch ein Punkt der andern sein. Zwei Kugeln schneiden sich daher stets in einem Kreise — dem Schnittkreise ihrer Potenzebene mit einer der Kugeln —, oder sie berühren sich — dann ist die Potenzebene die gemeinsame Tangentialebene —, oder sie schneiden sich gar nicht — dann hat auch die Potenzebene mit keiner der Kugeln einen Punkt gemein. Die Untersuchung über den Schnitt zweier Kugeln ist damit also zurückgeführt auf die Bestimmung des Schnittes einer Kugel mit einer Ebene (§ 43).

Sind drei Kugeln $K_1 = 0$, $K_2 = 0$, $K_3 = 0$ gegeben, so erhält man durch Kombination derselben zu je zweien drei Potenzebenen, deren Gleichungen lauten:

$$(10)\qquad K_2 - K_3 = 0, \quad K_3 - K_1 = 0, \quad K_1 - K_2 = 0.$$

Da aber durch Addition der drei Gleichungen die linke Seite identisch verschwindet, so folgt (§ 31):

Die drei Potenzebenen, die man zu je zweien von drei Kugeln konstruiren kann, schneiden sich in einer geraden Linie, welche man die Potenzlinie der drei Kugeln nennt.

Die Potenzlinie ist der Ort der Punkte, von denen aus man an die drei Kugeln gleiche Tangenten legen kann. Schreibt man die Gleichungen (10), von denen je zwei als die Gleichungen der Potenzlinie angesehen werden können, ausführlich hin, so findet man, dafs die Richtungskosinus der Potenzlinie proportional sind jenen früher mit J', J'', J''' bezeichneten Ausdrücken, welche resp. den Flächeninhalt der Projektionen des von den Kugelmittelpunkten gebildeten Dreiecks darstellen. Nennt man die Ebene dieses Dreiecks die Zentralebene der drei Kugeln, so folgt also, dafs die Potenzlinie senkrecht auf dieser Zentralebene steht und zwar in demjenigen Punkte derselben, welcher in der analytischen Geometrie der Ebene als der Potenzpunkt der von der Zentralebene aus den drei Kugeln herausgeschnittenen gröfsten Kreise bezeichnet wird.

Vier Kugeln $K_1 = 0$, $K_2 = 0$, $K_3 = 0$, $K_4 = 0$ geben zu je zweien kombiniert Veranlassung zu sechs Potenzebenen und zu je dreien kombiniert zu vier Potenzlinien, welche senkrecht stehen auf den vier Seitenflächen des von den Kugelmittelpunkten gebildeten Tetraeders. Die Gleichungen der sechs Potenzebenen, welche zu den Kanten dieses Tetraeders normal sind, lauten:

$$(11)\qquad \begin{cases} K_1 - K_2 = 0, & K_2 - K_3 = 0, & K_3 - K_4 = 0 \\ K_1 - K_3 = 0, & K_1 - K_4 = 0, & K_2 - K_4 = 0. \end{cases}$$

Da aber jede der drei letzten Gleichungen eine Folge der drei ersten ist (vergl. auch § 34, Gl. 8) so sieht man, dafs die sechs Potenzebenen und folglich auch die vier Potenzlinien sich in einem und demselben Punkte schneiden, wie übrigens auch eine einfache geometrische Ueberlegung lehrt. Dieser Punkt heifst der Potenzpunkt der vier Kugeln. Die Tangenten, die man von ihm an die vier Kugeln legen kann, haben alle gleiche Länge.

Aufg. 1. Beachte, dafs alle auf die Potenz bezüglichen Sätze des Textes von dem zu Grunde gelegten Koordinatensysteme unabhängig sind, was auch schon in der symbolischen Bezeichnung seinen Ausdruck findet.

Aufg. 2. Welches ist der Ort der Punkte, die in Bezug auf eine gegebene Kugel gleiche Potenzen haben?

Aufg. 3. Was wird aus Gleichung (9) der Potenzebene, wenn die beiden Kugeln konzentrisch sind?

Aufg. 4. Zeige, dafs die Gleichung:

$$(a_1 - a_2)^2 + (b_1 - b_2)^2 + (c_1 - c_2)^2 = r_1{}^2 + r_2{}^2$$

die notwendige und hinreichende Bedingung dafür ist, dafs die beiden Kugeln $K_1 = 0$, $K_2 = 0$ sich rechtwinklig schneiden.

Aufg. 5. Welches ist die Potenz des Punktes (x_1, y_1, z_1) in Bezug auf die Kugel $x^2 + y^2 + z^2 + Ax + By + Cz + D = 0$? Welches ist die Gleichung der Potenzebene der beiden Kugeln:

$$x^2 + y^2 + z^2 + A_1 x + B_1 y + C_1 z + D_1 = 0$$

und:

$$x^2 + y^2 + z^2 + A_2 x + B_2 y + C_2 z + D_2 = 0?$$

Aufg. 6. Die Bedingung, unter welcher sich die Kugeln:

$$x^2 + y^2 + z^2 + A_1 x + B_1 y + C_1 z + D_1 = 0$$

und:

$$x^2 + y^2 + z^2 + A_2 x + B_2 y + C_2 z + D_2 = 0$$

rechtwinklig schneiden, lautet:

$$A_1 A_2 + B_1 B_2 + C_1 C_2 = 2(D_1 + D_2).$$

Da diese Bedingung in Bezug auf die Koeffizienten einer jeden der beiden Kugeln linear ist, so kann man stets eine Kugel konstruieren, welche vier gegebene Kugeln rechtwinklig schneidet. Der Mittelpunkt derselben ist der Potenzpunkt der vier Kugeln (Aufg. 5).

Aufg. 7. Die Gleichung $K_1 - \lambda K_2 = 0$ stellt eine Kugel dar, welche als der Ort der Punkte bezeichnet werden kann, deren Potenzen in Bezug auf die beiden Kugeln $K_1 = 0$, $K_2 = 0$ in dem konstanten Verhältnis $\lambda : 1$ zu einander stehen.

Aufg. 8. Betrachtet man λ als variabeln Parameter, so stellt $K_1 - \lambda K_2 = 0$ ein sogenanntes Kugelbüschel dar. Alle Kugeln desselben gehen durch denselben (reellen oder imaginären) Kreis $K_1 = 0$, $K_2 = 0$. Alle Kugelpaare des Büschels haben dieselbe Potenzebene $K_1 - K_2 = 0$. Jeder Punkt dieser Ebene besitzt in Bezug auf alle Kugeln des Büschels gleiche Potenzen.

Aufg. 9. Konstruiert man eine Kugel, welche die beiden Kugeln $K_1 = 0$, $K_2 = 0$ rechtwinklig schneidet, so liegt der Mittelpunkt derselben auf der Potenzebene $K_1 - K_2 = 0$. Umgekehrt kann man um jeden aufserhalb der Kugeln $K_1 = 0$, $K_2 = 0$ befindlichen Punkt der Potenzebene eine ganz bestimmte Kugel beschreiben, welche die beiden Kugeln rechtwinklig schneidet. Diese schneidet dann zugleich alle Kugeln des Büschels $K_1 - \lambda K_2 = 0$ rechtwinklig.

Aufg. 10. Untersuche in dem Kugelbüschel $K_1 - \lambda K_2 = 0$ insbesondere die speziellen Fälle, die sich aus $\lambda = 0$, $\lambda = +1$, $\lambda = -\infty$, $\lambda = +\infty$ ergeben.

Aufg. 11. Bestimme die Potenzebene zweier sich nicht schneidender Kugeln K_1 und K_2 mittelst einer Kugel K_3, welche K_1 und K_2 schneidet.

Aufg. 12. Bestimme die Gleichung der durch den Anfangspunkt gehenden Kugel des Büschels, welches durch:

$$2(x^2 + y^2 + z^2) - 3x + y - 8z = 1$$

und:

$$7(x^2 + y^2 + z^2) - x + 2y + 6z = 11$$

definiert ist.

Aufg. 13. Diskutiere im Anschlufs an die Aufgaben 8, 9, 10 das durch die Gleichung $K_1 - \lambda K_2 - \mu K_3 = 0$ dargestellte geometrische Gebilde, insofern λ, μ veränderliche Parameter bedeuten. Fasse insbesondere die Potenzlinie der drei Kugeln $K_1 = 0$, $K_2 = 0$, $K_3 = 0$ ins Auge, sowie alle die Kugeln, welche diese drei rechtwinklig schneiden. (Aufg. 6.)

Sechstes Kapitel.

Allgemeine Bemerkungen über die analytische Darstellung der Raumgebilde. Kurze Übersicht über einige weitere besonders wichtige Flächen und Kurven.

§ 48. Jede Fläche wird durch eine Gleichung zwischen drei Variabeln x, y, z dargestellt und umgekehrt läfst sich jede Gleichung zwischen drei Variabeln x, y, z als die Gleichung einer bestimmten Fläche deuten.

Die nach einem beliebigen Gesetze gebildete Fläche sei auf ein rechtwinkliges Koordinatensystem bezogen. Denken wir uns die einzelnen Punkte der Fläche etwa auf die xy-Ebene projiziert, so gehört zu jedem Punkte P mit den Koordinaten x, y, z eine ganz bestimmte Projektion (x, y) und umgekehrt führt im allgemeinen jeder Punkt der xy-Ebene zu einem oder mehreren ganz bestimmten Punkten der Fläche, deren Projektion der gegebene Punkt (x, y) ist. Es mufs also eine analytische Abhängigkeit zwischen x, y, z bestehen, der Art, dafs man zu jedem Wertepaar (x, y) ein oder mehrere bestimmte Werte von z mufs berechnen können, wenn das Gesetz der Fläche bekannt ist, d. h. es mufs eine Gleichung zwischen x, y, z bestehen, welche allemal aber auch nur dann erfüllt wird, wenn der Punkt (x, y, z) auf der Fläche liegt.

Ist umgekehrt eine Gleichung zwischen x, y, z gegeben, so kann man dieselbe etwa nach z aufgelöst denken. Zu jedem Wertepaar (x, y) wird man dann einen oder mehrere Werte von z erhalten, oder geometrisch ausgedrückt, zu jedem Punkte der xy-Ebene wird man einen oder mehrere ganz bestimmte Punkte des Raumes finden, deren Koordinaten der gegebenen Gleichung genügen. Läfst man dann bei unverändertem x die Koordinate y alle möglichen Werte durchlaufen, so werden die zugehörigen Raumpunkte sich zu einer Kurve vereinigen, welche ganz in einer zur yz-Ebene parallelen Ebene liegt. Giebt man nun auch dem x der Reihe nach alle möglichen Werte, so werden sich die zu jedem x gehörigen Kurven zu einer Fläche verbinden und jeder Punkt (x, y, z) dieser Fläche wird der gegebenen Gleichung genügen.

Aufg. 1. Lasse die Kugel in dieser Weise aus ihrer Gleichung $z = \sqrt{r^2 - x^2 - y^2}$ entstehen.

Aufg. 2. Suche ebenso die Gleichung $\frac{x^2}{a^2} + \frac{y^2}{b^2} + \frac{z^2}{c^2} = 1$ geometrisch zu interpretieren. Fasse die durch sie dargestellte Fläche als Vereinigung von zur yz-Ebene parallelen Kurven auf, welche zu bestimmen sind.

Aufg. 3. Man beachte die in § 26 und 42 bewiesenen Sätze. Sie sind die einfachsten Beispiele für den im Texte behandelten Doppelsatz.

Aufg. 4. Eine Gleichung mit nur zwei Variabeln, etwa x und y, kann zunächst als die Gleichung einer in der xy-Ebene gelegenen Kurve gedeutet werden. Zeige, dafs derselben Gleichung dann aber auch jeder Punkt der Cylinderfläche genügt, welche man erhält, wenn man durch alle Punkte der Kurve Parallelen zur z-Achse legt, dafs also eine Gleichung mit nur zwei Variabeln, x und y, in der Raumgeometrie eine Cylinderfläche darstellt.

Aufg. 5. Eine Gleichung mit nur einer Unbekannten, etwa x, repräsentirt, zunächst nur in der x-Achse gedeutet, ein System von Punkten dieser Achse, deren Anzahl gleich dem Grade der Gleichung ist. Räumlich interpretiert, repräsentiert diese Gleichung aber auch alle durch jene Punkte gehenden Normalebenen der x-Achse.

Aufg. 6. Gieb mit Rücksicht auf die beiden vorhergehenden Aufgaben die geometrische Bedeutung folgender Gleichungen an:

$$Ax + By + C = 0, \quad x^2 + y^2 = r^2,$$

$$x^2 + y^2 + Ax + By + C = 0, \quad \frac{x^2}{a^2} + \frac{y^2}{b^2} = 1, \quad \frac{x^2}{a^2} - \frac{y^2}{b^2} = 1,$$

$$xy = k^2, \quad y^2 = 2px, \quad y^2 = 2px + \frac{p}{a}x^2, \quad y^2 = 2px - \frac{p}{a}x^2,$$

$$z^3 - z = 0, \quad y^2 - 3y + 2 = 0.$$

Aufg. 7. Zeige, dafs der im Texte bewiesene Doppelsatz unverändert auch bei schiefwinkligen Koordinaten gilt.

§ 49. Jede Kurve im Raume wird analytisch durch zwei simultane Gleichungen zwischen drei Variabeln x, y, z dargestellt und umgekehrt stellen je zwei Gleichungen dieser Art eine Kurve im Raume dar.

Ist die gegebene Kurve als Schnitt zweier Flächen definiert, so müssen die Koordinaten eines jeden Punktes der Kurve den Gleichungen der beiden Flächen gleichzeitig genügen und umgekehrt repräsentiert jedes Wertetripel, welches diesen beiden Gleichungen gleichzeitig genügt, einen Punkt, der beiden Flächen gemeinsam ist, d. h. einen Punkt der gegebenen Kurve. Nun läfst sich aber jede Kurve leicht als Schnitt zweier Flächen darstellen. Denn projiziert man die Punkte der Kurve z. B. auf die xz-Ebene und die yz-Ebene, so erhält man zwei Cylinderflächen, die sich in der gegebenen Kurve durchdringen*).

Sind umgekehrt zwei Gleichungen zwischen den drei Variabeln x, y, z gegeben, so kann man zunächst etwa z einen konstanten Wert beilegen und hat dann zwei Gleichungen mit zwei Unbekannten, aus welchen sich eine bestimmte Anzahl von Wertepaaren (x, y) als Lösungen ergiebt. Geometrisch gesprochen heifst dies aber, dafs in jeder zur xy-Ebene parallelen Ebene eine bestimmte Anzahl von Punkten existiert, deren Koordinaten den beiden Gleichungen genügen. Legt man nun z der Reihe nach alle möglichen Werte bei, so werden die den verschiedenen Werten von z entsprechenden Punkte sich zu einer Kurve vereinigen, welche dann als der Schnitt der beiden durch die zwei gegebenen Gleichungen dargestellten Flächen erscheint.

Sind drei von einander unabhängige Gleichungen zwischen x, y, z gegeben, so kann man offenbar daraus die Werte der Unbekannten x, y, z berechnen und erhält daher eine bestimmte Anzahl von Punkten im Raume — die in endlicher Anzahl vorhandenen gemeinsamen Punkte der durch die drei Gleichungen dargestellten Flächen.

*) Die beiden Cylinderflächen können in besonderen Fällen, aufser den Punkten der gegebenen Kurve, noch andere gemeinsam haben. Doch ist hier, wo es sich nur um allgemeine Orientierungen handeln kann, nicht der Ort, darauf einzutreten.

Aufg. 1. Beachte, daſs die gerade Linie im Raume durch zwei lineare Gleichungen, der Kreis im Raume durch eine lineare Gleichung und die quadratische Kugelgleichung dargestellt werden.

Aufg. 2. Ein Kreis sei durch die beiden Gleichungen $x^2 + y^2 + z^2 = r^2$, $Ax + By + Cz + D = 0$ dargestellt. Gieb die Gleichungen der beiden Cylinderflächen an, durch welche er auf die yz-Ebene und die zx-Ebene projiziert wird.

Aufg. 3. Löse die gleiche Aufgabe für den durch die Gleichungen:

$$(x - a_1)^2 + (y - b_1)^2 + (z - c_1)^2 - r_1^2 = 0,$$
$$(x - a_2)^2 + (y - b_2)^2 + (z - c_2)^2 - r_2^2 = 0$$

dargestellten Kreis (§ 47).

Aufg. 4. Ist eine Kurve im Raume durch zwei Gleichungen $F_1 = 0$, $F_2 = 0$ definiert, so liegt sie auch auf allen durch die Gleichung $F_1 - \lambda F_2 = 0$ definierten Flächen.

Aufg. 5. Liegt die gegebene Kurve ganz in einer Ebene, so kann natürlich die Gleichung dieser Ebene stets als die eine der beiden Gleichungen der Kurve gewählt werden. Ist dagegen die Kurve eine nicht ebene, eine sogenannte Raumkurve oder Kurve doppelter Krümmung, so kann keine der beiden Gleichungen linear sein. Muſs nun, umgekehrt, eine Kurve, welche durch zwei Gleichungen, von denen keine linear ist, dargestellt wird, notwendig eine Raumkurve sein? (§ 47.)

Aufg. 6. Auf welchem Wege läſst sich entscheiden, ob eine durch zwei nicht lineare Gleichungen dargestellte Kurve eine Raumkurve oder eine ebene Kurve ist?

Aufg. 7. Zeige, daſs die Untersuchungen des Textes in gleicher Weise auch für schiefwinklige Koordinaten gelten.

§ 50. Darstellung einer Kurve im Raume mittelst eines variablen Parameters.

Wir haben schon bei der geraden Linie eine Darstellungsart kennen gelernt (§ 40), welche sich bei verschiedenen Untersuchungen (§ 44 bis § 47) als sehr zweckmäſsig erwiesen hat, und welche darin besteht, daſs man die Koordinaten x, y, z eines willkürlichen Punktes der Geraden durch einen veränderlichen Parameter ausdrückt (vergl. Gl. (1) und (5) von § 40). Bevor wir nun zu einer analogen Darstellung einer beliebigen Kurve im Raume übergehen, wollen wir uns über einige Bezeichnungen verständigen.

Sind zwei veränderliche Gröfsen, etwa u und v, mit einander durch eine Gleichung verbunden, so kann man diese z. B. nach u aufgelöst denken. Jedem willkürlich gewählten Werte von v entsprechen dann ein oder auch mehrere ganz bestimmte Werte von u. Um auszudrücken, dafs der Wert von u abhängig ist von dem Werte von v, sagt man u sei eine Funktion von v und bezeichnet dies etwa mit $u = f(v)$ oder $u = F(v)$ oder $u = \varphi(v)$ etc. Man nennt dann auch v die unabhängige, u die abhängige Variable.

Sind mehrere Variabeln $u, v, w, t, \ldots$ mit einander durch eine Gleichung verbunden, so kann man diese wieder nach einer derselben z. B. w aufgelöst denken. Die verschiedenen Werte von w sind dann abhängig von den Werten, welche man jedesmal den Variablen $u, v, t, \ldots$ beilegt. Man nennt daher wieder w eine Funktion der unabhängigen Variabeln $u, v, t, \ldots$ und schreibt $w = f(u, v, t, \ldots)$ oder $w = F(u, v, t, \ldots)$ etc. Dem entsprechend bedienen wir uns auch der Bezeichnungen $f(x, y) = 0$, $F(u, v) = 0$, $\varphi(x, y, z) = 0$ etc., um anzudeuten, dafs überhaupt eine Gleichung zwischen x und y oder zwischen u und v oder zwischen x, y und z etc. bestehe.

Nach diesen Bemerkungen, die nichts anderes bezwecken, als eine passende Bezeichnung einzuführen, nehmen wir an, es sei eine Kurve durch zwei Gleichungen zwischen x, y, z gegeben. Wir bezeichnen die beiden Gleichungen durch $F_1(x, y, z) = 0$ und $F_2(x, y, z) = 0$. Behandelt man dieselben wie zwei Gleichungen mit den beiden Unbekannten y und z, betrachtet also x wie eine bekannte Gröfse, so erhält man durch Auflösen y und z dargestellt als Funktionen von x (vergl. § 36). Schreiben wir etwa $y = \varphi(x)$, $z = \psi(x)$, so sind dies die Gleichungen der beiden Cylinderflächen, welche die gegebene Curve auf die xy-Ebene und die xz-Ebene projizieren. In den Gleichungen $y = \varphi(x)$, $z = \psi(x)$ ist x die unabhängige Variabele, welcher man jeden beliebigen Wert beilegen kann. Man kann daher auch setzen $x = f_1(t)$, unter $f_1(t)$ eine ganz beliebige Funktion einer vierten Veränderlichen t verstanden. Legt man t alle möglichen Werte bei, so erhält man aus $x = f_1(t)$ alle möglichen Werte von x und sodann aus $y = \varphi(x)$, $z = \psi(x)$ die zugehörigen Werte von y und z und somit der Reihe nach alle Punkte der Kurve. Setzt man aber $x = f_1(t)$ in die Gleichungen $y = \varphi(x)$, $z = \psi(x)$ ein, so gehen y und z selber in Funktionen der unabhängigen Variabeln t über, welche wir mit $y = f_2(t)$, $z = f_3(t)$ bezeichnen wollen. Wir erhalten daher der Reihe nach die sämtlichen Punkte (x, y, z) der gegebenen Kurve, wenn wir in den Gleichungen:

(1) $$x = f_1(t), \quad y = f_2(t), \quad z = f_3(t)$$

der Variabeln t, die wir einen veränderlichen Parameter nennen wollen, der Reihe nach alle Werthe von $-\infty$ bis $+\infty$ beilegen. Im Grunde genommen ist die Darstellung der Kurve durch die Gleichungen $y = \varphi(x)$, $z = \psi(x)$ nur ein spezieller Fall dieser neuen Darstellung, den man erhält, wenn man x selber als den veränderlichen Parameter betrachtet. Die erste der Gleichungen (1) heifst dann einfach $x = t$ und die beiden andern bezeichnen dem zufolge y und z als Funktionen von x.

Da die Gleichungen (1) alle Punkte der gegebenen Kurve, aber auch nur solche, darstellen, so nennen wir sie die Gleichungen der Kurve. Insofern die Wahl des variabelen Parameters frei steht (wir konnten ja x gleich einer ganz beliebigen Funktion $f_1(t)$ setzen), kann man für jede Kurve unzählig viele Darstellungen von der Form der Gleichungen (1) angeben, die aber natürlich in der Beziehung zu einander stehen, dafs man durch Elimination von t stets zu denselben Gleichungen $y = \varphi(x)$, $z = \psi(x)$, den Gleichungen der projizierenden Cylinder, gelangen muss.

So haben wir für die gerade Linie im Raume die beiden Darstellungen kennen gelernt:

(2) $$x = \frac{x_1 + x_2 t}{1 + t}, \quad y = \frac{y_1 + y_2 t}{1 + t}, \quad z = \frac{z_1 + z_2 t}{1 + t}$$

und:

(3) $$x = x_1 + \xi t, \quad y = y_1 + \eta t, \quad z = z_1 + \zeta t,$$

je nachdem wir für den variabeln Parameter t das Teilverhältnis $\lambda = \frac{P_1 P}{P P_2}$ oder die Entfernung $l = P_1 P$ wählten (§ 40).

§ 51. Fortsetzung. Die Schraubenlinie und die Schraubenfläche.

Als weiteres Beispiel für die durch die Gleichungen (1) des vorigen Paragraphen gegebene Darstellung einer Kurve im Raume untersuchen wir die Schraubenlinie.

Auf einem geraden Kreiscylinder, dessen Achse mit der z-Achse zusammenfällt und der die xy-Ebene in einem Kreise mit dem Radius a schneidet, bewege sich ein Punkt P so, dafs seine Projektion N auf die xy-Ebene jenen Kreis mit konstanter Geschwindigkeit durchläuft, während seine Projektion P_z auf die z-Achse sich mit ebenfalls gleichbleibender Geschwindigkeit aufwärts bewegt. Nennen wir diese konstanten Geschwindigkeiten resp. c_1 und c_2, nehmen wir ferner an, der Punkt P beginne seine Bewegung in dem Schnittpunkte A der positiven x-Achse mit dem Cylinder und verstehen wir unter dem Winkel t, den in irgend einem Momente der zur Projektion N führende Radius mit der positiven Richtung der x-Achse bildet, den durch den Radius a gemessenen Kreisbogen AN, sodafs also $AN = at$ ist, so hat man für die Koordinaten x und y von N, welche mit den gleichnamigen von P übereinstimmen: $x = a \cos t$, $y = a \sin t$. Aus der Definition der Schraubenlinie ergiebt sich ferner, dafs das Verhältnis der Steigung z von P zu dem Wege AN der Projektion N von P konstant gleich $c_2 : c_1$ ist. Bezeichnet man daher mit h die Ganghöhe der Schraubenlinie d. h. die Höhe, welche P erreicht, wenn N einmal die Kreisperipherie $2a\pi$ durchlaufen hat, so gilt auch $h : 2a\pi = c_2 : c_1$ folglich:

Fig. 10.

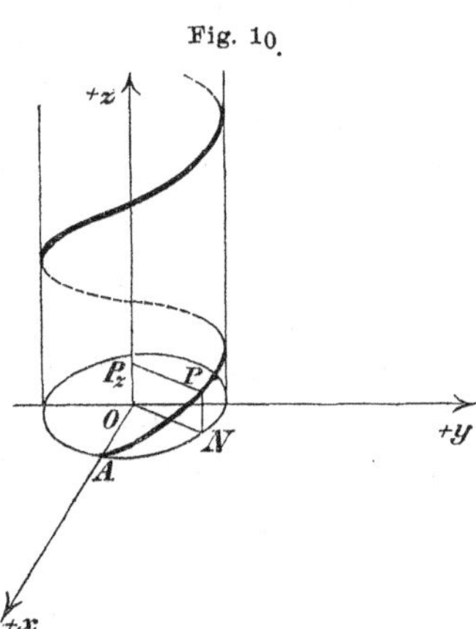

$$z : at = h : 2a\pi, \quad \text{d. h.} \quad z = \frac{ht}{2\pi}.$$

Demnach erhält man für einen beliebigen, durch den

Winkel t charakterisierten Punkt der Schraubenlinie die Gleichungen:

$$(1) \qquad x = a \cos t, \quad y = a \sin t, \quad z = \frac{ht}{2\pi}.$$

Läfst man in diesen Gleichungen t alle Werte von 0 bis $+\infty$ durchlaufen, d. h. läfst man den Punkt N die Kreisperipherie im positiven Sinne unendlich oft beschreiben, so erhält man alle auf der positiven Seite der xy-Ebene befindlichen Punkte der Schraubenlinie; die auf der negativen Seite gelegenen entsprechen den Werten $t = 0$ bis $t = -\infty$, welche sich ergeben, wenn man N im negativen Sinne unendlich oft den Grundkreis durchlaufen läfst. Durch Elimination von t erhält man die drei projizierenden Cylinder der Schraubenlinie, nämlich:

$$(2) \qquad x^2 + y^2 = a^2, \quad x = a \cos \frac{2\pi z}{h}, \quad y = a \sin \frac{2\pi z}{h}.$$

Die erste dieser drei Gleichungen stellt den gegebenen Cylinder dar, um welchen sich die Schraubenlinie in unzählig vielen Gängen herumwindet. Die beiden andern Cylinder sind kongruent und nur der Lage nach von einander verschieden, wie man wegen $\cos\left(\frac{\pi}{2} + \frac{2\pi z}{h}\right) = -\sin\frac{2\pi z}{h}$ sofort erkennt, wenn man den ersteren dieser beiden Cylinder um ein Viertel der Ganghöhe h hebt. Die beiden Projektionen der Schraubenlinie auf die xz-Ebene und die yz-Ebene werden Sinuslinien genannt.

Aus den beiden letzten der Gleichungen (2) ergiebt sich durch Division:

$$(3) \qquad \frac{y}{x} = \operatorname{tg} \frac{2\pi z}{h},$$

eine Gleichung, welche durch die Koordinaten eines jeden Punktes der Schraubenlinie erfüllt wird, da ja diese durch jene beiden Gleichungen dargestellt werden kann. Die Gleichung (3) ist daher die Gleichung einer durch die Schraubenlinie hindurchgehenden Fläche. Construiert man von einem beliebigen Punkte der Schraubenlinie aus die Normale zur z-Achse, so ist für alle Punkte dieser Normalen sowohl z als auch $\frac{y}{x}$ jedesmal das gleiche wie für den betreffenden Punkt der Schraubenlinie, es liegen daher alle Punkte dieser Normalen auf der Fläche (3), die man die Schraubenfläche nennt. Sie ist eine sogenannte geradlinige Fläche, welche dadurch entsteht, dafs ein horizontaler, stets die z-Achse schneidender Strahl der Schraubenlinie entlang gleitet.

Aufg. 1. Zeige, dafs von den vier Gleichungen (2) und (3), welche vier durch die Schraubenlinie gehende Flächen darstellen, je zwei als die Gleichungen der Schraubenlinie sich bezeichnen lassen und dafs jedesmal die beiden andern Gleichungen sich als Folgen der beiden gewählten Gleichungen darstellen.

Aufg. 2. Bestimme aus den Gleichungen (1) die Koordinaten der Schnittpunkte der Schraubenlinie mit den Koordinatenebenen. (Berücksichtige alle Werte von $t = -\infty$ bis $t = +\infty$.)

Aufg. 3. Transformire die Gleichungen (1) nach einem neuen Koordinatensystem mit derselben z-Achse und um den Winkel α gegen das alte gedreht. Man erhält:

$$x' = a\cos(t-\alpha)\,, \quad y' = a\sin(t-\alpha)\,, \quad z' = \frac{ht}{2\pi}.$$

Diskutiere dieses Resultat und suche daraus zu erkennen, dafs die Schraubenlinie sich (wie die Gerade und der Kreis) in sich selbst verschieben läfst.

Aufg. 4. Beachte, dafs Gleichung (3) der Schraubenfläche nur noch h, aber nicht mehr a enthält. Leite daraus den Satz ab, dafs alle Schraubenlinien mit derselben Cylinderachse und derselben Ganghöhe, aber verschiedenen Cylinderradien auf derselben Schraubenfläche liegen. Wie ändert sich das bei der Definition der Schraubenlinie zu Grunde gelegte Verhältnis $c_2 : c_1$ der Translations- und Rotationsgeschwindigkeit des erzeugenden Punktes, wenn der Cylinderradius von 0 bis ∞ wächst?

Aufg. 5. Entscheide durch vollständige Durchführung der Rechnung, ob der Punkt (3, 4, 7) des Cylinders $x^2 + y^2 = 25$ zugleich auch auf der Schraubenlinie liegt, welche im Schnittpunkte des Cylinders mit der positiven x-Achse beginnt und die Ganghöhe $h = 2$ besitzt.

Aufg. 6. Zeige, dafs sich aus der Definition der Schraubenlinie auch folgende Erzeugung derselben ergiebt: Wickelt man eine Ebene, in welcher eine gerade Linie gezeichnet ist, auf den Mantel eines geraden Kreiscylinders auf, so wird die gerade Linie in eine Schraubenlinie umgeformt.

Aufg. 7. Bestimme den Schnitt der Schraubenfläche mit den Koordinatenebenen.

§ 52. Darstellung einer Fläche mittelst zweier variabeler Parameter. Anwendung auf die Kugel.

Sei $F(x, y, z) = 0$ die Gleichung einer beliebigen Fläche. Denken wir uns diese Gleichung nach z aufgelöst und schreiben $z = \varphi(x, y)$, so sind x und y die unabhängigen Variabeln, welchen man ganz beliebige Werte beilegen kann. Wir können daher auch x und y durch zwei neue Variabeln u und v ausdrücken und setzen $x = f_1(u, v)$, $y = f_2(u, v)$, insofern wir unter $f_1(u, v)$ und $f_2(u, v)$ willkürliche, von einander unabhängige Funktionen von u und v verstehen. Jedem Wertepaar (u, v) entspricht dann ein Wertepaar (x, y) und umgekehrt, sodafs wir mit Berücksichtigung von $z = \varphi(x, y)$ der Reihe nach alle Punkte der Fläche erhalten, wenn wir den Variabeln u, v alle möglichen Werte beilegen. Setzt man aber $x = f_1(u, v)$, $y = f_2(u, v)$ in die Gleichung $z = \varphi(x, y)$ ein, so geht auch z in eine Funktion von u und v über, welche wir mit $z = f_3(u, v)$ bezeichnen wollen.

Die Gleichungen:

$$(1) \qquad x = f_1(u, v), \quad y = f_2(u, v), \quad z = f_3(u, v)$$

können dann als die Gleichungen der gegebenen Fläche bezeichnet werden, insofern sie alle Punkte der Fläche, aber auch nur diese, darstellen, wenn man u und v, die beiden variabeln Parameter, alle möglichen Werte durchlaufen läfst.

Wir haben bereits bei der Kugel diese so äufserst wichtige Darstellung einer Fläche durch zwei variable Parameter kennen gelernt. Bezeichnet man nämlich auf der um den Anfangspunkt mit dem Radius a beschriebenen Kugel die geographische Breite eines Punktes P mit u, seine geographische Länge mit v, so gelten die Gleichungen (§ 21):

$$(2) \quad x = a \cos u \cos v, \quad y = a \cos u \sin v, \quad z = a \sin u.$$

Läfst man in denselben u von -90^0 bis $+90^0$, v von 0^0

bis 360^0 sich bewegen, so stellen die Gleichungen (2) der Reihe nach alle Punkte (x, y, z) der Kugel, aber auch nur solche, dar. Alle Punkte mit derselben geographischen Länge v liegen auf demselben Meridian der Kugel, alle Punkte mit derselben geographischen Breite u auf demselben Parallelkreise. Jeder Punkt der Kugel erscheint somit als Schnittpunkt zweier Kreise, von denen der eine dem System sämtlicher Meridiane, der andere dem System sämtlicher Parallelkreise angehört. Diese beiden Systeme werden analytisch folgendermafsen erhalten. Setzen wir in den Gleichungen (2) $v = v_1$, so enthalten dieselben nur noch einen Parameter u und stellen demnach (§ 50) eine Kurve dar: den durch $v = v_1$ ausgezeichneten Meridian. Lassen wir v_1 alle möglichen Werte annehmen, so liefern die Gleichungen (2) der Reihe nach alle möglichen Meridiane der Kugel, welche demnach als der Ort aller dieser Meridiane erscheint. Geben wir jetzt in den Gleichungen (2) dem Parameter u einen konstanten Wert u_1, so stellen dieselben, weil nur noch von einem Parameter abhängig, wiederum eine Kurve dar: den durch $u = u_1$ charakterisierten Parallelkreis. Nimmt u_1 der Reihe nach alle möglichen Werte an, so liefern die Gleichungen (2) der Reihe nach alle möglichen Parallelkreise der Kugel, welche demnach auch als der Ort aller dieser Parallelkreise aufgefasst werden kann. Die Kugel erscheint daher von zwei Kurvensystemen überzogen, von denen das eine durch die Gleichungen (2) und die Festsetzung $u = u_1$, das andere durch dieselben Gleichungen (2) und die Festsetzung $v = v_1$ dargestellt wird. Durch jeden Punkt der Kugel geht je eine Kurve der beiden Systeme hindurch.

Aufg. 1. Zeige, dafs jede durch Gleichungen von der Form $x = f_1(u, v)$, $y = f_2(u, v)$, $z = f_3(u, v)$ dargestellte Fläche vermöge dieser Gleichungen als überzogen von zwei Kurvensystemen erscheint, die man erhält, wenn man $u = u_1$ resp. $v = v_1$ setzt.

Aufg. 2. Zeige, dafs die Darstellung $z = \varphi(x, y)$ einer Fläche nur ein spezieller Fall der Darstellung durch zwei Parameter ist, insofern man ja schreiben kann $x = u$, $y = v$, $z = \varphi(u, v)$. Welches sind jetzt die beiden Kurvensysteme?

Aufg. 3. Betrachte unter diesem Gesichtspunkte die Gleichung $z = ax + by + c$.

Aufg. 4. Diskutiere die durch die Gleichungen:

$$x = a_1 u + a_2 v + a_3, \quad y = b_1 u + b_2 v + b_3, \quad z = c_1 u + c_2 v + c_3$$

dargestellte Fläche.

Aufg. 5. Beachte, daſs in den Gleichungen (2) einem bestimmten Werte von v nur die Punkte eines Halbkreises entsprechen, daſs also v von 0^0 bis 360^0 sich bewegen muſs, wenn man die ganze Fläche erhalten will.

§ 53. Fortsetzung. Ableitung des dreiachsigen Ellipsoides aus der Kugel mittelst eines einfachen geometrischen Uebertragungsprinzipes.

In ähnlicher Weise, wie wir in der analytischen Planimetrie aus dem Kreise $x = a \cos v$, $y = a \sin v$ die Ellipse $x = a \cos v$, $y = b \sin v$ ableiteten auf Grund einer gewissen zwischen den beiden Kurven bestehenden geometrischen Verwandtschaft (vergl. I, § 43 und 47), können wir auch aus den analogen Gleichungen $x = a \cos u \cos v$, $y = a \cos u \sin v$, $z = a \sin u$ der Kugel die Gleichungen einer neuen Fläche ableiten, welche zu der Kugel in einer ähnlichen Verwandtschaft steht, wie die Ellipse zum Kreise.

Unter der Annahme, daſs a, b, c drei beliebige Strecken seien, sollen zwei Punkte P und P' des Raumes mit den Koordinaten x, y, z und x', y', z' entsprechende Punkte heiſsen, wenn:

$$(1) \qquad x' = x, \quad y' = \frac{b}{a} y, \quad z' = \frac{c}{a} z$$

ist. Zwei entsprechende Punkte liegen daher immer in derselben Parallelebene der yz-Ebene, die Punkte der x-Achse entsprechen sich selbst. Es bestehen ferner folgende Sätze, deren Beweise wir ihrer Einfachheit wegen füglich übergehen können (vergl. I, § 43):

I. Liegen die Punkte P alle in einer Ebene, so liegen die Punkte P' wiederum in einer Ebene, welche die entsprechende Ebene der ersten genannt wird. Entsprechende Ebenen schneiden sich in demselben Punkte der x-Achse. Ebenen, welche zur x-Achse normal sind, entsprechen sich selbst, auch jede Koordinatenebene entspricht sich selbst. Die entsprechenden Ebenen zweier paralleler Ebenen sind wieder parallele Ebenen.

II. Liegen die Punkte P alle auf einer Geraden, so liegen die Punkte P' ebenfalls auf einer Geraden, welche die entsprechende Gerade der ersten heifst. Jede der Koordinatenachsen entspricht sich selbst.

III. Sind die Geraden g_1, g_2 einander parallel, so sind die entsprechenden Geraden g_1', g_2' ebenfalls einander parallel.

IV. Dem Mittelpunkte einer auf einer Geraden g befindlichen Strecke $P_1 P_2$ entspricht der Mittelpunkt der auf g' befindlichen entsprechenden Strecke $P_1' P_2'$. Und allgemein: Entsprechende Punkte bestimmen in entsprechenden Strecken gleiche Teilverhältnisse.

Einem beliebigen Punkte (x, y, z) der Kugel, welche mit dem Radius a um den Anfangspunkt beschrieben ist, entspricht der Punkt P' mit den Koordinaten:

$$(2) \quad x' = a \cos u \cos v, \quad y' = b \cos u \sin v, \quad z' = c \sin u,$$

insofern, wie früher, u und v die geographische Breite und Länge des gegebenen Kugelpunktes P bedeuten. Läfst man aber jetzt u und v variable Parameter sein, d. h. P die ganze Kugel durchlaufen, so durchläuft der entsprechende Punkt P' die durch die Gleichungen (2) dargestellte Fläche. Man erhält die Gleichung dieser Fläche auch leicht in der Form $F(x, y, z) = 0$ durch Elimination der beiden Parameter u und v. Dividiert man nämlich die drei Gleichungen (2) resp. durch a, b, c, quadriert und addiert, so kommt:

$$(3) \qquad \frac{x'^2}{a^2} + \frac{y'^2}{b^2} + \frac{z'^2}{c^2} = 1.$$

Die durch diese Gleichung (wie auch durch die Gleichungen 2) dargestellte Fläche heifst das Ellipsoid.

Sowohl aus der Definition als auch aus (2) oder (3) ergiebt sich die Symmetrie des Ellipsoides in Bezug auf die Koordinatenebenen (und folglich auch in Bezug auf die Koordinatenachsen und den Anfangspunkt). Die x-Achse schneidet das Ellipsoid in den beiden Punkten $x = \pm a$, die y-Achse in den beiden Punkten $y = \pm b$ und die z-Achse in den beiden Punkten $z = \pm c$. Diese Schnittpunkte A, A'; B, B'; C, C' des Ellipsoides mit den Achsen heifsen die Scheitel, ihre Entfernungen $AA' = 2a$, $BB' = 2b$, $CC' = 2c$ die Hauptachsen des Ellipsoides. Die sämtlichen Punkte der Fläche liegen im Innern des durch die drei Ebenenpaare $x = \pm a$, $y = \pm b$, $z = \pm c$ gebildeten rechtwinkligen Parallelepipeds. Das Ellipsoid wird von den Koordinatenebenen in den Ellipsen:

$$\frac{y'^2}{b^2} + \frac{z'^2}{c^2} = 1, \quad \frac{z'^2}{c^2} + \frac{x'^2}{a^2} = 1, \quad \frac{x'^2}{a^2} + \frac{y'^2}{b^2} = 1$$

geschnitten, die Ebenen derselben heifsen Hauptebenen.

Jede durch den Anfangspunkt O gehende Gerade $x = \varrho\xi$, $y = \varrho\eta$, $z = \varrho\zeta$ trifft das Ellipsoid in zwei symmetrisch zu O gelegenen Punkten, denn setzt man in (3) $\varrho\xi$, $\varrho\eta$, $\varrho\zeta$ an die Stelle von x', y', z', so erhält man:

$$\frac{\xi^2}{a^2} + \frac{\eta^2}{b^2} + \frac{\zeta^2}{c^2} = \frac{1}{\varrho^2}, \tag{4}$$

woraus sich zwei entgegengesetzt gleiche Werte für ϱ ergeben.

Man nennt daher O den Mittelpunkt des Ellipsoides, jede durch ihn hindurchgehende Sehne einen Durchmesser.

Weitere Eigenschaften des Ellipsoides werden im folgenden Paragraphen besprochen werden. Hier soll nur noch, anknüpfend an die Darstellung des Ellipsoides durch die Gleichungen (2), gezeigt werden, dafs das Ellipsoid, wie die Kugel, als von zwei Kurvensystemen überzogen erscheint, die man aus den Gleichungen (2) erhält, wenn man das eine Mal $u = u_1$, das andere Mal $v = v_1$ setzt. Die Bedingung $u = u_1$ verwandelt die Gleichungen (2) in die Gleichungen einer Kurve, deren Ebene $z' = c \sin u_1$, parallel der xy-Ebene und deren Projektion auf diese Ebene daher kongruent mit ihr ist.

Die Gleichungen der Kurve lauten (nach Elimination von v):

$$\frac{x'^2}{a^2 \cos^2 u_1} + \frac{y'^2}{b^2 \cos^2 u_1} = 1, \quad z' = c \sin u_1. \tag{5}$$

Die Ebene $z' = c \sin u_1$ schneidet daher aus dem Ellipsoid eine Ellipse, deren Mittelpunkt in der z-Achse liegt und deren Halbachsen gleich $a \cos u_1$ und $b \cos u_1$ und parallel der x-Achse resp. der y-Achse sind. Diese Ellipse ist die entsprechende Kurve des Parallelkreises $x^2 + y^2 = a^2 \cos^2 u_1$, $z = a \sin u_1$ der Kugel.

Läfst man u_1 der Reihe nach alle Werte von -90^0 bis $+90^0$ durchlaufen, so ergeben die Gleichungen (5) ein System von Ellipsen, welche das Ellipsoid in der Art vollständig bedecken, dafs durch jeden Punkt der Fläche eine Kurve des Systems hindurchgeht. Insbesondere erhält man für $u_1 = 0$ den Schnitt $\frac{x'^2}{a^2} + \frac{y'^2}{b^2} = 1$ des Ellipsoides mit der xy-Ebene, für $u_1 = \pm 90^0$ die beiden Scheitel C und C', aufgefasst als Ellipsen mit Halbachsen gleich Null.

Setzt man $v = v_1$, so stellen die Gleichungen:

$$(6) \quad x' = a \cos u \cos v_1, \quad y' = b \cos u \sin v_1, \quad z' = c \sin u$$

diejenige Kurve dar, welche dem Meridian $v = v_1$ der Kugel entspricht und welche demnach ebenfalls eine ebene Kurve sein mufs. Die Gleichung ihrer Ebene, der entsprechenden jener Meridianebene:

$$x \sin v_1 - y \cos v_1 = 0,$$

lautet:

$$x' b \sin v_1 - y' a \cos v_1 = 0,$$

wie sich auch aus den Gleichungen (6) ergiebt. Durch Elimination von u aus diesen Gleichungen (6) erhält man ferner:

$$(7) \quad \frac{x'^2 + y'^2}{a^2 \cos^2 v_1 + b^2 \sin^2 v_1} + \frac{z'^2}{c^2} = 1.$$

Diese Gleichung aber stellt die Gleichung einer Ellipse mit den Halbachsen $\sqrt{a^2 \cos^2 v_1 + b^2 \sin^2 v_1}$ und c dar, welche die durch die z-Achse gehende Schnittebene:

$$x' b \sin v_1 - y' a \cos v_1 = 0$$

aus dem Ellipsoid herausschneidet, denn in dieser Ebene kann man $\sqrt{x'^2 + y'^2}$ (das Lot des Ellipsenpunktes P' auf die z-Achse) und z' als rechtwinklige Koordinaten auffassen. Man erkennt auch sofort $\sqrt{a^2 \cos^2 v_1 + b^2 \sin^2 v_1}$ als den von der Ebene:

$$x' b \sin v_1 - y' a \cos v_1 = 0$$

aus der in der xy-Ebene liegenden Ellipse:

$$\frac{x'^2}{a^2} + \frac{y'^2}{b^2} = 1$$

herausgeschnittenen Halbmesser, da v_1 für diese Ellipse die Bedeutung der excentrischen Anomalie besitzt (I, § 48, Gl. 1).

Durch Variation von v_1 erhält man aus den Gleichungen (6) wiederum ein System von Ellipsen, deren Ebenen alle durch die z-Achse gehen und welche das Ellipsoid in der Art vollständig bedecken, daſs durch jeden Punkt der Fläche eine Kurve des Systems hindurchgeht.

Aufg. 1. Beweise, daſs auf Grund der Gleichungen (1) zu vier harmonischen Punkten eines Strahles auf dem entsprechenden Strahle wieder vier harmonische Punkte gehören.

Aufg. 2. Setze die durch die Gleichungen (1) definierte Beziehung der Punkte des Raumes zu einander aus zwei einfacheren zusammen. Man kann nämlich vom Punkte (x, y, z) zunächst zu (x_1, y_1, z_1) übergehen, indem man:

$$x = x_1, \quad y = y_1, \quad z = \frac{c}{a} z_1$$

setzt, und dann erst zu (x', y', z') durch die Substitution:

$$x' = x_1, \quad y' = \frac{b}{a} y_1, \quad z' = z_1.$$

Aufg. 3. Bestimme zu dem Tetraeder $OP_1P_2P_3$ auf Grund der Gleichungen (1) das entsprechende $OP_1'P_2'P_3'$. Vergleiche ihre Volumina und beachte, mit Berücksichtigung von Aufg. 2, den in § 17, Aufg. 9 enthaltenen Satz.

Aufg. 4. Beweise, daſs für einen im Innern des Ellipsoides gelegenen Punkt $\frac{x^2}{a^2} + \frac{y^2}{b^2} + \frac{z^2}{c^2}$ kleiner, für einen auſserhalb befindlichen Punkt gröſser ist als 1.

Aufg. 5. Diskutiere den Schnitt des Ellipsoides mit der Ebene $x = x_0$. Lasse nachher x_0 variieren.

Aufg. 6. Beachte, daſs in den Gleichungen (2) und (6) einem bestimmten Werte von v nur die Punkte einer halben Ellipse entsprechen, daſs also v von 0^0 bis 360^0 sich bewegen muſs, wenn man die ganze Fläche erhalten will. Warum genügt dagegen in Gleichung (7) das Intervall von 0^0 bis 180^0?

Aufg. 7. Im Texte war angenommen, a, b, c seien von einander verschieden, das Ellipsoid also ein dreiachsiges. Nimm an, es sei $a = c$, $b \gtrless a$, d. h. studiere die durch:

$$x' = x, \quad y' = \frac{b}{a} y, \quad z' = z$$

definierte Verwandtschaft. Leite alle Sätze des Textes von

neuem, nicht durch Einsetzen von $c = a$ in die fertigen Gleichungen, ab. Unterscheide die beiden Fälle $b > a$ und $b < a$.

Aufg. 8. Da parallelen Strahlen wieder parallele Strahlen entsprechen, so kann man auch von entsprechenden Richtungen reden. Zeige, dafs wenn die Richtung (ξ', η', ζ') der Richtung (ξ, η, ζ) entspricht, die Proportion bestehen mufs:

$$\xi' : \eta' : \zeta' = a\xi : b\eta : c\zeta.$$

§ 54. Weitere Eigenschaften des Ellipsoides. Pol und Polarebene. Konjugierte Durchmesser.

Zur Ableitung der Eigenschaften des Ellipsoides stehen uns zwei Wege offen. Einmal können wir direkt von der Gleichung:

$$\frac{x^2}{a^2} + \frac{y^2}{b^2} + \frac{z^2}{c^2} = 1$$

ausgehen und diese mit den Gleichungen von Ebenen und geraden Linien kombinieren. Es lassen sich dann durch fast wörtliche Wiederholung die auf die Kugel bezüglichen Rechnungen auch auf das Ellipsoid übertragen, wodurch sich die entsprechenden Eigenschaften dieser Fläche ergeben.

Wir können uns aber auch zweitens des Übertragungsprinzipes:

$$(1) \qquad x' = x, \quad y' = \frac{b}{a} y, \quad z' = \frac{c}{a} z$$

bedienen, welches erlaubt, jeden auf die Kugel bezüglichen Satz sofort in einen entsprechenden des Ellipsoides zu verwandeln. Es liegt nicht in dem Plane dieses Buches, eine ausführlichere Darstellung der Eigenschaften des Ellipsoides zu geben, wir benutzen das erwähnte Übertragungsprinzip daher nur zur Ableitung einiger besonders wichtiger Sätze; dem Leser sollte dann die weitere Ausbeutung jenes äufserst fruchtbaren Prinzipes keine wesentlichen Schwierigkeiten mehr bereiten.

Zunächst läfst sich die ganze Polarentheorie mit wenigen Worten auch auf das Ellipsoid übertragen. Denn da den Strahlen durch einen Punkt wiederum Strahlen durch einen Punkt entsprechen, da vier harmonischen Punkten eines Strahles auf dem entsprechenden Strahle ebenfalls harmonische Punkte zugeordnet sind (§ 53, Aufg. 1) und da Punkten einer Ebene wiederum Punkte einer Ebene entsprechen, so besitzt jeder Punkt des Raumes in Bezug auf das Ellipsoid eine Polarebene, als Ort der vierten harmonischen Punkte, die man auf den durch den gegebenen Punkt gehenden Strahlen zu diesem Punkte und den jedesmaligen Schnittpunkten konstruieren kann. Dafs jeder Strahl das Ellipsoid in zwei (reellen oder imaginären) Punkten trifft, ergiebt sich nebenbei. Man erhält sofort die Gleichung der Polarebene, wenn man in der entsprechenden Gleichung der Polarebene des Punktes (x_1, y_1, z_1) in Bezug auf die Kugel, also in $xx_1 + yy_1 + zz_1 = a^2$ die Koordinaten x, y, z; x_1, y_1, z_1 mittelst (1) durch die entsprechenden ersetzt, was zu:

$$x'x_1' + \frac{a^2}{b^2} y'y_1' + \frac{a^2}{c_2} z'z_1' = a^2,$$

der Gleichung der Polarebene des Punktes (x_1', y_1', z_1') in Bezug auf das Ellipsoid, führt. Läfst man jetzt die Striche weg, so ist also:

$$\frac{xx_1}{a^2} + \frac{yy_1}{b^2} + \frac{zz_1}{c^2} = 1 \tag{2}$$

die Gleichung der Polarebene des Punktes (x_1, y_1, z_1) in Bezug auf das Ellipsoid:

$$\frac{x^2}{a^2} + \frac{y^2}{b^2} + \frac{z^2}{c^2} = 1.$$

Liegt der Pol (x_1, y_1, z_1) auf dem Ellipsoid, so ist (2) auch die Gleichung der Tangentialebene des Ellipsoides im Punkte (x_1, y_1, z_1). Diese Tangentialebene enthält die sämtlichen durch (x_1, y_1, z_1) gehenden Tangenten des Ellipsoides, die sich als die entsprechenden Geraden der sämtlichen Kugeltangenten darstellen, deren Berührungspunkt dem Punkte (x_1, y_1, z_1) entspricht. Unverändert gehen dann wie bei der Kugel aus der Gleichung (2) die beiden Sätze hervor: Die Polarebenen der sämtlichen Punkte einer Ebene gehen durch den Pol dieser Ebene und: Die Polarebenen der sämtlichen Punkte einer Geraden gehen durch eine zweite Gerade, die reziproke Polare der ersten.

Als spezieller Fall der obigen Sätze möge hervorgehoben werden: Der Ort der Mittelpunkte der sämtlichen zur Richtung (ξ, η, ζ) parallelen Sehnen des Ellipsoides ist die Diametralebene:

$$\frac{x\xi}{a^2} + \frac{y\eta}{b^2} + \frac{z\zeta}{c^2} = 0. \tag{3}$$

Man bezeichnet sie als die der gegebenen Richtung konjugierte Diametralebene. Sie entspricht derjenigen Diametralebene der Kugel, welche die (zu ihr normalen) Sehnen halbiert, deren Richtung der Richtung (ξ, η, ζ) entspricht. Hat man jetzt drei paarweise auf einander senkrecht stehende Durchmesser der Kugel, so werden die Kugelsehnen, die dem einen parallel sind, jedesmal durch die Ebene der beiden andern halbiert, es ist also die Richtung eines jeden der drei Kugeldurchmesser der Ebene der beiden andern konjugiert. Bestimmt man daher die den drei Kugeldurchmessern entsprechenden Durchmesser des Ellipsoides, so werden auch alle Sehnen des Ellipsoides, welche dem einen derselben parallel sind, jedesmal durch die Ebene der beiden andern halbiert, es ist also die Richtung eines jeden der drei Ellipsoidendurchmesser der Ebene der beiden andern konjugiert. Drei solche Durchmesser nennt man ein Tripel konjugierter Durchmesser, die durch sie bestimmten Diametralebenen ein Tripel konjugierter Diametralebenen.

Seien nun $(\xi_i, \eta_i, \zeta_i)_{i=1,2,3}$ die Richtungen der drei konjugierten Kugeldurchmesser, $(\xi_i', \eta_i', \zeta_i')_{i=1,2,3}$ die Richtungen der entsprechenden Ellipsoidendurchmesser, so hat man (§ 53, Aufg. 8):

$$\xi_i' : \eta_i' : \zeta_i' = a\xi_i : b\eta_i : c\zeta_i \quad (i = 1, 2, 3). \tag{4}$$

Da aber die Kugeldurchmesser paarweise auf einander senkrecht stehen, so findet man aus den Gleichungen:

$$\xi_2\xi_3 + \eta_2\eta_3 + \zeta_2\zeta_3 = 0$$

etc. mit Berücksichtigung von (4) die für je drei konjugierte Durchmesser des Ellipsoides gültigen Relationen:

$$(5)\qquad \begin{cases} \dfrac{\xi_2'\xi_3'}{a^2}+\dfrac{\eta_2'\eta_3'}{b^2}+\dfrac{\zeta_2'\zeta_3'}{c^2}=0, \\ \dfrac{\xi_3'\xi_1'}{a^2}+\dfrac{\eta_3'\eta_1'}{b^2}+\dfrac{\zeta_3'\zeta_1'}{c^2}=0, \\ \dfrac{\xi_1'\xi_2'}{a^2}+\dfrac{\eta_1'\eta_2'}{b^2}+\dfrac{\zeta_1'\zeta_2'}{c^2}=0. \end{cases}$$

Aus diesen drei Gleichungen ist ersichtlich, dafs durch zwei Durchmesser eines Tripels der dritte stets eindeutig bestimmt ist, wie auch aus der Definition des Tripels folgt. Ist nur ein Durchmesser gegeben, so ist durch eine lineare Bedingung, die man einem zweiten auferlegt, dieser und damit das ganze Tripel bestimmt.

Aufg. 1. Führe die Rechnungen der Paragraphen 44, 45, 46 für die Gleichung:

$$\frac{x^2}{a^2}+\frac{y^2}{b^2}+\frac{z^2}{c^2}=1$$

des Ellipsoides durch. Zeige z. B., dafs die Bedingung dafür, dafs die Gerade P_1P_2 das Ellipsoid berührt, lautet:

$$\left(\frac{x_1x_2}{a^2}+\frac{y_1y_2}{b^2}+\frac{z_1z_2}{c^2}-1\right)^2$$
$$=\left(\frac{x_1^2}{a^2}+\frac{y_1^2}{b^2}+\frac{z_1^2}{c^2}-1\right)\left(\frac{x_2^2}{a^2}+\frac{y_2^2}{b^2}+\frac{z_2^2}{c^2}-1\right).$$

Schreibt man x, y, z statt x_2, y_2, z_2, so erhält man die Gleichung des zu (x_1, y_1, z_1) gehörigen Tangentenkegels. Man kann diese Gleichung auch ganz direkt aus der entsprechenden, auf die Kugel bezüglichen, durch Anwendung unseres Übertragungsprinzipes ableiten.

Aufg. 2. Schreibe die Gleichung des zu der Richtung (ξ, η, ζ) gehörenden Tangentencylinders hin (§ 44, Aufg. 8).

Aufg. 3. Bestimme die Schnittpunkte des Ellipsoides:

$$\frac{x^2}{a^2}+\frac{y^2}{b^2}+\frac{z^2}{c^2}=1$$

mit der Geraden $x = x_1 + l\xi$, $y = y_1 + l\eta$, $z = z_1 + l\zeta$.

Aufg. 4. Gieb die Gleichung des Tangentenkegels an, welchen der Punkt $(a', 0, 0)$ der x-Achse mit dem Ellipsoide bildet.

Aufg. 5. Bringe die Gleichung der Tangentialebene im Punkte (x_1, y_1, z_1) auf die Normalform.

Aufg. 6. Wie heifst die Gleichung der Tangentialebene in dem durch das Parameterpaar (u, v) charakterisierten Punkte des Ellipsoides?

Aufg. 7. Schreibe die Gleichung der Tangentialebene im Punkte $(x_1 = a\xi, y_1 = b\eta, z_1 = c\zeta)$ in der Form:

$$\frac{x\xi}{a} + \frac{y\eta}{b} + \frac{z\zeta}{c} = 1.$$

Diskutiere diese Gleichung. Bringe sie auf die Normalform, bestimme die Achsenabschnitte.

Aufg. 8. Bestimme die Achsenabschnitte der Tangentialebene:

$$\frac{xx_1}{a^2} + \frac{yy_1}{b^2} + \frac{zz_1}{c^2} = 1.$$

(Beachte § 53, Satz I.)

Aufg. 9. Unter welcher Bedingung berührt die Ebene $Ax + By + Cz + D = 0$ das Ellipsoid und wie heifsen dann die Koordinaten des Berührungspunktes?

Aufg. 10. Zeige, dafs die Tangentialebenen in den Endpunkten eines Durchmessers parallel sind der dem Durchmesser konjugierten Diametralebene.

Aufg. 11. Die Senkrechte, die man im Berührungspunkte der Tangentialebene auf dieser errichten kann, heifst die Normale des Ellipsoides in jenem Punkte. Bestimme ihre Gleichungen.

Aufg. 12. Verfolge die Bewegung der Polarebene eines Punktes, welcher einen Durchmesser durchläuft.

Aufg. 13. Welches sind die Gleichungen der reziproken Polaren der Geraden $x = x_1 + l\xi$, $y = y_1 + l\eta$, $z = z_1 + l\zeta$ in Bezug auf das Ellipsoid:

$$\frac{x^2}{a^2} + \frac{y^2}{b^2} + \frac{z^2}{c^2} = 1?$$

(§ 46, Aufg. 8.)

Aufg. 14. Löse die Aufgaben 15, 16, 17, 18, 19 von § 46 für das Ellipsoid.

Aufg. 15. Beweise mit Hülfe der reziproken Polaren, dafs durch jede Gerade zwei (reelle oder imaginäre) Tangentialebenen an das Ellipsoid gelegt werden können.

Aufg. 16. Bezeichnet $(a\xi, a\eta, a\zeta)$ einen Kugelpunkt, so ist $(a\xi, b\eta, c\zeta)$ der entsprechende Punkt des Ellipsoides und $a^2\xi^2 + b^2\eta^2 + c^2\zeta^2$ das Quadrat des zugehörigen Halbmessers. Hat man nun drei konjugierte Halbmesser und berücksichtigt, dafs die entsprechenden Kugelhalbmesser auf einander senkrecht stehen, so findet man (§ 22, Gl. 3) den Satz:

Die Summe der Quadrate von drei konjugierten Halbmessern ist konstant und gleich $a^2 + b^2 + c^2$.

Aufg. 17. Durch Anwendung der Aufg. 3 von § 53 auf Punkte der Kugel und des Ellipsoides folgt sofort:

Das von je drei konjugierten Halbmessern gebildete Tetraeder hat ein konstantes Volumen $V = \frac{1}{6}abc$.

Aufg. 18. Zu jedem Durchmesser $(\xi_1', \eta_1', \zeta_1')$ eines Ellipsoides kann man einen konjugierten finden, der auf ihm senkrecht steht. Denn man braucht nur $(\xi_2', \eta_2', \zeta_2')$ aus den beiden Gleichungen:

$$\frac{\xi_1'\xi_2'}{a^2} + \frac{\eta_1'\eta_2'}{b^2} + \frac{\zeta_1'\zeta_2'}{c^2} = 0 \quad \text{und} \quad \xi_1'\xi_2' + \eta_1'\eta_2' + \zeta_1'\zeta_2' = 0$$

zu berechnen (Gl. 5). Daraus läfst sich eine wichtige Folgerung ziehen (§ 55, Aufg. 6).

Aufg. 19. Zu jedem Durchmesser des Ellipsoides kann man einen konjugierten finden, der in einer durch den ersten gehenden vorgeschriebenen Diametralebene liegt, denn diese Bedingung ist für den gesuchten zweiten Durchmesser eine lineare. Der dritte Durchmesser des Tripels ist dann ebenfalls durch die gewählte Diametralebene bestimmt, etwa als Verbindungslinie der Berührungspunkte der beiden parallelen Tangentialebenen.

§ 55. Die Gleichung des Ellipsoides bezogen auf drei konjugierte Durchmesser als schiefwinklige Koordinatenachsen.

Die drei konjugierten Durchmesser mögen die Richtungskosinus ξ_1, η_1, ζ_1; ξ_2, η_2, ζ_2; ξ_3, η_3, ζ_3 besitzen. Bezeichnet man mit $2a'$, $2b'$, $2c'$ die Längen der Durchmesser, so ist (§ 53, Gl. 4):

$$(1) \quad \begin{cases} \dfrac{1}{a'^2} = \dfrac{\xi_1^2}{a^2} + \dfrac{\eta_1^2}{b^2} + \dfrac{\zeta_1^2}{c^2}, \\ \dfrac{1}{b'^2} = \dfrac{\xi_2^2}{a^2} + \dfrac{\eta_2^2}{b^2} + \dfrac{\zeta_2^2}{c^2}, \\ \dfrac{1}{c'^2} = \dfrac{\xi_3^2}{a^2} + \dfrac{\eta_3^2}{b^2} + \dfrac{\zeta_3^2}{c^2}. \end{cases}$$

Drückt man aber die alten rechtwinkligen Koordinaten x, y, z eines Punktes des Ellipsoides durch die neuen schiefwinkligen x', y', z' vermöge der Gleichungen (2) des § 22 aus, so geht die Gleichung $\frac{x^2}{a^2} + \frac{y^2}{b^2} + \frac{z^2}{c^2} = 1$ des Ellipsoides mit Berücksichtigung der Formeln (5) des § 54 über in:

$$(2) \qquad \frac{x'^2}{a'^2} + \frac{y'^2}{b'^2} + \frac{z'^2}{c'^2} = 1. \quad (\S\ 22, \text{Aufg. } 6.)$$

Dies ist die Gleichung des Ellipsoides bezogen auf die konjugierten Durchmesser $2a', 2b', 2c'$. Sie setzt die in der Definition konjugierter Diametralebenen enthaltene (schiefe) Symmetrie des Ellipsoides in Bezug auf ein Tripel solcher Ebenen in Evidenz und ist genau von derselben Form, wie die auf die Hauptachsen bezogene Gleichung, welche sie als speziellen Fall enthält.

Durch jede Diametralebene des Ellipsoides ist zunächst ein ihr konjugierter Durchmesser eindeutig bestimmt. Zu diesem existieren dann unzählig viele in der Diametralebene befindliche Durchmesserpaare, welche mit ihm ein Tripel konjugierter Durchmesser bilden. Sobald man den einen Durchmesser eines solchen Paares in der Diametralebene willkürlich gewählt hat, ist der andere vollständig bestimmt. Dies geht unmittelbar aus der Vergleichung mit der Kugel hervor. (Siehe auch § 54, Aufg. 19, wo die analytische Berechnung angedeutet ist.) Legt man daher ein so konstruiertes Tripel konjugierter Durchmesser als Koordinatensystem zu Grunde und nimmt die willkürlich gewählte Diametralebene, welche das Tripel erzeugt hatte, zur $x'y'$-Ebene, so erhält man für $z' = 0$ die Gleichung:

$$(3) \qquad \frac{x'^2}{a'^2} + \frac{y'^2}{b'^2} = 1, \quad \text{d. h.:}$$

Jede Diametralebene schneidet das Ellipsoid in einer Ellipse. Die sämtlichen Paare konjugierter Durchmesser des Ellipsoides, welche in der Diametralebene liegen, sind zugleich die sämtlichen Paare konjugierter Durchmesser dieser Schnittellipse.

Setzt man in (2) $z' = z_0$, d. h. schneidet man das Ellipsoid durch eine Parallelebene zur $x'y'$-Ebene, so erhält man als

Schnittlinie eine zur Ellipse (3) ähnliche und ähnlich gelegene Ellipse (I, § 41, Aufg. 7). Daraus folgt aber:

Jede beliebige Ebene des Raumes schneidet das Ellipsoid in einer (reellen oder imaginären) Ellipse. Parallele Ebenen schneiden aus dem Ellipsoide ähnliche und ähnlich gelegene Ellipsen heraus.

Aufg. 1. Zeige durch Transformation, dafs die Gleichung der Tangentialebene eines Ellipsoidenpunktes in schiefwinkligen Koordinaten lautet: $\frac{xx_1}{a'^2} + \frac{yy_1}{b'^2} + \frac{zz_1}{c'^2} = 1$.

Aufg. 2. Bestimme die Achsenabschnitte der Tangentialebene und zeige insbesondere, dafs die Tangentialebenen aller Punkte mit demselben x sich in demselben Punkte der x-Achse schneiden.

Aufg. 3. Bringe den in der letzten Aufgabe enthaltenen Satz in Verbindung mit der Polarentheorie (§ 54, Aufg. 12).

Aufg. 4. Zeige, dafs $\frac{xx_1}{a'^2} + \frac{yy_1}{b'^2} + \frac{zz_1}{c'^2} = 1$ die Gleichung der Polarebene des Punktes (x_1, y_1, z_1) in Bezug auf das Ellipsoid $\frac{x^2}{a'^2} + \frac{y^2}{b'^2} + \frac{z^2}{c'^2} = 1$ ist. (§ 54, Aufg. 1.)

Aufg. 5. Bestimme die Gleichung des zu (x_1, y_1, z_1) gehörigen Tangentenkegels.

Aufg. 6. Aus § 54, Aufg. 18 geht folgender Satz unmittelbar hervor:

Durch jeden Durchmesser des Ellipsoides kann man stets eine ganz bestimmte Ebene von der Beschaffenheit legen, dafs für die Schnittellipse der gegebene Durchmesser eine Hauptachse ist.

§ 56. Das Volumen des Ellipsoides.

Führt man die Transformation, durch welche man von der Kugel zum dreiachsigen Ellipsoide gelangt, in zwei Schritten aus, indem man etwa zunächst setzt:

$$x_1 = x, \quad y_1 = y, \quad z_1 = \frac{c}{a} z,$$

so erhält man aus der Kugel:

(1) $$x^2 + y^2 + z^2 = a^2$$

die Fläche:

$$\frac{x_1^2 + y_1^2}{a^2} + \frac{z_1^2}{c^2} = 1. \tag{2}$$

Da alle zur z-Achse normalen Ebenen aus dieser Fläche Kreise herausschneiden, so stellt die Gleichung (2) eine sogenannte Rotationsfläche dar, nämlich diejenige, welche durch Rotation der in der xz-Ebene gelegenen Ellipse $\frac{x^2}{a^2} + \frac{z^2}{c^2} = 1$ um die z-Achse entsteht. Die Fläche, die zugleich ein spezielles Ellipsoid ($b = a$) vorstellt, heifst ein Rotationsellipsoid und zwar ein abgeplattetes, wenn $c < a$, ein verlängertes, wenn $c > a$ ist. Nach § 17, Aufg. 11 verhält sich aber das Volumen V der Kugel zu dem Volumen V_1 dieses Rotationsellipsoides wie a zu c, d. h. es ist:

$$V_1 : \tfrac{4}{3}\pi a^3 = c : a$$

oder:

$$V_1 = \tfrac{4}{3}\pi a^2 c. \tag{3}$$

Führt man aber jetzt den zweiten Schritt in der oben erwähnten Transformation aus und setzt: $x' = x_1$, $y' = \frac{b}{a} y_1$, $z' = z_1$, so geht das Rotationsellipsoid in das dreiachsige:

$$\frac{x'^2}{a^2} + \frac{y'^2}{b^2} + \frac{z'^2}{c^2} = 1 \tag{4}$$

über, dessen Volumen V' sich nach § 17 zu dem Volumen V_1 verhalten mufs wie b zu a. Es ist also:

$$V' : V_1 = V' : \tfrac{4}{3}\pi a^2 c = b : a$$

oder:

$$V' = \tfrac{4}{3}\pi abc. \tag{5}$$

Aufg. 1. Berechne den Radius der Kugel, der dasselbe Volumen besitzt, wie das durch $a = 5$, $b = 4$, $c = 3$ bestimmte Ellipsoid.

Aufg. 2. Bestimme das Volumen der Erde, wenn die Länge der halben grofsen Achse gleich 6377 Kilometer und die der halben kleinen gleich 6356 Kilometer gerechnet wird.

§ 57. Rotationsflächen, speziell solche zweiten Grades.

Die drei Rotationsflächen, die wir bisher kennen gelernt haben, die Kugel $x^2 + y^2 + z^2 = r^2$, der gerade Kreiscylinder

$x^2 + y^2 = a^2$ und das Rotationsellipsoid $\frac{x^2 + y^2}{a^2} + \frac{z^2}{c^2} = 1$ haben das Gemeinsame daſs, unter der Annahme, die z-Achse sei die Rotationsachse, in ihren Gleichungen x und y nur in der Verbindung $x^2 + y^2$ vorkommen. Es ist dies ein Merkmal der Gleichungen aller Rotationsflächen, deren Rotationsachse mit der z-Achse zusammenfällt.

Es sei in der xz-Ebene eine beliebige Kurve gegeben, deren Gleichung durch $x = f(z)$ (§ 50) dargestellt werde. Rotiert die Kurve um die z-Achse, so beschreibt jeder Punkt der Kurve einen Kreis, dessen Mittelpunkt in der z-Achse liegt und dessen Ebene senkrecht zu derselben ist. Alle diese Kreise werden Parallelkreise der Rotationsfläche genannt. Es schneidet ferner jede durch die z-Achse begrenzte Halbebene aus der Fläche eine zur Kurve $x = f(z)$ kongruente Kurve heraus. Alle diese unter einander kongruenten Kurven werden Meridiane der Rotationsfläche genannt. Diese erscheint daher durch zwei Kurvensysteme, die Parallelkreise und die Meridiane, in der Weise vollständig überzogen, daſs durch jeden Punkt der Fläche je eine Kurve der beiden Systeme hindurchgeht. Wählt man jetzt einen beliebigen Punkt (x, y, z) der Fläche aus, so ist sein Abstand von der z-Achse, d. h. der Radius des durch ihn hindurchgehenden Parallelkreises, gleich $\sqrt{x^2 + y^2}$. Dieser Radius ist aber auch, wie der in der xz-Ebene liegende Meridian $x = f(z)$ lehrt, gleich $f(z)$, wo z jetzt die dem gewählten Punkte zukommende Koordinate z bedeutet. Daraus folgt, daſs die Gleichung:

$$(1) \qquad \sqrt{x^2 + y^2} = f(z)$$

allemal aber auch nur dann erfüllt wird, wenn x, y, z die Koordinaten eines Punktes der Rotationsfläche bedeuten. Sie ist daher die Gleichung dieser Fläche.

I. Der gerade Kreiskegel. Der in der xz-Ebene gelegene Meridian sei die gerade Linie $x = \mu z$, welche, unter dem Winkel α gegen die positive z-Achse gerichtet, durch den Anfangspunkt hindurchgeht. Es ist dann $\operatorname{tg} \alpha = \mu$ und die Gleichung des geraden Kreiskegels lautet:

$$(2) \qquad x^2 + y^2 = \mu^2 z^2.$$

So stellt speziell die Gleichung:

(3) $$x^2 + y^2 - z^2 = 0$$

einen Kegel dar, dessen Meridiane (Erzeugende, Leitlinien) mit der Rotationsachse einen Winkel von 45° bilden.

II. Die Rotationshyperboloide. Läfst man eine Hyperbel um eine ihrer Hauptachsen rotieren, so kommen zwei ganz verschiedene Flächen zum Vorschein, je nachdem man die reelle oder die imaginäre Hauptachse zur Rotationsachse wählt. Im ersten Falle besteht die Fläche aus zwei vollständig getrennten Schalen — man nennt sie das zweischalige Rotationshyperboloid, im andern Falle erhält man eine einzige zusammenhängende Fläche — das einschalige Rotationshyperboloid. Dem ersten Falle wird es entsprechen, wenn die Hyperbel $\frac{z^2}{c^2} - \frac{x^2}{a^2} = 1$, dem zweiten, wenn die Hyperbel $\frac{x^2}{a^2} - \frac{z^2}{c^2} = 1$ um die z-Achse rotiert. Die Gleichung der zweischaligen Fläche ist daher:

$$x^2 + y^2 = \frac{a^2}{c^2}(z^2 - c^2),$$

oder:

(4) $$\frac{x^2 + y^2}{a^2} - \frac{z^2}{c^2} + 1 = 0.$$

Die Gleichung der einschaligen Fläche ist dagegen:

(5) $$\frac{x^2 + y^2}{a^2} - \frac{z^2}{c^2} - 1 = 0.$$

Ist insbesondere die erzeugende Hyperbel eine gleichseitige ($a = c$), so heifsen die Gleichungen der entsprechenden gleichseitigen Hyperboloide:

(6) $$x^2 + y^2 - z^2 + a^2 = 0$$

und:

(7) $$x^2 + y^2 - z^2 - a^2 = 0.$$

Bei der Rotation einer Hyperbel um eine ihrer Achsen werden von den Asymptoten gerade Kreiskegel beschrieben, die man die Asymptotenkegel des betreffenden Hyperboloides nennt. Die Asymptotenkegel der durch die Gleichungen (4), (5), (6), (7) dargestellten Hyperboloide (die beiden ersten und die beiden letzten haben je denselben Asymptotenkegel, da die entsprechenden Hyperbeln konjugierte sind (I, § 55)) haben die Gleichungen:

(8) $$\frac{x^2 + y^2}{a^2} - \frac{z^2}{c^2} = 0$$

und:

(9) $$x^2 + y^2 - z^2 = 0.$$ (Vergl. Gl. (3).)

III. Das Rotationsparaboloid. Der in der xz-Ebene befindliche Meridian sei die Parabel $x^2 = 2pz$, die Gleichung der zugehörigen Umdrehungsfläche lautet dann:

(10) $$x^2 + y^2 = 2pz.$$

Aufg. 1. Zeige, dafs jede Gerade:

$$x = \frac{x_1 + \lambda x_2}{1 + \lambda}, \quad y = \frac{y_1 + \lambda y_2}{1 + \lambda}, \quad z = \frac{z_1 + \lambda z_2}{1 + \lambda}$$

jede der besprochenen speziellen Flächen in zwei Punkten schneidet, welche reell und verschieden, reell und zusammenfallend oder imaginär sein können. Man nennt diese Flächen daher Flächen zweiten Grades. Ellipsoid, Kugel, Cylinder gehören ebenfalls zu diesen Flächen.

Aufg. 2. Suche für die eingeführten Flächen, wie in § 44, die Bedingung zu finden, unter der eine gegebene Gerade dieselben berührt. Leite die Gleichung des Tangentenkegels ab.

Aufg. 3. Wie in § 45 läfst sich zeigen, dafs die sämtlichen Tangenten in einem Punkte einer der Flächen in einer Ebene, der Tangentialebene, liegen. Leite die Gleichung derselben für jede der Flächen ab.

Aufg. 4. Versuche (durch Ausführung genau derselben Rechnung wie in § 46) für die neu eingeführten Flächen eine Polarentheorie aufzustellen.

Aufg. 5. In ähnlicher Weise, wie wir durch die Transformation $x' = x$, $y' = \frac{b}{a} y$, $z' = z$ aus dem Rotationsellipsoid $\frac{x^2 + y^2}{a^2} + \frac{z^2}{c^2} = 1$ das dreiachsige ableiten konnten, können wir jetzt auch aus den Rotationshyperboloiden und dem Rotationsparaboloid das allgemeine einschalige und zweischalige Hyperboloid und das allgemeine, sogenannte elliptische Paraboloid herstellen. Die Gleichungen dieser Flächen lauten:

$$\frac{x^2}{a^2}+\frac{y^2}{b^2}-\frac{z^2}{c^2}-1=0,\quad \frac{x^2}{a^2}+\frac{y^2}{b^2}-\frac{z^2}{c^2}+1=0,\quad \frac{x^2}{a^2}+\frac{y^2}{b^2}=2\frac{p}{a^2}z.$$

Aufg. 6. Erkenne die Symmetrie der beiden Hyperboloide:

$$\frac{x^2}{a^2}+\frac{y^2}{b^2}-\frac{z^2}{c^2}-1=0 \quad \text{und} \quad \frac{x^2}{a^2}+\frac{y^2}{b^2}-\frac{z^2}{c^2}+1=0$$

in Bezug auf die Koordinatenebenen. Untersuche die Schnittkurven, deren Ebenen parallel den Koordinatenebenen sind.

Aufg. 7. Diskutiere die Polargleichungen:

$$\frac{\xi^2}{a^2}+\frac{\eta^2}{b^2}-\frac{\zeta^2}{c^2}\pm\frac{1}{\varrho^2}=0$$

der beiden Hyperboloide, leite daraus die Gleichung:

$$\frac{x^2}{a^2}+\frac{y^2}{b^2}-\frac{z^2}{c^2}=0$$

des sogenannten Asymptotenkegels ab, des Kegels, der bei unserer Transformation aus dem Kegel (8) entsteht.

Aufg. 8. Wie die meisten auf die Ellipse bezüglichen Sätze sich auch auf die Hyperbel übertragen lassen, so kann man auch die meisten der für das Ellipsoid geltenden Sätze (wie z. B. die Sätze der Polarentheorie) auch auf die Hyperboloide anwenden.

Aufg. 9. Untersuche die parallel zu den Koordinatenebenen gelegten Schnitte des elliptischen Paraboloides:

$$\frac{x^2}{a^2}+\frac{y^2}{b^2}=\frac{2p}{a^2}z.$$

Aufg. 10. Zeige, dafs das Paraboloid, die beiden Hyperboloide und der in Aufg. 7 auftretende Kegel von einer Geraden stets in zwei Punkten geschnitten werden, dafs also auch diese allgemeineren Flächen solche zweiten Grades sind.

§ 58. Kubatur des Rotationsparaboloides. Allgemeine Formel für die Kubatur von Rotationskörpern.

In der xy-Ebene sei die Parabel $y^2=2px$ gegeben. Es soll das Volumen des Rotationskörpers berechnet werden, welcher durch Rotation des Parabelbogens P_0P um die x-Achse entsteht.

Wir teilen die Abscissendifferenz $M_0 M = x - x_0$ in n gleiche Teile von der Länge $h = \frac{x - x_0}{n}$ und ziehen durch die Teilpunkte $M_0, M_1, M_2, \ldots M_{n-1}, M$ die Ordinaten $M_0 P_0 = y_0, M_1 P_1 = y_1, \ldots M_{n-1} P_{n-1} = y_{n-1}, MP = y$. Legt man dann noch durch die Parabelpunkte $P_0, P_1, \ldots P_{n-1}$ die Parallelen $P_0 Q_1, P_1 Q_2, \ldots P_{n-1} Q$, so entstehen n Rechtecke, welche bei der Rotation n Cylinder, alle von der Dicke h, erzeugen.

Fig. 11.

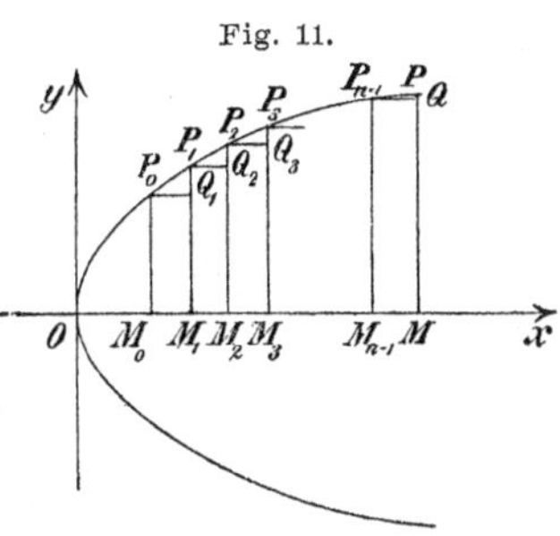

Das Volumen V' aller dieser Cylinder ist gleich:

$$(1) \qquad V' = \pi h (y_0^2 + y_1^2 + \cdots + y_{n-1}^2),$$

oder mit Rücksicht auf die Parabelgleichung:

$$V' = \pi h (2px_0 + 2p(x_0 + h) + 2p(x_0 + 2h) + \cdots + 2p(x_0 + (n-1)h)).$$

Durch Addition folgt:

$$V' = 2p\pi h (nx_0 + h(1 + 2 + 3 + \cdots + n - 1))$$
$$= 2p\pi h \left(nx_0 + \frac{n(n-1)}{2} h\right).$$

Da aber $nh = x - x_0$ ist, so kommt:

$$V' = 2p\pi (x - x_0)\left(x_0 + \frac{n-1}{2} h\right) = 2p\pi (x - x_0)\left(x_0 + \frac{x - x_0}{2} - \frac{h}{2}\right)$$

oder endlich:

$$(2) \qquad V' = 2p\pi (x - x_0)\left(\frac{x + x_0}{2} - \frac{h}{2}\right),$$

wofür man auch mit Rücksicht auf die Parabelgleichung schreiben kann:

$$(3) \qquad V' = \frac{\pi}{2}(x - x_0)(y^2 + y_0^2 - 2ph).$$

Nun wird der treppenförmige Linienzug $P_0 Q_1 P_1 Q_2 P_2 \ldots P_{n-1} Q P$ sich um so mehr der Parabel anschliefsen, je gröfser n (oder je kleiner h) wird. Das gesuchte Volumen V des durch P_0 und P bestimmten Ausschnittes aus dem Rotationsparaboloid kann daher definiert werden als die Grenze, welcher sich das Gesamtvolumen V' aller jener Cylinder nähert, wenn n über alle Grenzen wächst, d. h. wenn h gleich Null wird. Wir erhalten daher aus (3):

$$(4) \qquad V = \frac{\pi}{2}(x - x_0)(y^2 + y_0^2).$$

Wir wollen jetzt $x - x_0 = M_0 M$ die Höhe des Paraboloidenstumpfes nennen und mit H bezeichnen, aufserdem mögen die beiden Kreisflächen πy^2 und πy_0^2, als die beiden Grundflächen des Körpers, durch G und g dargestellt werden. Das Volumen des Paraboloidenstumpfes ist dann:

$$(5) \qquad V = \frac{G + g}{2} H.$$

Der Faktor $\frac{G+g}{2}$ hat eine sehr einfache geometrische Bedeutung: er stellt den der halben Höhe entsprechenden mittleren Querschnitt G' dar. In der That ist

$$G' = \pi y'^2 = 2\pi p x' = 2\pi p \frac{x + x_0}{2} = \pi \frac{y^2 + y_0^2}{2} = \frac{G + g}{2}.$$

Wir erhalten daher für V die höchst einfache und praktisch (z. B. für die Volumenberechnung liegender Baumstämme) äufserst wichtige Formel:

$$(6) \qquad V = G'H.$$

Mit Benutzung der Relation $G + g = 2G'$ läfst sich (5) auch leicht auf die Form bringen:

$$(7) \qquad V = \frac{H}{6}(G + 4G' + g),$$

die deswegen von (namentlich praktischem) Interesse ist, weil sie auch noch für einige andere Rotationsflächen z. B. für den gewöhnlichen Kegelstumpf gilt. In der That hat man für das Volumen des letzteren die bekannte Formel $\frac{\pi H}{3}(R^2 + Rr + r^2)$, für die man auch $\frac{\pi H}{6}(R^2 + (R + r)^2 + r^2)$ schreiben kann. Da aber $R + r = 2R'$ ist, wo R' den Radius des der halben Höhe entsprechenden Querschnittes bedeutet, so erhält man auch für das Volumen des gewöhnlichen Kegelstumpfes die Formel $\frac{H}{6}(G + 4G' + g)$. Wenn wir noch erwähnen, dafs die Formel (7) auch für das Volumen eines speziellen Rotationskörpers gilt, der, im Gegensatze zu dem ausgebauchten

Paraboloidenstumpf, als eingebaucht bezeichnet werden kann (er entsteht durch Rotation der sogenannten Neil'schen Parabel), so wird die praktische Verwendbarkeit der Formel (7) einleuchten. (Siehe auch Aufg. 2 und 3.) Man braucht eben, wenn man bei der Ausmessung eines Rotationskörpers von mäſsiger Dicke jene Formel zu Grunde legt, nicht zu ängstlich zu unterscheiden, ob der Meridian geradlinig, oder ob er in Bezug auf die Rotationsachse konvex oder konkav gekrümmt ist. Sei daher jetzt ein beliebiger Rotationskörper gegeben, erzeugt durch die Rotation eines beliebigen Meridianes P_0P.

Fig. 12.

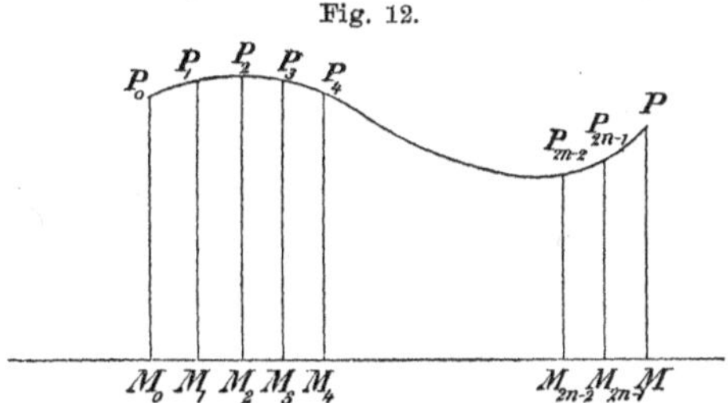

Wir teilen das durch die beiden Grundflächen bestimmte Stück M_0M der Achse in $2n$, also in eine gerade Anzahl von Teilen und bezeichnen die Länge eines Teiles mit $h = \frac{\overline{M_0M}}{2n}$. Die den Teilpunkten $M_0, M_1, M_2, \ldots M_{2n-2}, M_{2n-1}, M$ entsprechenden kreisförmigen Querschnitte seien durch $G_0, G_1, G_2, \ldots G_{2n-2}, G_{2n-1}, G$ dargestellt. Wenden wir jetzt auf jede der n Doppelscheiben mit den Höhen $M_0M_2 = 2h$, $M_2M_4 = 2h$, $\ldots M_{2n-2}M = 2h$ die Formel (7) an, so ergiebt sich für das Gesamtvolumen V des Rotationskörpers die Näherungsformel:

$$(8) \quad V = \frac{h}{3}((G_0 + 4G_1 + G_2) + (G_2 + 4G_3 + G_4) + \cdots$$
$$\cdots + (G_{2n-2} + 4G_{2n-1} + G)).$$

Wir setzen nun zur Abkürzung:

$$A = G_0 + G$$
$$B = G_1 + G_3 + G_5 + \cdots + G_{2n-1}$$
$$C = G_2 + G_4 + \cdots + G_{2n-2}$$

und erhalten die (in gleicher Weise auch für die Berechnung

von Flächen dienende) sogenannte Simpson'sche Regel zur Ermittlung des Kubikinhaltes beliebiger Rotationskörper:

$$V = \frac{h}{3}(A + 4B + 2C).$$

Aufg. 1. Beachte den aus (5) für $g = 0$ sich ergebenden Spezialfall $V = \frac{1}{2}GH$. Während also der Flächeninhalt des Parabelstückes OMP (Fig. 11) ein Drittel des durch P bestimmten Rechteckes ist, erhält man für das Volumen des von dem Parabelstücke erzeugten Körpers die Hälfte des von dem Rechtecke erzeugten.

Aufg. 2. Die Formel (7) gilt auch für die Kugel

$$(G = 0 = g, \quad G' = \pi a^2, \quad H = 2a)$$

und für die Halbkugel

$$(g = \pi a^2, \quad G' = \tfrac{3}{4}\pi a^2, \quad G = 0, \quad H = a).$$

Aufg. 3. In ganz der gleichen Weise gilt auch die Formel (7) für das Rotationsellipsoid (beachte § 17, Aufg. 11).

Verlag von B. G. Teubner in Leipzig.

Benter, Dr. E., Lehrer an der Königl. Provinzial-Gewerbeschule zu Erfurt, Untersuchungen über Tangentialkegel und die Curven zweiten Grades. Mit 2 autographirten Figurentafeln. [IV u. 44 S.] 4. 1871. geh. n. *M.* 2.—

Clebsch, Dr. A., Prof. an der polytechnischen Schule zu Carlsruhe [† als Professor in Göttingen], Vorlesungen über Geometrie. Bearbeitet und herausgegeben von Dr. Ferdinand Lindemann. Mit einem Vorwort von Felix Klein. Erster Band. [XII u. 1050 S.] gr. 8. 1875. geh. n. *M.* 24.—

Auch in zwei Teilen:
I. Teil [S. 1—496]. n. *M.* 11.20. [Vergriffen.]
II. — [S. I—XII u. 497—1050]. n. *M.* 12.80.

—— —— Zweiten Bandes erster Theil. gr. 8. 1890. geh.

Dingeldey, Dr. Friedrich, Privatdocent an der technischen Hochschule zu Darmstadt, topologische Studien über die aus ringförmig geschlossenen Bändern durch gewisse Schnitte erzeugbaren Gebilde. Mit 37 Figuren im Texte und 5 lithographirten Tafeln. [VIII u. 54 S.] gr. 8. 1890. geh. n. *M.* 2.40.

—— über die Erzeugung von Curven vierter Ordnung durch Bewegungsmechanismen. Inaugural-Dissertation. Mit 6 lithograph. Tafeln. [VIII u. 61 S.] gr. 8. 1885. geh. n. *M.* 2.—

Escherich, Dr. Gustav von, Professor an der Universität Czernowitz, Einleitung in die analytische Geometrie des Raumes. [VIII u. 282 S.] gr. 8. 1881. geh. n. *M.* 5.20.

Fort, O., und O. Schlömilch, Lehrbuch der analytischen Geometrie. Zwei Teile. Mit in den Text gedruckten Holzschnitten. gr. 8. geh. n. *M.* 9.—

Einzeln:
I. Teil. Analytische Geometrie der Ebene von O. Fort, weil. Professor am Königl. Sächs. Polytechnikum zu Dresden. 5. Aufl. von R. Heger in Dresden. 1883. [VIII u. 260 S.] n. *M.* 4.—
II. — Analytische Geometrie des Raumes von Dr. O. Schlömilch, K. S. Geheimer Rat a. D. 5. Aufl. 1886. [VIII u. 304 S.] n. *M.* 5.—

Graefe, Dr. Friedrich (Professor an der techn. Hochschule zu Darmstadt), Aufgaben und Lehrsätze aus der analytischen Geometrie des Raumes, insbesondere der Flächen zweiten Grades. Für Studirende an Universitäten und technischen Hochschulen. [XIV u. 127 S.] gr. 8. 1888. geh. n. *M.* 3.—

—— Auflösungen und Beweise „der Aufgaben und Lehrsätze aus der analytischen Geometrie des Raumes“. gr. 8. 1890. geh.

Hesse, Dr. **Otto**, weil. Professor am königl. Polytechnikum zu München, Vorlesungen über analytische Geometrie des Raumes, insbesondere über Oberflächen zweiter Ordnung. Revidirt und mit Zusätzen versehen von Dr. S. Gundelfinger. Dritte Auflage. [XVI u. 546 S.] gr. 8. 1876. geh. n. ℳ 13.—

Joachimsthal, F., Anwendung der Differential- und Integralrechnung auf die allgemeine Theorie der Flächen und der Linien doppelter Krümmung. Dritte vermehrte Auflage, bearbeitet von L. Natani. Mit zahlreichen Figuren im Text. [X u. 308 S.] gr. 8. 1890. geh. n. ℳ 6.—

Knoblauch, Dr. **Johannes**, Privatdocent an der Universität Berlin, Einleitung in die allgemeine Theorie der krummen Flächen. [VIII u. 267 S.] gr. 8. 1888. geh. n. ℳ 8.—

Loria, Dr. **Gino**, Professor der höheren Geometrie an der Universität zu Genua, die hauptsächlichsten Theorien der Geometrie in ihrer früheren und jetzigen Entwickelung. Historische Monographie. Unter Benutzung zahlreicher Zusätze und Verbesserungen seitens des Verfassers ins Deutsche übertragen von Fritz Schütte. Mit einem Vorworte von Professor R. Sturm [VI u. 132 S.] gr. 8. 1888. geh. n. ℳ 3.—

Reye, Dr. **Th.**, ord. Professor an der Universität zu Strassburg, synthetische Geometrie der Kugeln und linearen Kugelsysteme mit einer Einleitung in die analytische Geometrie der Kugelsysteme. [VIII u. 93 S.] gr. 8. 1879. geh. n. ℳ 2.40.

Salmon, George, analytische Geometrie des Raumes. Deutsch bearbeitet von Dr. Wilhelm Fiedler. Dritte verbesserte Auflage. Zwei Theile. gr. 8. geh. n. ℳ 24.—

Einzeln:

I. Theil. Die Elemente und die Theorie der Flächen zweiten Grades. [XXXIII u. 362 S. mit Holzschnitten im Text.] 1879. n. ℳ 8.—

II. — Analytische Geometrie der Curven im Raume und der algebraischen Flächen. [LXXII u. 686 S. mit Holzschnitten im Text.] 1880. n. ℳ 16.—

——— analytische Geometrie der höheren ebenen Kurven. Deutsch bearbeitet von Dr. Wilhelm Fiedler. Zweite verb. Auflage. [XVI u. 508 S.] gr. 8. 1882. geh. n. ℳ 11.20.

——— Vorlesungen über die Algebra der linearen Transformationen. Deutsch bearbeitet von Dr. Wilhelm Fiedler. Zweite verbesserte und sehr vermehrte Auflage. [XIV u. 478 S.] gr. 8. 1877. geh. n. ℳ 10.—

Joachimsthal, F., Anwendung der Differential- und Integralrechnung auf die allgemeine Theorie der Flächen und der Linien doppelter Krümmung. Dritte vermehrte Auflage, bearbeitet von L. Natani. Mit zahlreichen Figuren im Text. [X u. 308 S.] gr. 8. 1890. geh. n. *M.* 6.—

Knoblauch, Dr. **Johannes**, Privatdocent an der Universität Berlin, Einleitung in die allgemeine Theorie der krummen Flächen. [VIII u. 267 S.] gr. 8. 1888. geh. n. *M.* 8.—

Reye, Dr. **Th.**, ord. Professor an der Universität zu Strassburg, synthetische Geometrie der Kugeln und linearen Kugelsysteme mit einer Einleitung in die analytische Geometrie der Kugelsysteme. [VIII u. 93 S.] gr. 8. 1879. geh. n. *M.* 2.40.

Richter, Dr. **Otto**, über die Systeme derjenigen Kegelschnitte, die eine bizirkulare Kurve 4. Ordnung viermal berühren. gr. 8. 1890. geh.

Salmon, **George**, analytische Geometrie der Kegelschnitte mit besonderer Berücksichtigung der neueren Methoden. Frei bearbeitet von Dr. Wilhelm Fiedler, Professor am eidgenössischen Polytechnikum zu Zürich. Fünfte umgearbeitete Auflage. 2 Teile. gr. 8. geh. n. *M.* 16.80.

Einzeln:

I. Teil. [XVI u. 432 S.] 1887. n. *M.* 8.80.

II. — [XX u. S. 433—809.] 1888. n. *M.* 8.—

——— analytische Geometrie der höheren ebenen Kurven. Deutsch bearbeitet von Dr. Wilhelm Fiedler. Zweite verb. Auflage. [XVI u. 508 S.] gr. 8. 1882. geh. n. *M.* 11.20.

——— analytische Geometrie des Raumes. Deutsch bearbeitet von Dr. Wilhelm Fiedler. Dritte verbesserte Auflage. Zwei Theile. gr. 8. geh. n. *M.* 24.—

Einzeln:

I. Theil. Die Elemente und die Theorie der Flächen zweiten Grades. [XXXIII u. 362 S. mit Holzschnitten im Text.] 1879. n. *M.* 8.—

II. — Analytische Geometrie der Curven im Raume und der algebraischen Flächen. [LXXII u. 686 S. mit Holzschnitten im Text.] 1880. n. *M.* 16.—

Schwering, Dr. **Karl**, Oberlehrer in Coesfeld, Theorie und Anwendung der Liniencoordinaten in der analytischen Geometrie der Ebene. Mit in den Text gedruckten Figuren und zwei Figurentafeln. [VI u. 96 S.] gr. 8. 1884. geh. n. *M.* 2.80.

Servus, Dr. H., Privat-Docent an der königl. technischen Hochschule zu Charlottenburg und Lehrer am Friedrichs-Realgymnasium zu Berlin, die analytische Geometrie der Ebene. Zum Gebrauch an höheren Lehranstalten sowie zum Selbststudium. Dargestellt und mit vielen Aufgaben versehen. Mit zahlreichen Figuren im Texte. [IV u. 128 S.] gr. 8. 1890. geh. n. *M.* 1.60.

Weifsenborn, Dr. **Herm.**, Professor am Realgymnasium zu Eisenach, Grundzüge der analytischen Geometrie der Ebene für orthogonale und homogene Punkt- und Linien-Coordinaten. [VIII u. 236 S.] gr. 8. 1876. geh. n. *M.* 7.—

www.ingramcontent.com/pod-product-compliance
Lightning Source LLC
LaVergne TN
LVHW010607110826
845149LV00003B/804

9781418180225